清华数字经济研究丛书

王 勇 主编

打造数字化高效组织

组织智能管理的TKR方法与应用

邴 炜 著

清华大学出版社
北京

内 容 简 介

本书详细介绍了在数字化转型时期，传统组织（企业）如何根据当前自身数字化水平与能力，利用 TKR（Task Groups Key Results，任务集关键结果法）这一具有前瞻性的管理方法及依照该管理方法开发的数字化工具，快速实现数字化转型。

TKR 采用独特的目标与过程管理方法，解决了组织（企业）全面数字化过程中缺少合适的方法与工具的困境，解决了管理深度不够，靠人工无法实时分派与调整组织目标及任务、制度化管理缺少工具支持、工作过程监管不及时、无法实时获取业务活动准确结果与绩效的痛点。

本书适合对组织效能、制度化管理和数字化转型有强烈需求的各类组织（企业）的领导者与管理者阅读。

本书封面贴有清华大学出版社防伪标签，无标签者不得销售。

版权所有，侵权必究。举报：010-62782989，beiqinquan@tup.tsinghua.edu.cn。

图书在版编目（CIP）数据

打造数字化高效组织：组织智能管理的 TKR 方法与应用 / 邴炜著．
北京：清华大学出版社，2025.4. --（清华数字经济研究丛书 / 王勇主编）．
ISBN 978-7-302-68864-8

I. F272.9

中国国家版本馆 CIP 数据核字第 20259RP908 号

责任编辑：王巧珍
封面设计：傅瑞学
责任校对：王荣静
责任印制：杨 艳

出版发行：清华大学出版社
网　　址：https://www.tup.com.cn，https://www.wqxuetang.com
地　　址：北京清华大学学研大厦 A 座　　邮　编：100084
社 总 机：010-83470000　　邮　购：010-62786544
投稿与读者服务：010-62776969，c-service@tup.tsinghua.edu.cn
质 量 反 馈：010-62772015，zhiliang@tup.tsinghua.edu.cn

印 装 者：河北鹏润印刷有限公司
经　　销：全国新华书店
开　　本：170mm×240mm　　印　张：14.75　　字　数：262 千字
版　　次：2025 年 5 月第 1 版　　印　次：2025 年 5 月第 1 次印刷
定　　价：108.00 元

产品编号：109968-01

序　言

本书是清华大学社会科学学院数字经济研究中心（以下简称"中心"）组织编写的"清华数字经济研究丛书"中的一本。我们对任务集关键结果法（Task Groups Key Results，TKR）的研究着重于TKR本身作为一种创新型管理方法的不断完善和丰富，也包括其在各个领域的应用结果追踪和案例分析。

出版这本书的目的是汇集TKR的重要研究成果，以便让管理学界、各类组织管理者、企业管理者，以及从事数字化转型研究的专家了解并掌握这种全新的管理方法。通过这种方式，相关人员可以及时利用TKR和全面数字化软件工具，促进组织的数字化转型。通过在企业、非营利组织及政府部门应用TKR，可以快速提高组织的运营效能、降低运营成本，并最终提升全社会的运营和生产效率，这也是我们研究的主要目标。

清华大学社会科学学院数字经济研究中心成立于2023年10月。中心旨在发挥清华大学多学科优势，聚焦数字经济的发展研究，聚集优质学术资源，推动我国数字经济及相关产业的发展，同时促进经济学科的发展和人才培养。中心在数字经济创新发展、平台经济运行与监管、数据要素开发与运用、人工智能技术与产业发展等领域开展深入研究，以推动我国数字化转型，以及数字经济与实体经济融合发展。

邴炜作为TKR管理方法的开创者，同时也是中心的资深研究员，长期致力于TKR的研究。他的团队耗时10年并投入巨资，开发出拥有独立知识产权、基于TKR的全面数字化管理软件系统。这一具有突破性的创新性管理工具和软件系统，在数字经济时代和数字化转型日益重要且紧迫的当下，具有特别的意义。TKR是一种结合经典管理理论与数字化要求、充分考虑当代中国国情的创新型全面数字化管理方法。研究者试图在众多的经济与管理理论中，寻找到一个适合各类组织数字化转型、具备全面数字化能力的管理方法，并用这个方法结合计算机技术，开发出全面数字化软件系统，改变原有管理方法与软件分离、脱节，缺乏全面数字化能力的状态，为组织的数字化转型提供切实有用的生产力工具。

TKR在数字化经营管理上具有天然的优势，它能够快速分解和执行组织经营目标、自由创建和优化组织业务运营逻辑，与传统关键绩效指标（Key Performance Indicator，KPI）、目标与关键结果（Objectives and Key Results，OKR）等管理方法相比，更具准确性、精细性和实时性的特点。这是对传统管理方法在思想上的丰富与方法论上的超越。中心期望TKR能在组织目标管理、任务管理、业务流程管理和运营绩效管理等领域，结合人工智能，作出突破性的理论与方法上的贡献，推动全社会各类组织的全面数字化转型。

随着研究范围的扩大和研究深度的加强，中心将编辑出版更多的TKR研究成果，持续推动TKR在中国的研究、应用与发展。

王勇

清华大学社会科学学院

数字经济研究中心主任

前　言

人类历史经历了四次工业革命，当前，各个国家和地区开始纷纷从后工业时代或称之为信息时代，转型进入数字经济时代。数字经济是人类社会科技高速发展，在信息时代基础上的一次根本性经济形态变革，它所涉及的广度与深度都将远超以往的经济变革，数字经济已经并将继续深刻影响全球经济的发展。

进入数字经济的路径有两条：一条是科技的数字化创新；一条是数字化转型。本书选择从数字化转型的角度来讨论一个组织（企业）如何从信息时代顺利转型到数字时代，帮助数字化转型领域相关人员获得必要的工作参考。

全书从第1章对数字时代的概念、特点、新质生产力的形成及其形成的途径之一——数字化转型，以及其目的、类型、领域、目标和策略的解读开始，逐章讲述数字化转型的基础和方法，并详细论及组织（企业）在数字化转型形态下，如何利用一种全新的数字化管理和转型工具——TKR。本书最后一章还提供了一个案例以供研究和讨论。

目 录

第1章 数字化转型与中国经济 ·· 1
  1.1 数字经济与数字化转型 ·· 1
  1.2 数字化转型与新质生产力 ··· 33

第2章 数字化转型的条件——数字素养 ····························· 39
  2.1 数字化转型需要数字素养 ·· 40
  2.2 中国劳动者的数字素养 ·· 40
  2.3 建立数字素养评测体系 ·· 43
  2.4 数字素养的养成 ··· 48
  2.5 结语：数字素养是数字化转型成功和不断升级的保障 ······ 55

第3章 数字化转型的方法 ·· 56
  3.1 数字化转型的现状 ·· 56
  3.2 如何快速实现数字化转型 ··· 59

第4章 数字化转型成熟度等级和水平评估工具——数字化转型成熟度模型 ·· 74
  4.1 数字化转型成熟度模型 ·· 74
  4.2 以规范级为例的成熟度等级与评价域关系 ···················· 93
  4.3 场景级、领域级、平台级与生态级要求纲要 ·················· 99
  4.4 当前各类组织数字化转型成熟度水平 ························ 105

第 5 章　TKR：数字化转型的工具（一）——面向数字化转型的管理方法 109

- 5.1　传统管理方法与工具 109
- 5.2　强调全面数字化的转型工具——TKR 119
- 5.3　TKR 的核心——九个管理要素 126
- 5.4　用 TKR 促进数字化转型 132

第 6 章　TKR：数字化转型的工具（二）——支持构建零代码管理软件平台 136

- 6.1　零代码软件 137
- 6.2　应用 TKR 管理理论的零代码软件 142

第 7 章　TKR：数字化转型的工具（三）——TKR 聚焦目标和流程管理 148

- 7.1　组织管理体系 149
- 7.2　TKR 的管理体系 153
- 7.3　TKR 的方法论 162
- 7.4　TKR 带来的益处 164

第 8 章　TKR：数字化转型的工具（四）——TKR 支持精细化人力资源管理 168

- 8.1　人力资源管理的现状 168
- 8.2　TKR 新型人力资源管理工具 169
- 8.3　培训 171
- 8.4　人力资源的配置与使用 175
- 8.5　人力资源的绩效管理 177
- 8.6　结语：人力资源管理要能激励员工创造价值 179

第 9 章　TKR：数字化转型的工具（五）——TKR 是组织实现 AI 管理的基石 181

- 9.1　AI 和 AI 专家系统 182
- 9.2　AI 在组织中的应用 185

  9.3 TKR 管理软件的 ToB AI ………………………………………………… 188

  9.4 ToB AI 的总结与展望 …………………………………………………… 194

第 10 章 TKR 软件帮助管理者实现数智化敏捷管理 ……………………… 196

  10.1 TKR 管理软件实现了组织经营目标、业务标准化运营和运营绩效管理的合一 ………………………………………………………………… 197

  10.2 TKR 管理软件融合创新管理思想与方法，提供了全新的管理工具 …………………………………………………………………………… 199

  10.3 TKR 管理软件敏捷管理的特点 ………………………………………… 200

第 11 章 基于 TKR 的软件系统在大型国企中的数字化实践 ……………… 204

  11.1 TKR 管理方法与基于 TKR 的软件系统 ……………………………… 204

  11.2 企业及其需求分析 ……………………………………………………… 206

  11.3 企业的痛点与需求 ……………………………………………………… 209

  11.4 数字化构想：从业务过程管理入手提升绩效与管理水平 …………… 210

  11.5 数字化方案：数字化应用实施方案 …………………………………… 215

  11.6 数字化组织：建设数字化领导组织 …………………………………… 216

  11.7 数字化资产的调查、识别与评估 ……………………………………… 216

  11.8 制定全面数字化应用方案 ……………………………………………… 218

  11.9 搭建数字化管理体系 …………………………………………………… 220

  11.10 TKR 部署后所取得的效益 …………………………………………… 222

  11.11 TKR 的价值及服务大型国企的展望 ………………………………… 224

参考文献 …………………………………………………………………………… 225

第1章
数字化转型与中国经济

本章分两节讨论数字经济、数字化转型和新质生产力,以及这三者之间的关系。全书通过对工业时代四次工业革命的回顾,了解数字化转型的目的及必要性,为有条理、有步骤地推动数字化转型提供背景说明。

1.1 数字经济与数字化转型

从现在开始,我们观察人类经济是怎样从第一次工业革命不断发展,进入现在的数字时代的。本节主要讨论的是数字化转型的概念、数字化转型能为组织带来什么益处、数字化转型想要达到的目标、数字化转型的条件以及数字化转型与数字经济的关系。

1.1.1 数字经济

在谈论数字化转型之前,我们先简要回顾一下工业时代四次重要的工业革命。它们分别以四种重要的发明和技术为代表,即蒸汽技术、电气技术、信息技术和智能技术。

1. 工业时代

自18世纪以来,大约每隔100年都会发生一次科学革命、技术革命和工业革命。其中,科学革命是技术革命的基础和前提,技术革命又是工业革命的基础和前提。因此,在时间上总是科学革命在前,技术革命居中,工业革命在后,每次革命循环完成后,再进入下一个循环。这里将略去科学革命的回顾,直接进入技术革命与工业革命。

(1)第一次工业革命:以蒸汽机发明为代表的蒸汽时代

由于人力有限,亟需更高效率的工具来帮助人们获得更多所需要的生产资料,因而促使人们投入大量的人力和资金来研发所需要的技术和设备。在英国,为了从矿井里抽水和转动新机械的机轮,需要获得一种新的动力之源,大量的研发投入产生了一系列发明和改进成果。以瓦特的改良型蒸汽机大范围投入使用为代表,蒸汽机的发明和改进,把人类推向了崭新的"蒸汽时代",以往的手工业逐渐消失,一种新型的生产组织形式——工厂出现了。以大范围的机器生产代替手工劳动为特征,人类自此从农耕时代进入工业时代,这也称为第一次工业革命。到1840年前后,工业革命基本完成,英国的大机器生产已基本取代了手工业作坊式生产,英国成为世界上第一个工业国家。

新机械需要大量的钢铁原料,这促进了采矿和冶金技术的改进,而纺织工业、采矿工业和冶金工业的发展,又引发对先进运输工具的需要。

第一次工业革命让世界统一起来,并且使欧洲对世界的支配成为可能,这种支配一直持续到工业革命扩散到其他大部分地区为止。

(2)第二次工业革命:以冶金和化工为代表的电气时代

19世纪后半期,工业革命的浪潮从英国向整个欧洲大陆传播,并于19世纪末传至北美,促进了北美的经济发展,人类进入了"电气时代",开始了第二次工业革命。

1870年以后,科学技术开始成为所有大工业生产的一个组成部分,专业分工也越来越细,科学研究本身也进入规模化、专业化阶段。

在工业领域,冶金术方面有贝塞麦炼钢法、西门子-马丁炼钢法和吉尔克里斯特-托马斯炼钢法。德国的罗斯·奥古斯特·奥托在1876年制造出第一台四冲程内燃机。通信领域则有无线电的发明。

而最值得重点提及的是化工工业的发展,包括煤化工在内的煤衍生物,其中包括数百种染料和大量的其他副产品,如各种化学制品等。

工业革命的第二阶段以满足大量生产的技术发展为特点,大量生产的方法不仅影响了工业,还影响了农业。到19世纪末,天然肥料被更纯粹的无机肥料替代,无机物的世界性生产开始急剧增长。

(3)第三次工业革命:以信息与生物技术为代表的科技时代

到20世纪后半期,人类进入科技时代,生物克隆技术和航天科技的出现引发了第三次工业革命，即生物科技与产业革命。

先进技术、工艺和设备与信息技术相结合，以互联网和计算机为代表的第三次工业革命席卷全球，其中欧美国家科技水平最为领先。

其中，信息技术是本次工业革命中创新速度最快、通用性最广、渗透性最强的技术之一。信息技术水平和信息化能力则体现了一个国家创新能力的强弱。

（4）第四次工业革命：以智能技术为特征的工业4.0智能时代

第四次工业革命最早于21世纪的德国萌芽，其核心目的是提高德国工业的竞争力，并在新一轮工业革命中占领先机。而后，世界各个科技与制造业大国，如美、中、日等国家纷纷开始规划自己的"工业4.0"，以使整个国家在国际竞争中保持先进，获得优势。

其特点是通过智能技术在各行各业尤其是制造业中引起的一次大变革，是21世纪发起的一场全新技术革命，是以人工智慧、清洁能源、机器人技术、量子信息技术、可控核聚变、虚拟现实以及生物技术为主的技术革命，具有提高资源生产率和减少污染排放的特征。其以人工智慧化为目的，特点是灵活易变，提高资源效率，代表性的发明有虚拟现实、人工智能、量子通信，等等。

这场革命的目的是通过物联网信息系统将生产中的供应、制造、销售信息数据化、智慧化，实现快速、有效、个人化的产品供应。它通过融合物理世界与数字世界，大幅度提高资源的生产率，使经济增长与不可再生资源要素全面脱钩。它是一次技术变革，更是一场深刻的社会运动。这场技术革命和与之相关的生产关系的变革将带来深远影响，推动人类社会进入更加智能化、高效化和可持续化发展的新时代。

与前三次工业革命形成鲜明对比的是，第四次工业革命带来技术和经济的突破，涵盖了经济、社会和政治的多个维度，不但影响生产方式和商业模式，而且对人的工作行为和方式产生了深远影响，同时也为数字经济的产生进行了预热。

2. 数字时代

数字经济是一个全新的经济形态。

当科技和经济发展到一定阶段后，社会生产力得到明显的提高，其中特别是生产资料，作为生产力的重要组成部分，它在科学技术的推动下，得到了高速增长和发展，发明出各种新技术、新工艺、新工序、新产品和新服务等。基于信息化阶段所积累的各类信息技术、软件、互联网和AI技术，在智能化浪潮的推波助澜下，社会发展到数字经济时代。

数字经济曾被称为互联网经济、网络经济、新经济，在我国台湾被称为数位经济,在我国港澳地区则被称为数码经济。虽然叫法不同,但实质都是指以数据和计算机技术为基础,由数字产业带动的经济活动,以及非数字产业借由数字科技的经济创新活动。

国家统计局认为,数字经济是指以数据资源作为关键生产要素、以现代信息网络作为重要载体、以信息通信技术的有效使用,作为效率提升和经济结构优化的重要推动力的一系列经济活动。《国务院关于印发"十四五"数字经济发展规划的通知》把数字经济定义为:"继农业经济、工业经济之后的主要经济形态,是以数据资源为关键要素,以现代信息网络为主要载体,以信息通信技术融合应用、全要素数字化转型为重要推动力,促进公平与效率更加统一的新经济形态。"

现今经济活动中的人、组织和机器已通过互联网、移动技术相互联系,更多的企业也通过互联网开展市场业务,企业、非营利组织及政府部门都开始利用数字技术来提升组织的管理能力和效率。计算机网络、通信技术的普及和智能化水平的提高是数字经济发展的基础。

人类从蒸汽机时代开始,经过几百年的发展,走过了电气时代、生物科技与产业革命时代、工业 4.0 时代,进化到数字时代。它的特征是把数据看成生产要素的必要组成部分,把数据看成与传统生产要素中的人、土地、资本同等重要的部分。它是以数据为核心要素,以网络技术、信息科技和人工智能为手段,通过数字化创新和数字化转型来完成由传统经济向数字经济的转变和换代。

数字经济作为一个经济概念,我们把它定义为:人类通过对大数据的处理,即对大数据的识别、选择、过滤、存储、使用和引导,完成资源的快速配置、优化与再生,是实现经济高质量发展的一种新经济形态。

数字经济把数据提升到生产资料的高度,目的是利用数据,完成从传统经济向数字经济的进化。

数字经济不是虚拟经济或互联网经济,它包含这两种经济,是在原后工业时代基础上一个重要的变革和升级迭代。数字经济对于从业者而言,更容易理解的说法是"数字产业化"和"产业数字化",并在最终完成这两者的融合,成为数字时代的"新产业"。

目前,以互联网与人工智能为基础的数字技术,开始迅速向传统产业进行多种形式的渗透,帮助传统产业由传统经济转向数字经济,逐步实现"产业数字化"。

而以"云服务"为代表的互联网数据中心(Internet Data Center,IDC)数字基础设施的投资建设、工业互联网等新型产业链的形成和数字产业集群的兴起，则催生了"数字产业化"。也就是说，数据作为一个重要的经济要素得到了开发、利用和增值。

这些新产业、新基建构成了数字经济的基础和主体，其本质就是由新科技（如计算机技术、网络技术和人工智能等）、新产品和新服务（数字技术的成果）以及新方法（如突破性的设计制造工艺、管理方法等）所带来的数字化变革。数字经济自身所具有的低成本和高效率特点，使其成为驱动中国经济实现高质量快速增长新引擎的目标成为可能，由数字经济所催生出的各种新业态，也将成为中国经济新的组成部分和重要增长点。

随着数字经济的诞生和成长，数字经济将全面在生产、流通、消费、医疗、教育、交通、金融、文化、城市管理和政府治理等领域快速发展，逐步形成由数字生产、数字管理、数字组织、数字政府、数字交换构成的数字社会。

数字经济最主要的成果之一就是实现产业智能化和管理智能化，在国家层面完成产业升级和革新，提高全社会各类组织的生产与运行效率，在更多领域提升和保持竞争优势。

1）数据成为新生产要素

我国对生产要素进行了重新定义，新增了技术与数据。

作为一个经济学概念，传统经济在不同的社会时期，它的含义也会发生不同的变化。相较于自然经济——原始的传统经济，工业经济是新经济；而在数字时代，面对数字经济，工业经济则成了传统经济。当然，工业经济和数字经济并没有一条明显的分界线，两者具有必要存在和继承发展的关系。但它们之间不是量的变化和线性的发展，而是在社会生产力发展到一定阶段、工业与科技水平得到长足发展、数字技术相对成熟的条件下发生的突变，根本性的标志是数据成为与劳动、土地、资本同等重要的生产要素。在《关于构建更加完善的要素市场化配置体制机制的意见》中，更是给中国经济重新定义了五大要素，它们分别是土地、劳动、资本、技术和数据。把数据纳入生产要素中，形成了具有前瞻性的新五大生产要素，数据作为生产要素开始得到重视，数据的价值由此开始凸显。

（1）技术（Technology）

科学技术是第一生产力。除了传统三大生产要素外，技术对经济发展的重要性早已成为大家的共识。我国把技术作为一个新的生产要素的提法，是真正体会到了科学技术对经济发展的推动力，以及技术本身所蕴藏的力量，因此有目的地将技术引入劳动或资本中，使生产更加高效并得到价值认可。

这里以人工智能技术为例。人工智能技术在计算机视觉领域的应用，让计算机能够更高效地理解、解释图像和视频技术，包括图像识别、目标跟踪、机器人视觉等。

在自然语言处理领域，人工智能研究计算机与人类自然语言之间交互的技术，包括语音识别、语音合成、机器翻译、对话系统等。

在机器学习领域，人工智能技术通过数据和算法训练模型，使计算机具备自动学习和改进，实现对复杂数据的学习、理解和改进。它包括决策树、神经网络技术、助力产业转型升级技术等。

在机器人领域，人工智能技术具有环境感知能力。能完成指定任务的智能机器人开始大批进入工业、商业和军事领域，包括多种类型的工业机器人、服务机器人等。

在生物识别领域，人工智能技术利用人体的生物特征进行身份识别，包括基因识别、面部识别、行为识别等都有飞速发展。

在无人自动驾驶领域，人工智能技术利用计算机视觉、自动控制和深度学习等，实现飞机、船舶、汽车等交通工具的自动驾驶。

科学技术的快速发展和应用为经济社会带来了巨大的变革和进步，推动了生产力的提升和经济增长。新技术改变了生产过程，改进了产品和服务的质量，提高了效率和生产能力。它改变了工作方式和组织形式，促进了新兴产业的诞生和发展。

技术不仅是新的具有颠覆性的设备或产品，它还可以是新的工艺或方法，以及各类对产业转型和升级提供助力的无形产品。同时，技术也促进了数据要素的快速形成。

（2）数据（Data）

我们先来看数据的定义。数据是对真实世界（包括对象、事件、概念等）的一种符号化描述，描述的方式包括文本、图像、声音、视频和数字等。数据是对客观事物的逻辑归纳，也是事实或观察与处理的结果。我们当前所说的大数据，更多的是指可以被计算机处理的大量数字化数据。

数据的重要性早已被大家认识到，数据已开始被有目的地处理、使用和交易。数据作为数字经济的核心生产资料，利用数字技术诞生的新产业、新业态、新模式得到迅猛发展，数据正成为科技创新的突破口，中国正从数字经济的跟随者成长为领跑者。

数据成了人工智能、互联网、物联网、云计算、区块链等数字技术的核心，数据的价值正在快速显现。

2）数字经济与传统经济的区别

传统经济对资本、土地与劳动的依赖性非常强，需要在这三个要素上进行大量投入，但它的增长速度是相对缓慢和低效率的。

数字经济是一种与传统农业经济和工业经济完全不同的新型经济形态，它利用数字技术，如互联网、大数据、人工智能和物联网等技术，通过网络进行商业和经济活动。而数字经济与传统经济的重大区别在于，数字经济不但将数据作为提升经济的手段，而且将数据本身视为重要的生产要素；不但将数据看成独立的新经济要素，并且可以带领传统经济的转型，让传统经济得到提升。

3. 数字经济的特点

我们通过以下几点来考察数字经济的特点。

（1）数字经济具有高效性和准确性

数字经济的特点主要体现为数字化、智能化和创新性。数字经济通过数字化处理和存储，提高了经济活动的效率和准确性。

（2）数字经济具有流程的清晰性和工作标准的明确性

利用数字技术，大量的经济运行和业务流程可以通过计算机被清晰地呈现出来，极大地提高了经济运行的透明度。而基于数字与计算机技术，工作的标准化要求可以得到充分满足。

（3）数字经济让经济系统更加智能化和自动化

智能化技术的应用，使得经济系统更加智能化和自动化，数字经济有能力为全社会提供更多的智能化服务和解决方案，提高全社会运行的效率和便捷性。

（4）数字经济孕育出更多的新行业、新业态

数字经济利用数字技术结合传统行业进行创新，孕育了众多新产业和新业态，如数字银行、电子商务、共享经济和在线教育等。

（5）数字经济的全球化能力

数字经济具有全球化的特点，实现了实时跨越国界和地域进行经济活动的可能，突破了传统经济被国界、距离所限的困扰。

（6）数字经济使对公开、公平和公正的追求得以实现

数字经济更注重公开、公平和公正，通过科技手段对传统经济进行结构优化和资源的重新配置，可以使经济运行处于较为透明状态。

（7）数字经济带来更有说服力的决策支持

在运营和管理上，传统经济通常依赖个人能力来推动企业的发展，领导者的意志往往决定企业的发展甚至生死。而在数字经济时代，依靠智能技术和大数据能力，可以为决策者提供有数据支撑的决策建议，大大提高了决策的成功概率。

因此，我们看到，数字经济与传统经济相比较，在运营模式、技术运用、资源利用效率、产业创新、全球化程度以及管理决策等方面存在着显著的差异。这些差异反映了经济发展过程中不同阶段的特点和趋势，也为我们理解和适应现代经济提供了重要的视角。

进入数字时代，数据成了驱动经济运行的关键性生产要素，在数字经济的不同阶段，数据始终是整个数字经济的核心，起着关键作用，同时也深刻地影响着传统生产要素。随着数字时代的发展，数字经济体现出越来越大的价值，全球经济也会在先发国家数字经济的刺激下，快速从传统经济转向数字经济，就如第一次工业革命一样，数字经济的暖风也会迅速吹遍世界各国，从而让全球经济得到质的飞跃。

4. 中国数字经济的特点

中国国土面积大，人口多，工业水平较高且稳定，是名副其实的制造业大国，基础设施较完善，信息化普及与应用的程度也较高。这些地理、人口与工业优势使得中国数字经济具有自身的两大特点。

（1）传统经济需要寻求新赛道与新方向

中国传统经济的发展到了瓶颈阶段，传统的加大基础建设投入、发展房地产行业的方式已经渐到尾声。这就势必需要寻找经济的突破口，全社会也对经济的高速发展充满渴望。而数字经济是一个全新的赛道，是传统经济发展后期一个非常难得的机会。如果能够快速进入数字化时代，传统经济不但不会受到挤压，而且通过应用数字科技，反而会得到极大加强，并转型成为数字经济的重要组成部分。

（2）数字经济规模庞大，应用范围广，发展迅速

近年来，中国数字经济的规模正在不断扩大，已经发展为中国经济增长的重要引擎。这种规模的扩大，不仅体现在数字经济的总量上，还体现在数字经济的覆盖范围上，涵盖了电子商务、电子金融、电子政务、云存储、云计算、人工智能等多个领域。数字经济与传统经济深度融合，将推动传统产业转型升级。通过数字化、网络化、智能化等手段，数字经济正在改变传统产业的经营模式和管理方式，已经在部分行业和企业显著提高了生产效率，降低了运营成本，推动了经

济高质量发展。

5. 中国数字经济与世界经济的关系

（1）世界经济的不平衡性

目前，世界经济处于不平衡发展状态，而中国经济处于一个大的转型时期。

全球经济虽然整体上表现出向上增长的趋势，全球贸易领域复苏迹象明显，贸易量在逐渐增大。但是各经济体之间的增长呈现出明显的分化趋势和不平衡状态。美国的经济增长可以说是一枝独秀，而其他地区则增长缓慢，这种分化和不平衡加剧了世界经济增长的不确定性。

目前，中国经济的增速与以往相比有所波动。下面以中国 2020—2024 年的数据为例。

2020 年，中国 GDP 增速为 2.3%。这一年，中国国内生产总值为 1 015 986 亿元，全年经济实现了从一季度同比下降 6.8% 到四季度增长 6.5% 的逐季回升态势。

2021 年，中国 GDP 增速为 8.1%。这一年，中国国内生产总值为 1 143 670 亿元，比上年增长显著，实现了"十四五"的良好开局。

2022 年，中国 GDP 增速为 3.0%。这一年，中国国内生产总值为 1 210 207 亿元，经济保持了稳定的增长态势。

2023 年，中国 GDP 增速为 5.2%。这一年，中国国内生产总值为 1 260 582 亿元，超过年初设定的 5% 左右的预期目标。

2024 年，中国 GDP 增速为 5.0%。这一年，中国国内生产总值为 1 349 084 亿元。①

在上述数据中，可以明显看到中国经济受疫情影响，以及与国际主要经济体竞争所带来的结果。原有世界统一市场的格局正在被破坏，中国经济的发展方向和重点也势必需要调整。

（2）世界经济的不确定性

美国是数字经济的发源地，也是数字经济最为发达的国家。欧洲在德国工业 4.0 的引导下，加快了数字经济的进程。但俄乌战争使欧洲经济面临挑战，能源危机和地缘政治风险已影响欧洲的经济稳定，加剧了整个欧洲地区的经济不确定性。日、韩两国则分别遭受通胀与通缩的困扰。

（3）中国与世界经济的关系

从中国和其他世界各国的政治、经济的发展特点、贸易保护主义的抬头以及

---

① 历年数据见国家统计局发布的《中华人民共和国国民经济和社会发展统计公报》。

世界政治格局的变化，可以感知到统一的世界大市场已经遭到破坏，全球供应链市场也部分被打断，传统经济的发展思路和路径需要重新调整和布局。

在这个复杂多变的时代，面对贸易保护主义，中国与世界各主要经济体的关系显得更为重要。中国作为世界经济增长的主要引擎，需要更积极地参与全球经济治理体系改革，推动构建开放型世界经济，加强与其他国家的经济合作。

对于世界经济而言，中国的数字经济是对传统工业经济发展方式的一种新探索和新贡献；对于其他在数字经济领域尚未起步或刚刚开始的国家而言，则是一个良好的标杆。对于欧美国家而言，中国的数字经济则是一个多方互相竞争、促进、补充与合作的机会。大家在竞争中会有合作，而合作则始终是主流，世界经济并不会因为短时期的受挫、受困而改变持续开放的趋势。

6. 为什么要发展数字经济

我们在对传统经济的发展进行回顾以及对当今世界经济格局进行简单观察后，不难看出，传统经济的发展路径除了其自身的局限外，还受到世界政治、经济甚至地区军事冲突的巨大影响。中国如何扩大经济规模，保持稳定的增速，传统的方法已经受限，短期内不可能再有较大的增长空间。这样势必需要寻找新方法、新思路来加速经济发展，而数字经济就是中国当前经济转型甚至获得飞跃的一个绝好的载体、方法与路径。

中国经济的发展，为什么选择数字经济而不是其他的经济形态呢？我们将从以下几个方面来探讨发展数字经济的理由。

（1）数字经济本身具有高创新性

数字经济既是创新的结果，又是创新的有力推动者。

数字经济自身具有创新性，具有渗透性强、覆盖面广的特点。数字经济不仅是全新的创新业务和经济增长点，还是改造和提升传统产业的支点与机会，有助于构建现代化经济体系。同时，数字经济还能催生新业态、新模式，拓展经济发展新空间，提升经济体系的整体效能和竞争力。

数字技术的应用和普及促进了知识的传播和共享，降低了创新成本，提高了创新效率。数字经济还为各类组织提供了更多的创新机会和可能，推动了技术创新、商业模式创新和管理方法的创新，激发了全社会对创新与进步的渴望。

（2）数字经济的发展得到了传统经济的支持

中国拥有庞大的市场规模、丰富的数据资源和良好的产业基础。中国经济的规模仅次于美国，传统经济无论是制造业还是服务业存量巨大，因此可处理、分析的数据量也极大，数据增值空间不可限量，为数字经济发展提供了足够庞大的市场与得天独厚的条件。

而传统经济也需要得到数字科技的支持，从而使其能够顺利、快速地转型到数字经济。数字经济是以数据资源为关键要素，通过数字技术与实体经济的深度融合，来提升传统产业的效率，推动产业结构持续优化与升级，为经济增长注入新的动力。它还可以推动传统产业向智能、绿色的方向转型升级，提高全要素生产率，优化经济结构，实现经济的高质量发展。

（3）数字经济的发展顺应了时代变革与发展的要求

数字经济顺应了新一轮科技革命和产业变革的趋势。以大数据、云计算、人工智能、物联网等为代表的新一代信息技术迅猛发展，不断催生出新产品、新模式、新业态、新产业。发展数字经济也是顺应全球经济发展趋势的必然要求。当前，数字经济已成为全球经济发展的重要趋势和方向，各国都在积极抢占数字经济制高点。中国作为世界第二大经济体，必须加快数字经济发展步伐。在这个激荡且巨变的时代，我们要抓住这一历史机遇，赢得未来发展，提升中国在全球经济中的竞争力和影响力。

（4）数字经济可帮助中国经济突破发展瓶颈

数字经济有助于应对中国经济面临的一些挑战。通过数字化手段，可以优化资源配置，提高经济效率；通过数字技术的创新应用，可大幅提高经济治理和企业管理的水平，提升全社会生产效率；通过发展数字经济，可以促进城乡、区域协调发展，缩小发展差距；通过数字技术的多行业普及，还可以推动经济的绿色、低碳转型，实现经济的可持续发展。

（5）数字经济有助于提升社会治理能力

通过数字化治理思想与手段，政府各级部门和治理单位可以通过数字经济手段高效率、低成本地获取民众的意见和需求，加强与社会的互动和沟通；可以更加精准地掌握社会运行状况，降低治理成本，提高治理效率以及政策制定的针对性和有效性。同时，数字经济也能加强监管和信息披露，提高政府的公信力和透明度。

数字经济为社会提供了更多的治理手段和工具。在城市管理方面，数字经济可以通过智慧城市建设来提升城市管理的效能；也可以通过实时数据分析，更精确地掌握城市运行情况，还可以在教育、医疗、出行等领域提供更便捷、个性化的服务，优化社会资源的分配。

（6）数字经济能够促进就业和创业

随着数字经济的不断发展，新的产业领域和职业岗位不断涌现，旧的劳动岗位会被更多的新岗位所代替，数字经济为劳动者提供了新的就业选择和机会。同时，数字经济还为创业者提供了广阔的平台和丰富的资源，以降低创业门槛和风险，激发全社会的创业热情。

7. 数字经济中数据的获取、处理与利用

数字经济的核心是数据，而如何获取、处理、利用数据是发展数字经济先需要关注的问题。在数字经济中，数据作为核心生产资料和生产要素，是构建竞争优势、驱动业务创新的关键环节。下面将简明地介绍数据的获取、处理与利用的几个要点。

1）数据的获取

（1）直接采集

通过软件直接收集来自各种设备和系统的数据，如工业设备、软件程序产生的原始数据，或是网络流量、用户行为等数据。

（2）感知获取

对于无法通过直接采集获得的数据，如环境温度、湿度等，可以通过传感器等设备进行模电转化感知，再转化为可采集的数据。

2）数据的处理

（1）清洗与整合

获取到的原始数据往往存在噪声、重复或缺失等问题，需要进行清洗以消除这些问题。同时，为了方便后续分析，还需要将不同来源的数据进行整合。

（2）分析与挖掘

利用数据分析工具和算法对数据进行深度分析，以发现数据中的规律和趋势。数据挖掘技术则用于发现数据中的隐藏信息，如关联规则、分类模式等。

（3）可视化

将处理后的数据以看板、图表、图像等形式进行展示，使数据更易于理解和分析。

3）数据的利用

（1）利用数据为用户提供所需产品和服务

通过分析用户数据，了解用户的兴趣和需求，为用户提供个性化的产品和服务推荐。这不仅可以提升用户满意度和购买意愿，还可以帮助企业更好地了解市场趋势，创造更大的商业价值。

（2）数据带来业务优化与创新

数据可以用于优化业务流程，提高运营效率。同时，它通过挖掘数据中的新价值点，可以推动业务创新，如新产品开发、新服务模式探索等。

（3）数据为智慧城市与公共服务提供依据

在智慧城市建设中，通过分析和利用城市中人、生物、大气、设备和场所的活动所产生的数据，可以优化城市管理和公共服务，提高城市的生活质量和治理效率。

（4）数据的交换与增值

数据作为生产要素，经过加工、处理后具有商品的属性。我国在数据采集、数据标注、数据库管理、数据存储、数据的商业智能处理、数据的挖掘和分析、数据安全、数据交换等各环节形成了较为完整的数据供应链和数据产业体系，数据管理和数据应用能力不断提升。在合法、安全、公平的前提下，可以实现数据的自由交换，让数据得到增值与更广泛的利用，降低数据的边际成本。

8. 数字经济的四个发展方向

数字经济的发展方向是一个严肃的课题。前面我们谈到了数字经济发展的几个重点或者应用的形式。它可以简要归纳为：数字的产业化、产业的数字化、治理的数字化与数字的商品化。

对于以上数字经济四个发展方向的内容，下面将进行简单的介绍。

1）数字的产业化

数字的产业化主要指的是数字技术、产品和服务的应用，以及这些技术的研发和制造过程。它具体可分为数字产品制造业、数字产品服务业、数字技术应用业、数字要素驱动业。这包括但不限于集成电路、软件、大数据、人工智能、通信技术、网络技术、云计算、区块链等技术的产业化。各类数字产业为数字经济的发展提供数字技术、产品、服务、基础设施和解决方案等，以及完全依赖于数字技术、数据要素的各类经济活动，它构建了数字经济的基础与核心。

数字产业化的目的是将数字化的知识和信息转化为生产要素，通过信息技术创新和管理创新、商业模式创新的融合，不断催生新产业、新业态、新模式，最终形成数字产业链和产业集群。

2）产业的数字化

产业的数字化则是指应用数字技术和数据资源，以数据为关键要素、以价值释放为核心、以数据赋能为主线，对产业链上下游的全要素进行数字化升级、转型和再造的过程，为传统产业带来产出的增加和效率的提升，是数字技术与实体经济的融合。该部分涵盖了智能制造、智慧农业、智能交通、智慧物流、数字金融、数字商贸、数字社会、数字政府等数字化应用场景和产业。

产业数字化的目标在于提高生产效率、降低成本、增强竞争力、创造新的商业价值，并优化客户体验。

简单来说，数字产业化创造了数字新产业，而产业数字化则是把传统产业变革为数字化的新产业，两者共同构成了数字经济的核心。随着数字经济的发展，产业数字化的比重已经变得越来越大。

3）治理的数字化

治理的数字化即数字治理，是指通过运用大数据、人工智能等现代信息技术，对国家、社会、经济和组织的各项事务进行有效管理的一种治理方式。其核心特征是全社会的数据互通、数字化的全面协同与跨部门的流程再造，形成"用数据说话，用数据决策，用数据管理，用数据创新"的治理机制。

数字治理包括数字政府治理和数字经济治理。作为一种新的治理范式，它至少包括三种对象。

一是对数字的治理，即治理对象扩大到涵盖数据要素。

二是用数字技术治理，即用数字赋能，运用数字与智能技术优化治理技术体系，提升治理能力。

三是对数字融合空间的治理，用数字技术扩大治理范围、治理空间，将网络与实体两种形式的经济活动进行融合治理。

治理的数字化是数字经济的有机组成部分，包括但不限于多元治理，其典型特征是"数字技术＋治理"。

4）数据的商品化

数据的商品化是指把数据真正视为生产要素，把数据作为资源去开发，通过对数据的收集、整合、分析和挖掘，将数据转化为有价值的信息和知识，实现数据商品化，最终完成数据资产化和数据资本化的经济过程。整个过程涉及数据采集、数据标准、数据确权、数据标注、数据定价、数据交易、数据流转、数据安全等方面。

各类权威机构在数字经济的发展方向上都持有相同或相近的观点，以下引用中国信息通信研究院《中国数字经济发展研究报告 2024》一文中对数字经济及其发展方向的说法："数字经济是以数字化的知识和信息作为关键生产要素，以数字技术为核心驱动力量,以现代信息网络为重要载体,通过数字技术与实体经济深度融合,不断提高经济社会的数字化、网络化、智能化水平,加速重构经济发展与治理模式的新型经济形态,具体包括四大部分:一是数字产业化,即信息通信产业,具体包括电子信息制造业、电信业、软件和信息技术服务业、互联网行业等;二是产业数字化、即传统产业应用数字技术所带来的产出增加和效率提升部分,包括但不限于工业互联网、智能制造、车联网、平台经济等融合型新产业新模式新业态;三是数字化治理,包括但不限于多元治理,以'数字技术+治理'为典型特征的技管结合,以及数字化公共服务等;四是数据价值化,包括但不限于数据采集、数据标准、数据确权、数据标注、数据定价、数据交易、数据流转、数据保护等。"

数字经济的"四化框架"见图 1-1。

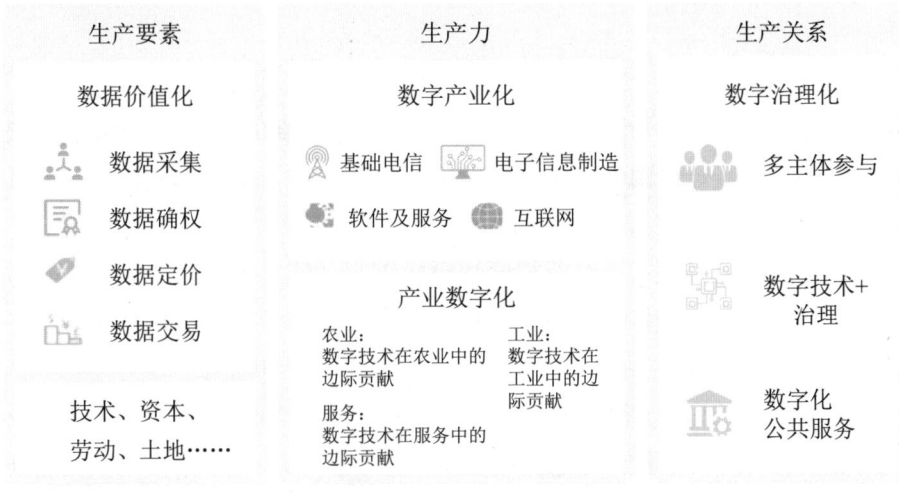

图 1-1 数字经济的"四化框架"

资料来源:根据中国信息通信研究院《中国数字经济发展研究报告 2024》改编。

9. 数字经济的两种发展路径

采用什么方法切入数字的产业化、产业的数字化、治理的数字化与数据的商品化这四个领域,这是一种选择。不同的组织或个人,只有根据自己已具备的以及获取资源与数字科技的能力,选择合适的方向与路径,才有可能事半功倍,不走弯路。

数字经济的形成通常是通过数字化创新与数字化转型两种路径得以实现的。

数字化创新本身的难度及对创新者的要求很高。在整个经济发展过程中,数字化创新这部分的数量始终较少，获得成功的难度非常大。

本书将把重点放在数字化转型部分。后面将会对数字化转型的概念、目的、所要达到的目标、数字化转型所带来的益处等进行较为详细的阐述。

（1）数字化创新

我们先给数字化创新一个界定，就是个人或组织利用数字技术，在业务模式、产品服务、运营流程等方面进行的创新活动。它强调将数字技术作为创新的核心驱动力，通过数据的收集、处理和分析，挖掘数据价值，进而推动业务创新和发展。数字化创新是利用数字技术开发出全新的商品和服务，发展出新的商业形态、新的行业或者新的技术与工艺。

数字化创新涉及多个方面，如电子商务平台、虚拟现实技术、数字化运行管理、数字化医疗服务、自动驾驶技术、在线教育、金融科技服务、AI 辅助治理等。这些领域都在数字技术的推动下实现了显著的创新，且取得了明显的效果。

数字化创新需要关注数字技术的发展趋势、应用场景和影响，且具备跨界整合能力，将不同领域的知识和资源相互融合，以创造新的价值和解决现有问题。同时，数字化创新也强调可持续的创新导向，注重用户体验和需求的持续演化，不断优化产品和服务，以满足用户的需求。

在数字化创新过程中，企业需要注重数据驱动的决策能力，强调数据的重要性，以数据为依据作出决策和推动创新。同时，企业还需要将用户体验放在首位，注重理解和满足用户的需求，以提供更优质的产品和服务。

随着技术的不断进步和全球市场的竞争加剧，数字化创新将成为企业获取竞争优势、实现可持续发展的关键。因此，企业需要积极拥抱数字技术，加强创新能力和人才培养，以应对数字化时代的挑战和机遇。

（2）数字化转型

实现数字经济的另一个方法就是数字化转型。

对数字化转型的简单理解就是传统组织业务模式、形态和业务流程的数字化升级，从传统经济转向数字经济。显然，数字化转型具有大量传统经济的存量支持和转型需求。下面将详细讨论其内容。

1.1.2 什么是数字化转型

我们从数字化转型的概念开始，了解数字化与信息化的区别，并分别论述数字化转型的目的、类型、领域、策略、益处与目标，以及数字化转型成功的指标，以使读者对数字化转型有整体和框架性的理解。

1. 数字化转型的概念

数字化转型是指组织（企业）利用数字技术来改变传统业务形态、业务模式、业务流程和客户体验的过程。这个过程需要通过数字技术的深入应用，构建一个全面感知、无缝连接、高度智能的数字孪生企业，进而优化、再造物理世界的组织（企业），对传统管理模式、业务流程、商业模式进行创新和重构，以实现组织的业务成功与发展。

数字化转型是一个含义较为泛化的概念，包括利用新一代信息技术，对组织（企业）物理世界的业务、生产、运营、管理等各个环节进行实时的数据采集，将所有业务转换成计算机可读取、可存储、可计算的数据、信息、知识。其内容主要包括转化、融合、重构三个层面，涉及企业战略体系、商业模式、业务流程、生产运营、组织架构等多个方面的变革和重构。

通过数字化转型，组织（企业）能够更有效地适应数字经济环境，应对市场变化，实现系统性的升级和创新。同时，数字化转型也有助于提升组织（企业）的运营效率与创新能力，更好地满足客户需求，提高竞争力。

需要注意的是，数字化转型是一个复杂且持续的过程，需要组织（企业）有明确的战略规划和实施策略；同时也需要组织（企业）在组织文化、人才培养、技术、各类资源等方面进行持续的投入和改进。

2. 数字化与信息化的区别

我们先来看数字化与信息化在定义上的区别。

1）信息化

信息化的定义最早由日本学者梅棹忠夫提出，后续不同组织和经济学家都有不同的表述。这里引用"科普中国"科学百科[①]词条编写与应用工作项目审核的定义——信息化是指培养、发展以智能化工具为代表的新生产力，并使之造福于社会的历史过程。信息化以现代通信、网络、数据库技术为基础，对所研究对象各要素汇总至数据库，供特定人群生活、工作、学习、辅助决策等和人类息息相关的各种行为相结合的一种技术，使用该技术后，可以极大地提高各种行为的效率，并且降低成本，为推动人类社会进步提供极大的技术支持。

从这个定义可以看出，信息化的基础是现代通信、网络、数据库技术，它是一种能提高行为效率、降低成本的计算机技术。

---

① 这是中国科学技术协会与百度百科共建的大型科普项目。

2）数字化

我们再来看数字化，中国信息通信研究院在《中国数字经济发展白皮书（2017）》中，将数字经济定义为：以数字化的知识和信息为关键生产要素，以数字技术创新为核心驱动力，以现代信息网络为重要载体，通过数字技术与实体经济深度融合，不断提高传统产业数字化、智能化水平，加速重构经济发展与政府治理模式的新型经济形态。

数字化的概念又可分为狭义数字化和广义数字化。

狭义数字化是指利用数字技术，对具体业务场景所作的数字化改造，它更关注数字技术本身对降低业务成本和提高效率的作用。它是利用信息系统、各类传感器、机器视觉等信息通信技术，将物理世界中复杂多变的数据、信息、知识转变为计算机可识别、可存储和可计算的数字，再用这些数字建立起相关的数据模型，进行统一处理、分析和应用，这也是数字化的基本过程。数字化是基于组织（企业）大量、真实的运营数据，通过对组织（企业）的运作逻辑进行建模、计算、优化、学习和指导，是用 AI 智能系统进行反复学习、优化的过程，能够为组织的经营管理不断提出优化建议。

广义数字化则是指通过利用互联网、大数据、人工智能、区块链等新一代信息技术，对各类组织的战略、架构、运营、管理、生产、营销等各个层面进行系统性的整体变革。它强调的是以数字为核心，用数字技术重塑整个组织，数字技术成为赋能组织（企业）模式创新和业务突破的核心力量。

广义数字化多用在组织（企业）整体的数字化变革上，而狭义数字化多用于对组织（企业）具体业务的数字化。

由此可以看出，数字化强调的是将数字化的知识和信息作为关键生产要素，用数字技术去重塑组织（企业），是组织（企业）的一个重大变革。

3）两者的主要区别

我们对数字化和信息化进行了概念厘清后，它们的区别就很容易呈现出来了。

（1）进化上的区别

信息化是数字化的基础，数字化是信息化的高级阶段。数字化是信息化发展到一定阶段的新形态，是信息科技进化的结果。

信息化注重的是信息的收集、处理和传输，目的是提高组织（企业）的业务效率。

而数字化更加强调对数据的挖掘、分析和完全使用，是对现实世界的精准模拟和预测，同时提供建设性方案。

以天气预报为例。

信息化是每天按时提供程式化的气象信息和出行、衣着建议等。

数字化是针对个人，根据个人的年龄、健康、生活和工作习惯，以及个人以往对不同天气所采取的对策，提供实时的出行、衣着、饮食、差旅等一系列建议，并结合个人对建议的采纳结果，根据算法，在下一个周期持续提供实时、优化的新建议。

（2）本质上的区别

两者本质上的区别也可以称为认知与思维上的区别。

信息化的目的是希望通过计算机技术减轻人的负担，从而提高组织（企业）的运行效率，降低成本。它反映的是管理需求，是管理思维导向下的过程与结果。信息化主要关注的是业务数据化，即利用计算机、数据库等信息技术，将业务流程转化为数据形式，以便进行管理和分析，其核心是数据的记录和管理，是把传统业务计算机化。其典型的工具包括信息化系统，如 OA、ERP 等。

而数字化是以数字思维为导向，更侧重于数据业务化，充分利用大数据、云计算和 AI 等数字技术，用数据驱动业务，将累积的业务数据用于优化和创新业务流程。其目的是要将组织（企业）的数字资源处理成为数字资产，并在这个过程中，让组织（企业）自身的业务流程得到持续优化。构建数字资产与优化业务流程，是数字化转型中的一体两面，并没有先后之别，这是数字化与信息化在本质上的区别。

（3）战略上的区别

所谓战略上的区别，也就是这两者的出发点不同。

信息化在战略上的目的是要利用计算机技术提升组织（企业）的运行效率，降低成本。如果不同的组织（企业）都想通过信息化手段来加强自身的竞争能力，则其运行效率的确会得到提升，成本也会降下来。大家都在信息化上发力，但各组织（企业）之间的竞争优势并没有被明显拉开，最后的结果是出现了零和博弈的局面。

而数字化从一开始关注的就是把本组织（企业）的数字视为生产资源，通过数字技术把这个生产资源增值变为数字资产，是从传统经济向数字经济的战略性转变。战略上的不同，就决定了该组织（企业）在数字化转型中投入资源的程度会与信息化不同，转型过程中的方法和路径也会不同。转型过程中或转型成功后的结果是，组织（企业）在不断累积数字资产的同时，其业务流程也得到了动态优化。

（4）数字分布上的区别

两者的区别点在于数字是分散的还是集中的。

信息化无法避免的一个缺陷是，数据总是分散分布的。一个组织（企业）始终无法形成整体的数据池，数据就像一个个小孤岛零星地分布在不同的业务板块，有些甚至游离在组织（企业）之外，无法形成数据的协同和综合利用，更难以形成数据资产。

数字化首先关注的就是组织（企业）的全面数字化。数据一定是可以被集中管理的，数字化也不能只停留于一类业务、一个部门，它一定是一个组织（企业）所有业务、所有部门的数字化，每一个分支机构及其所有业务都需要加入数字化转型工作中。全面数字化是数字化转型必经之路，只有做到了全面数字化，数字资产的形成才会成为可能。

（5）数字连接上的区别

两者的主要区别在于数字的连接能力与效率不同。

数字分布形态上的不同，决定了数字连接上的能力和效率也完全不同。信息化分散式的数据形态让不同的数据系统之间不容易连接，数据是割裂的，各子系统会形成自我保护，拒绝与其他子系统的连接，导致即使在同一个组织（企业）里，数据都很难被共享。即便是某个子系统获得了另一个子系统的部分数据，这些数据通常也只是结果，很难成为运营过程中的数据，它们是滞后的、非实时的，也不可能成为数据的全部，无法让分布在不同子系统中的数据都被高效率地利用起来。

数字化集中式的数字分布形态，让各子系统之间没有数据烟囱或部门墙的阻挡，所有业务活动所产生的数据都存储在一个大的数据平台上，数据的连接是完全实时的，主系统可以充分调用这些数据，通过主系统的算法，完成对数字的加工和输出。

（6）数字处理范围的区别

两者的区别在于数字处理范围上有局部与整体的不同。

信息化的重点是在提高效率、降低成本上，是用软件功能去驱动前端的业务功能和服务，帮助组织（企业）更好地把握市场趋势和业务机会，从而在市场上建立竞争优势。这就决定了信息化应用的范围受到前端业务需求的限制。基于成本的限制，信息化应用的范围是有局限性的，组织（企业）一定会把资源投向更重要的细分领域，因为市场和客户本身并不关心一个组织（企业）的信息化程度，而是关心其获得的商品或服务够不够好。

数字化强调将现实世界的各种信息通过数字技术转化为数字信号，将组织（企业）的业务信息进行编码和格式转换，使其能够被计算机识别和处理，形成数字资产。要形成数字资产，就必须把组织（企业）所有的业务活动都全面数字化，只要是可能形成数字资产的业务活动和数据，就都必须被囊括进来，业务活动被转化为数字的范围，将大大超过信息化主导下的信息处理范围，数据的处理量也将呈几何级上升。

（7）对新数字技术、新数字化工具渴望程度的区别

两者的主要区别在于对新数字技术、新数字工具的渴望程度不同。

信息化下数据的处理量相对较小，并发与实时的要求也相对较低，通常只需考虑系统本身的安全性与冗余量，对新数字技术的需求并不迫切，技术主要是作为业务的支撑和协作工具，而信息系统的稳定与安全是首先被考虑的。

数字化对数据的处理范围更广，处理数据时更强调实时性和先进性。除了数据和系统的安全性之外，更重要的是，组织（企业）还需要时刻关注数字技术和信息技术的发展趋势。因为技术起到了引领和共创业务的作用，需要用新技术去创新和引领业务，技术与业务将逐渐融为一体，及时引进和应用最新的技术成果和数字化工具，成为数字化组织（企业）需要关注的重点。

3. 数字化转型的目的

1）变革的警钟

所有的组织（企业）都希望健康地存续、良性地发展。在这个充满变化的时代，所有美好的期望都充满了不确定性，时代会抛弃所有没有跟上步伐的落伍者。所有的变化并不是突然发生的，这些有形和无形的变化都在潜移默化地影响和改变着我们。

直至到了一个转折点才突然发现，我们的产品和服务已经没有价值了，我们已经不在时代的轨道上了。新的竞争者出现了，从来没注意过的新行业也出现了，我们可能连回击、防御的机会都没有。

这样的例子不胜枚举，以前那些曾经卓越的组织（企业），现在都只存在人们的记忆里了，如通信行业的爱立信、诺基亚、摩托罗拉，计算机 PC 行业的康柏、富士通，等等。在现代经济体系中，这种竞争和淘汰已经司空见惯了。任何一个有前瞻性、有责任的领导人或团队，都应当看清时代的发展趋势，把握时代的机遇，守护好自己的组织（企业），认真迎接数字化时代带来的变革和挑战，与时代同行。

在这个时代，从数字科技、网络科技到人工智能的演进，开始彻底颠覆人类

认识、理解世界的方式。如 iPhone 带来过手机革命，整个智能手机行业取代了传统手机行业。无处不在的科技创新活动正在颠覆世界原来的技术逻辑、商业逻辑和经济逻辑，数字化所带来的新思维、新技术、新模式，使人类社会的技术体系、组织架构、商业模式和产业形态正在或将被重构。对于一个组织（企业）来说，数字化转型已经不是要不要接受、什么时候开始的问题，而是迫在眉睫的唯一出路。

2）数字化的目的是形成和累积数字资产

数字化是以数字资产的形成为标志的。

数字化转型的成功也是同样以形成数字资产为最终目标的。

数字化转型的根本目的，在于不断累积和形成组织（企业）的数字资产，支撑组织（企业）追求业务敏捷化，实现业务快速迭代，形成新的增长曲线，构建新的增长体系，占据新的价值高地。

任何一个组织（企业）都有其存在的根本理由。这些根本理由就是它们业务运行的逻辑，将业务逻辑实现的流程全面数字化，就形成了该组织（企业）的数字资产。而数字资产的形成和积累又不断地去优化组织（企业）在为用户提供产品或服务的过程中形成的敏捷业务流程，持续提升组织（企业）的竞争力。

数字化转型不仅仅是 IT 变革，领导人需要打开视野，摆脱原有的信息化思路与方法，改为用数字思维对组织、业务流程、市场、研发、制造、供应链、销售、物流、财务、资源等诸多环节进行全面的数字化变革。

4. 数字化转型的类型：数字业务重构

数字化转型的类型就是可供选择的数字化转型的场景。

对于一个组织（企业）而言，它可能是业务流程的优化、人工智能的采用，可以覆盖供应链、设计、制造、销售或项目管理这些场景中的一个或多个；它们可以有先后地次第开始，也可以选择同时开始。

但数字化转型一定不是原有 IT 系统的优化，也不是 CIO 技术层面的解决方法。它是一个由最高层决策领导的、自上而下的大变革，甚至称之为数字时代的一场革命也不为过。

我们先从数字化业务重构这个方向入手，来分析流程驱动、数据驱动和智能驱动三个不同起点的业务重构方式。

不同的组织（企业），其业务逻辑、治理方式和信息化基础都不一样。它们需要根据自身获得或调用资源的能力、审慎规划的数字化目标，来选择合适的数字化转型路径。其核心是数字化业务重构，或者称为业务的数字化重构，最终实现数字资产的估价。

我们把数字化业务重构细分为流程驱动型、数据驱动型和智能驱动型三种。

（1）流程驱动下的数字化业务重构

从优化、重塑业务流程开始，利用数字化工具来优化和重塑数字化业务流程。

在此过程中，识别出不必要或已失去价值的环节，提高业务处理的效率和质量，让流程具有跨部门、跨业务系统的实时协同能力，以此实现业务流程系统性的进化，将业务流程改造为具有自我学习能力和进化能力的 AI 流程系统。进化后的业务流程系统，将使组织（企业）具备实时应对来自组织（企业）内部变革以及供应商、客户、市场和外界变化的能力。通过业务流程重塑，打破传统业务模式的束缚，探索新的业务模式和增值服务，实现业务升级和创新。

（2）数据驱动下的数字化业务重构

从数据治理开始，利用数据来驱动数字化业务重构，数据处理是核心要素，也是驱动数字化业务重构的基点。

组织（企业）需要制定数据治理策略，对内外部数据进行全面的整合，以确保数据的准确性、一致性和完整性。这包括从各个业务系统中抽取数据，建立统一的数据库或数据池，进行数据清洗和标准化处理。在数据整合的基础上，组织（企业）利用数据分析工具和技术，来挖掘与分析业务流程中产生的数据，提取有价值的信息数据，利用算法和机器学习等技术，对数据进行建模和预测，以揭示业务运行中的规律和问题，并持续改进、优化业务流程。通过数据分析，组织（企业）可以获得关于客户需求、市场趋势、运营效率等方面的有效数据，为业务决策提供实时数据支持。

（3）智能驱动下的数字化业务重构

从采用智能化技术和设备入手，利用智能机器人、人工智能、机器学习等智能化工具，来实现业务流程、生产制造和服务的智能化。

智能化技术的合理运用，可以优化生产流程，减少人为错误，提高工作质量和效率，降低人力资源成本。通过智能数字化平台，可以扩大组织（企业）的社交网络，增强与供应商、客户互动的有效性；可以帮助组织（企业）更好地了解客户需求，实现精准和个性化服务等目标，提升客户的满意度及忠诚度，更便捷地发现业务互动中的新机会和挑战。

以上三种不同驱动形式的数字化业务重构方式，虽然起点和过程有别，但它们共同的核心是，业务流程都得到了变革重塑，数据价值被重新认识并得到开发,智能技术被大量引入组织(企业)内部。这三点是否被满足,也决定了数字化业务重构能否真正实现。

5. 数字化转型的主要领域

全面质量管理是质量管理领域的方法和标准。它需要组织(企业)中所有的部门和人员都加入这个管理计划,以保证该计划的成功,按此要求实行的各类组织(企业),也会从全面质量管理中获得巨大收益。

与全面质量管理体系相比,数字化转型同样是一项需要组织(企业)全面动员、全员参与的系统变革工程,而且它的强度与深度将远远超过全面质量管理。数字化转型是需要业务、组织和技术三大领域共同推进和驱动的,而不仅仅是引入一个数字技术或方法。

数字化转型的三个领域,或者称之为三个类型分别是组织转型、业务转型和技术转型。

(1)组织转型

组织转型在数字化转型中是最重要的,组织转型是数字化转型成功的基础和保证。

组织转型首先是一个组织(企业)的组织架构、运行机制、人才培养和组织文化上的深刻变革。成功的组织转型必须是一场自上而下推动的变革,需要组织(企业)高层明确目标、构建数字化转型基础架构和领导机构。这个机构便成为指导数字化转型行动的指挥中心,制定转型方法和关键路径,成为数字化转型过程中的观察窗,也是数字化转型的控制室。

对这个机构应提出以下要求。

第一,需要统一组织(企业)的数字化变革管理理念和行为,成为引领组织(企业)数字化变革的主引擎。

第二,需要关注数字化转型团队的构建,弥补员工的能力差距,对员工进行数字化知识的学习和培训,并保持可持续成长。

第三,还需要构建敏捷型组织和团队,推进数字化能力和人才梯队的建设,组成推动数字化转型大规模普及的人才梯队,为快速实施和优化转型举措提供人才。

(2)业务转型

业务转型是指组织(企业)通过全价值链的数字化变革,实现业务模式的变革和创新。

在这个数字化变革的过程中,运营指标的提升是一个可以明确获得的数据指标。它包括在销售和研发环节利用数字化手段增加收入，在采购、制造和支持部门利用数字化技术降低成本，在供应链、资本管理环节利用数字化方式优化现金流，在管理环节利用优化的业务流程提高运营效率。成功的业务转型需要明确方向，制定目标，规划分阶段的清晰转型路线图，同时关注数字化转型的全价值链环节，以形成的数字资产作为驱动力，而不是简单地从业务和技术应用来转型。

在数字化转型时代，业务和行业的透明度大大提高，它在不知不觉中将业务转型为更先进的模式，甚至带来行业的革新。

（3）技术转型

技术转型是指搭建组织（企业）数字化转型所需的数字化平台。数字化平台整体架构的构建，需要始终以数字化转型的目标为导向，数字化平台架构是支撑数字化业务推行和推广的基础，也是确保"数据—流程—行动—结果"能够付诸实现的通道。

数字化平台是一个囊括内外部丰富的数字化思想、技术、工具和实践能力的生态圈，部署数字化用例、数字化技术的迭代创新以及新技术的引进，都离不开数字化平台和其他合作伙伴的支持。成功的技术转型需要逐步健全和丰富数字化平台的内容，创造并引领目标明确的、由组织（企业）本身及供应链伙伴共同构成的数字生态圈，提高合作效率，促进不同组织（企业）之间的高效作业。

然而，组织转型、业务转型和技术转型只是为了将数字化转型表述得让人更容易理解而划分的。在实际过程中，这三者几乎是不可分的。

6. 数字化转型的策略

对数字化转型策略的选择，关系到转型能否顺利进行，数字化转型能否为组织（企业）带来收益，并提供持续变革的信息和动力。我们必须对几个敏感部分加以特别关注，以保障转型的成功。

（1）切入简单场景

从一个组织容易切入的业务场景入手，这个策略可以减少可能发生的各种阻碍。

（2）从容易取得效果的业务场景入手

让数字化转型的领导者、参与者甚至旁观者看到数字化转型所带来的成果，用事实提升信心并获得更多的支持。

（3）呈现数字化转型的收益

让数字化转型的收益用可以被计量的数据形式呈现出来，让组织（企业）内外部的相关者都能看得到，争取获得更大范围的肯定与支持。

（4）关注数字化转型的风险

对数字化转型过程中的风险要有足够的准备，无论是规划、技术还是组织、人员与过程，都有可能出现风险，组织（企业）要有必要的应对风险的计划，以保证数字化转型过程不被中断。

1.1.3 数字化转型的重要性和益处

数字化转型不只是一次数字技术的应用，它与以往信息化时代的技术进步有着很大的区别，这一点我们在前面部分有过详细分析，此处不再赘述。但我们从当前中国所面临的国际和国内形势，以及政策、竞争、资源、成本和管理的角度来思考，则可以看到数字化转型所具有的重要意义。

1. 国家经济发展的要求

从宏观层面来看，中国当前面临的形势，无论是从国际还是国内来看，都不轻松。主要发达国家的贸易保护主义正在取代全球化政策，欧美经常出台针对中国的贸易禁运和限制令，高新技术的输入逐渐变得困难和缓慢，而出口增速同样放缓，2023年，中国出口3.38万亿美元，占国际市场份额的14.2%，与2022年基本持平。地缘冲突、保护主义等带来的不确定性仍在显著上升，全球贸易量面临下降可能。全球贸易量下降的背后说明过去高速增长的时代已经到了尾声，各个国家必须寻找新的经济增长点来提振经济和信心。要想经济持续高速增长，除非我们寻找到一条新的经济发展之路。

严峻的国际环境和消费放缓的国内市场，以往在经济发展中所采取的粗放式基建、用土地资源换取经济增长的方式已经不具备持续性。加之资源价格持续上涨，成本不断增加，竞争更显激烈，这些不利因素同样对中国经济产生了重大的负面影响。

想要保持竞争优势，这就倒逼我们在经济结构和形态上去进行大的变革，用创新和新技术、新方法来提高经济发展的质量和速度，从而在主要经济体里继续保持增长的领先地位。

数字化就是我们找到的能让中国经济从传统工业经济转为数字经济的良方。数字经济中的部分行业和产业，已经在前几年的经济发展中显现出有说服力的数据，如人工智能、IDC数据中心、新基建、智能制造等都从无到有、从小到大地发展起来，成为国民经济有效的组成部分。

2. 获得新的增长机会

在微观层面，数字化转型是实现数字经济的两条主要途径之一，它能成功的基础就在于存量巨大的传统经济。组织（企业）通过采用数字技术，主动改变传统业务形态、业务模式、业务流程和客户体验。它的改变涉及生产、运营、管理、营销和服务等每一个环节，利用互联网、数字技术和人工智能，对组织（企业）的内部结构、流程、业务模式和员工能力等各个方面进行深刻变革，不断释放数字技术对经济发展的放大、叠加和倍增作用。利用数字技术帮助传统经济体变革，为产业数字化下的经济体——组织（企业）通过数字化转型来获得新的增长机会，并创造出新的商业模式。获得数字化转型成功的组织（企业），其业务模式重造将变得容易成功，并且更容易实现业务流程的自动化、智能化和标准化，从而使它们自身变得更具有价值。

1.1.4 数字化转型要达到的目标

数字化转型的最终目标是不断积累数据资产，这是一个动态的过程，我们可以在不同阶段设定不同的目标，以衡量数字化转型是否走在正确的道路上，是否按规划要求在合理的时间内完成数字化转型的战略目标。下面我们把数字化转型分为五个阶段来说明。

第一阶段，组织（企业）是否达成了对数字化转型的共识。数字化转型的共识是保证组织（企业）数字化转型这个巨大的变革行动，能否顺利开始、深入和完善的基础，我们把它作为第一个重要的目标来看待。这个目标可能需要不断地沟通、学习和宣讲，用相当长的时间才能完成。

一个获得良好共识的组织（企业），其在数字化转型过程中的所有人员就会目标清晰，并同心协力地主动推动和保障数字化转型工作。

第二阶段，组织（企业）的业务流程是否得到变革和优化。在这个阶段，我们需要对组织（企业）的业务流程进行全面的梳理、优化与变革，实现业务流程的自动化与智能化，从而有能力及时应对多变的内外部环境。

业务流程是否得到了变革和优化，既需要制定量化指标，也需要有定性指标，只有将量化指标与定性指标结合起来，目标才具有被衡量的可能，过程中的影响因素也才能被调整。

通过对比变革前后的流程执行时间、成本、质量等方面的数据，以及客户满意度、员工满意度等指标的变化，从而客观地判断业务流程是否得到了优化。

客户体验也是业务流程变革和优化的重要目标之一。通过变革业务流程，是否简化了客户操作、提升了客户满意度和黏性，这些都是判断业务流程是否得到优化的重要依据。

业务流程的变革和优化是伴随着整个数字化转型工作的，只要组织（企业）存在，变革和优化就会持续发生。它只是作为一个阶段性的目标被衡量。有关业务流程变革的详细方法，将在本书后半部分讲述。

第三阶段，组织（企业）的运营效率是否得到提升，成本是否降低。这一阶段的观察指标是效率和成本两个主要参数。无论是什么目的，采用了什么方法去变革业务流程，以及效率是否得到提升，成本是否降低，这些都是非常容易获取的指标，可以通过对比数字化转型前后的运营效率指标，如生产周期、成本结构、员工效率等来评估效率和成本改善的成果。

在数字化转型的规划阶段，需要把效率和成本作为重要的衡量转型工作成效的指标来设计。合理且具有挑战性的目标设计，将对数字化转型带来巨大的推动作用。

第四阶段，组织（企业）是否创造了新的业务模式，是否催生了一个新的行业。这个阶段的目标要求更高。评估新的业务模式是否产生或被创造，甚至是否催生了一个新行业，这些可以通过不同面向的业务增量来判断。

通过对比数字化转型前后的业务模式，观察是否出现了显著的创新元素，如新产品和新服务的出现、新的收入来源、合作伙伴网络更顺畅等。新的业务模式通常能够更好地满足客户需求，提升客户满意度，改善客户关系。同时，市场份额的增长也是业务模式创新成功的重要体现。

可以观察数字化转型后，组织（企业）的业务领域是否突破了原有的行业定义和边界，是否进入了新的市场领域或创造了全新的市场需求；如果进入了新行业，新的行业是否得到业界的认可和支持；新的行业是否具有显著的增长潜力和创新活力。可以通过分析行业增长率、跟随的创新企业数量、投资热度等指标来评估是否催生了一个新的行业。

第五阶段，组织（企业）的数字资产是否形成。数字资产是否形成，关系到组织（企业）整个数字化转型这个重大变革是否成功。数字资产的形成是数字化转型的价值体现；数字资产的出现也是数字化转型成功的标志。

我们可以从数字资源的以下几个状态来判断数字资产是否形成。

①是否形成数字资产。数字资源是否有效转化成了数字资产，是否被认定为数字资产，这是数字资产形成的必要条件。

②是否带来经济利益。数字资产是否有价值，能否为组织（企业）带来预期的经济利益，这就要求组织（企业）能够证明其已经或将要通过应用这些数据资产来实现经济收益。

③数字资产的成本计量。数字资产的形成还要求这些资产的成本能够被可靠计量，这就意味着组织（企业）要能够明确数据资源的获取、处理和使用成本，并将其纳入组织（企业）的财务报表。

④数字资产的权属。数字资产的权属和控制权是判断数据资源是否形成资产的关键。组织（企业）应当能够证明其对这些数据资源拥有合法的控制权，包括但不限于数据的收集、存储、处理和使用。此外，企业还应具备对数据资产的排他性控制能力，即能够防止其他组织或个人非法获取或使用这些数据资源。

⑤数字资产的合规性。数字资产的形成还需要考虑合规性和安全性因素。组织（企业）需要确保其数据资源的获取、存储、处理和使用符合相关法律法规的要求，同时采取必要的安全措施，保护数据资源不被非法获取或滥用。

在数字化转型的每个主要阶段，需要对目标及其完成情况进行评估，并根据所取得的阶段性成果及时调整资源和策略，以保障数字化转型能顺利地推进下去。

1.1.5 数字化转型成功的指标

用什么来衡量数字化转型的有效性呢？我们可以从绩效指标、流程指标、能力指标、技术指标、客户指标、人才指标、数字资产指标等来判断数字化转型是否有效、是否获得基本成功。只有数字化转型获得成功，才可能顺利进化到数字经济，并成为新质生产力的重要组成部分。

1. 绩效指标

绩效指标包括组织（企业）的业务绩效和运营效率两类指标，分别是收入增长指标、利润率增长指标、市场份额增长指标、流程效率指标、成本降低指标、资源利用率指标、人员效能指标等。绩效指标也可以称为财务指标。

①收入增长指标。它用于评估数字化转型后是否带来了组织（企业）收入的增长，包括通过新渠道、新产品或服务实现的收入。

②利润率增长指标。它用于评估数字化转型后组织（企业）的利润率是否有所提高，反映了成本控制和运营效率的提升。

③市场份额增长指标。它用于评估数字化转型后是否帮助组织（企业）扩大

了市场份额，增加了市场竞争力，或者增加了组织的影响力。

④流程效率指标。它用于评估数字化转型后组织（企业）完成一种或多种业务的效率是否提升，是否解决了更多的协同障碍。

⑤成本降低指标。它用于评估数字化转型后是否帮助组织（企业）降低了运营成本，包括人力成本、IT 成本等。

⑥资源利用率指标。它用于评估数字化转型后组织（企业）的资源利用效率是否有所提升，如设备利用率、员工工作效率等。

⑦人员效能指标。它用于评估数字化转型后组织（企业）人员的服务及产出能力是否得到提升。

2. 流程指标

流程指标包括业务流程优化指标、流程创造新业务指标、流程效率指标、主要流程使用指标率、流程自身优化指标、流程自动化率指标、跨部门协同效率提升指标、业务出错率指标等。

①业务流程优化指标。它用于评估数字化转型后新的业务流程对一个具体业务活动效率提升的优化指标，对比数字化转型前后的流程执行时间，看是否有所缩短。

②流程创造新业务指标。它用于评估数字化转型后新流程是否创造了新的业务或者正在创建新业务。

③流程效率指标。它用于评估数字化转型后组织（企业）业务流程的效率和响应速度，如服务响应速度、订单处理时间、交货周期等。

④主要流程使用指标率。它用于评估数字化转型后主要流程被使用的频率是否达到要求，是判断该业务重要性的指标。

⑤流程自身优化指标率。它用于评估数字化转型后新流程自身优化的能力指标，这也是评价数字化系统能力的一个指标。

⑥流程自动化率指标。它用于评估数字化转型后通过数字化手段实现自动化的流程比例，以及这些自动化流程的效率。

⑦跨部门协同效率提升指标。它用于评估数字化转型后新业务流程对跨部门协同的效率提升。

⑧业务出错率指标。它用于观察数字化转型后流程驱动的业务出错率是否降低。

3. 能力指标

能力指标分三类，分别是决策能力提升类指标、风险管理与安全类指标、持续改进与迭代类指标等。

①决策速度指标。它用于评估数字化转型后决策速度是否提高。

②决策执行速度指标。它用于评估数字化转型后决策执行是否得到提升。

③决策有效性指标。它用于评估数字化转型后决策有效性是否得到提高。

④风险控制指标。它用于评估数字化转型后对风险的控制能力是否有所提高。

⑤风险事件响应指标。它用于评估数字化转型后组织（企业）应对风险事件的及时性和有效性是否有所提高。

⑥安全措施指标。它用于评估数字化转型后安全措施的有效性是否得到加强。

⑦迭代速度指标。它用于评估数字化转型后组织（企业）业务流程的迭代速度、产品或服务的改进速度是否有所提高。

⑧创新能力指标。它用于评估数字化转型后组织（企业）持续创新的能力是否有所提高。

4. 技术指标

技术指标主要是指技术更新频率指标、技术整合指标、有效技术的获取指标和技术创新成果指标等。

①技术更新频率指标。它用于评估数字化转型后组织（企业）引入新技术或更新现有技术的频率。

②技术整合指标。它用于评估数字化转型后不同技术系统之间的整合程度，确保它们能够协同工作。

③有效技术的获取指标。它用于评估数字化转型后新获取的技术是否具有生产能力。

④技术创新成果指标。它用于评估数字化转型后因技术创新而带来的新产品、服务或业务模式是否获得市场认可。

5. 客户指标

客户指标包括客户反馈与满意度指标、响应时间指标、处理效率指标、客户保留率指标、客户增长率指标等。

①客户反馈与满意度指标。它用于评估数字化转型后客户对新产品、服务的反馈与满意度是否增长。

②响应时间指标。它用于评估数字化转型后对客户请求或问题的响应时间是否缩短。

③处理效率指标。它用于评估数字化转型后对需求或投诉的处理效率是否有所提高。

④客户保留率指标。它用于评估数字化转型后客户保留率是否得到提高。

⑤客户增长率指标。它用于评估数字化转型后客户增长率是否得到提高。

6. 人力资源指标

人力资源指标包括人才招募指标、人才成熟度指标、人才培训指标、员工效率指标、员工信心指标和员工接受度指标。

①人才招募指标。它用于评估数字化转型后是否带来合格人才招募效率的提高。

②人才成熟度指标。它用于评估数字化转型后人才成长的速度是否得到提高。

③人才培训指标。它用于评估数字化转型后人才培训的效率与效果是否有所提高。

④员工效率指标。它用于评估数字化转型后员工的工作效率是否有所提高。

⑤员工信心指标。它用于评估数字化转型后员工对数字化转型工作的信心是否有所提高。

⑥员工接受度指标。它用于评估数字化转型后员工对数字化转型的接受程度是否有所提高。

7. 数字资产指标

数字资产指标包括数据可用性指标、基于数据的决策数量指标、数据质量指标、数字资产价格指标、数字资产流动指标等。

①数据可用性指标。它用于评估数字化转型后组织（企业）是否能够更容易获取、整合和分析数据。

②基于数据的决策数量指标。它用于评估数字化转型后组织（企业）是否越来越多地基于数据作出决策。

③数据质量指标。它用于评估数字化转型后数据的准确性、完整性和一致性是否有所提高。

④数字资产价格指标。它用于评估数字化转型后数字资产是否被市场认可，是否获得商品价值。

⑤数字资产流动指标。它用于评估数字化转型后数字资产是否具有流动性。

1.2 数字化转型与新质生产力

数字化转型的目标是新质生产力,而新质生产力是数字经济的结果,也是形成数字经济的基础。本节主要讨论新质生产力及其与数字化转型的关系,以及新质生产力如何影响数字经济,以使该领域研究者更充分理解数字化转型的意义。

1.2.1 新质生产力及其特点

马克思经济理论发展到后期,认为生产力是"人们应用能力的结果",是"人们的实践能力的结果"。我们可以把唯物史观下马克思主义的生产力定义为:生产力是人们社会生产实践能力的历史结果,这个结果包括了劳动者和劳动资料。

从生产力的定义可以了解,生产力是社会生产的结果。它不会凭空产生,是人类社会活动和科技进步综合发展到一定阶段自然形成的。这样,我们就很容易理解新质生产力了。

新质生产力的概念是相对于传统生产力而言的,人类社会在不同历史时期,生产力发展所依赖的工具和技术各不相同。区别于信息时代,新质生产力是指以数据为关键生产要素,是在数字化、网络化和智能化的支撑下,以科技创新为驱动,以数字技术的广泛和深化应用为核心手段,以新产业、新业态和新模式为主要形式,呈现出高科技、高效能和高质量的特征,与新型劳动者结合,在经济活动中自然形成的新型生产力。

下面我们择其要点进行说明。

1. 新质生产力以数据为关键生产要素

数据是第一次介入生产要素之中,这是其他几次工业革命从没有过的新形态。以数字形式存储和流转的数据要素,因其独有的低边际成本、虚拟性、强渗透性和融合性等特点,可以推动生产工具、生产方式、资源配置方式不断优化升级,同时提升组织的决策效率,推动产业升级,创造新产业、新模式,促进社会治理创新,提高全要素生产率,推动物质生产力创新。以数据为关键生产要素的新质生产力,遵循着这样一条路径:新技术诞生→关键生产要素变迁→基础设施、产业、生产的组织形式、商业模式、经济制度等适应性变革→产生经济社会变革。这也是新质生产力所蕴藏的巨大动能。

2. 新质生产力是创新精神的集中体现

新质生产力是受创新驱动的结果。新质生产力尤其强调创新在生产力发展中的主导作用。它不但依赖于传统的资源投入和劳动力数量，而且更加注重科技创新、管理创新、制度创新等多方面的创新，以科技创新为核心驱动力，从科技创新中寻找到新方法、新路径，推动产业创新。

在技术层面，它以原创性与颠覆性的技术、生产要素组合配置技术，助力产业转型升级技术等形式出现。这种以数字技术创新驱动经济的特点，让新质生产力获得了原始动力，能够摆脱传统经济增长方式和发展路径的束缚，实现更高效、更高质量的发展，为新质生产力发展提供创新精神和技术支撑。

3. 新质生产力呈现高科技、高效能、高质量的特征

新质生产力具有高科技、高效能、高质量的特征，是因为它充分利用现代科技手段，如人工智能、大数据、云计算等，大幅提升了生产效率和产品质量。同时，新质生产力也注重环境保护和可持续发展，追求经济效益和社会效益的双赢。

（1）高科技

新质生产力依赖先进的技术，在科技发展的前沿，采用人工智能、大数据、云计算、物联网、区块链等高科技手段，迅速提升生产过程的智能化和自动化水平。新质生产力通过加大技术研发与创新，来推动科技突破和成果转化，实现现代生产与管理技术的持续升级和优化，以快速适应市场变化的需求。

（2）高效能

新质生产力通过引进先进技术和管理理念，大幅度提升生产效率。自动化和智能化的生产与管理流程减少了人力投入，提高了生产速度和质量。它通过采用新技术，合理配置资源，优化业务流程和工艺，降低生产成本等方式，来实现资源的循环利用和可持续发展。

（3）高质量

新质生产力注重提升产品和服务的品质，通过引入数字化的业务管理技术和体系，来确保生产的产品和提供的服务能够符合市场期望。同时，新质生产力还帮助组织（企业）关注客户体验，提升品牌价值和市场竞争力。新质生产力在业务运营过程中，能够遵循标准化和精细化的要求，确保业务过程的稳定性、可控性和可调整性，实时响应组织内外部快速变化的需求。

4. 新质生产力采用新的支撑技术，支持产业重塑

新质生产力以数字化、网络化、智能化的新技术为支撑。新一代数字、能源、生物、材料等领域的颠覆性技术不断涌现，各经济领域出现深度交叉融合、复杂化和多方向突破，不断形成新产业的发展趋势。同时，支撑社会发展的新基础设施也

在新技术的作用下得到了持续扩充与延伸，开始形成数字化、网络化、智能化的新型基础设施。一个新经济时代所需要的生产资料渐趋完备，支撑技术和体系开始形成，并广泛影响到经济社会的各领域，使得更大范围、更多不同类型的组织（企业）有可能参与到数字化革命的狂欢之中。不但传统产业得以重塑，新质生产力还对社会治理产生了积极影响，通过数据分析和智能化手段，显著提升政府组织在公共安全、城市管理和环境保护等领域决策的精准性和实时性，提高社会治理效率。

1.2.2 从数字化转型到新质生产力形成

1. 为什么要加速形成新质生产力

新质生产力形成的原因在于本国经济发展对新型生产力的内生需求，只有新质生产力才能保持经济的高速、高质量发展，对内提高经济发展的质量和扩大规模，对外提高全球竞争力。因此，在已经出现新质生产力萌芽的基础上，加快形成新质生产力，既是中国经济摆脱传统窠臼、获得跨越式发展的重要策略，也是中国在全球经济发展过程中的必然选择。我们可以分别从这几个方面来论述加速形成新质生产力的理由。

（1）传统国民经济的数字化转型将带来巨大收益和经济增量

存量巨大的传统经济亟需获得新质生产力的巨大助力，以摆脱缓慢的增长速度与低效的增长方式。通过应用新技术、新方法，采用数字化转型手段，激发传统经济的数字资源，快速变革和迭代传统发展模式，把传统经济变革为数字时代的新经济。这一变革如果成功，将大量释放和创造出新的产品、服务，新的产业、行业，新的商业模式。无数的传统经济组织都将在这个进程中获益，获得飞跃发展。因此，国民经济总量也将获得快速增加。

（2）保持制造业大国地位，并向科技大国转型

加速形成新质生产力是我国保持制造业大国地位，并向世界科技大国转型的绝佳机会。在数据成为重要生产要素逐渐得到共识的前提下，目前的中国经济基本获得了技术应用的创新和迭代加速能力，正在催生一批具有重大影响力的新兴产业和先导产业，并快速渗透和影响传统产业领域，驱动社会生产力水平全面跃升。我们要用技术实现跨领域融合，在多行业、多方向上开辟新的经济增长点，用人工智能和数据技术重构中国社会的生产、生活方式和社会治理结构，催生新的符合新质生产力的新型生产关系，构建新的现代产业体系，加速经济社会全面高质量发展。

在全球经济增速放缓、贸易保护主义抬头的当下，传统国际分工体系发生了巨大变化，全球产业体系的产业链与供应链体系被重组，呈现出多元化、区域化、片段化的趋势。全球范围内围绕高新科技的争夺战日趋激烈，技术、数据和人力资源等生产要素作用凸显，国家之间围绕关键技术、数据和产业的竞争愈发激烈。

在这些重大经济变化和挑战面前，中国亟须加速形成新质生产力。顺应国际、国内不断出现的挑战，适应并利用新技术革命和产业变革的趋势，加速发展新质生产力，是我国构筑新竞争优势、赢得发展主动权的战略选择。

（3）获取数字经济的超额利润

任何新经济的产生初期都是技术拥有者获取超额利润的最好时期，也是构建竞争壁垒的最佳时间。前几次工业革命，以英美为代表的西方国家都在生产力大变革浪潮中分别获取了巨量超额利润，并且把这个获取超额利润的时间尽可能维持得足够长，它们在新生产力萌芽的初期，就通过技术垄断、产业规模和专利等手段把持了竞争优势，在国别经济竞争中始终处于领导地位。

但这个时间段并不以技术拥有者的意志来控制，它取决于后来者对新技术的创新发展。如果没有突破性的技术出现，那么，后发国家就只能一直跟随在先发国家后面，很难甚至无法形成自己的竞争优势，在国际分工中只能处于价值链的末端。中国从改革开放以来，迅速从较落后的发展中国家进步到拥有较先进生产力的发展中国家。当前是一个非常好的更一步提升我国国民经济先进水平的机会，利用数据要素和新技术，加速形成新质生产力。我们通过将技术应用融合到更多的行业、渗透到更深的程度，在其他国家和地区尚未形成新的经济规模之前，利用新质生产力，迅速在不同产业、不同行业建立起竞争优势和壁垒，同时将新产品、新服务、新商业模式迅速在国内和国际范围铺开，通过技术和产品输出的方式获取超额利润，维持和扩大竞争优势。

2. 用数字化转型加速形成新质生产力

解决了为何要加速形成新质生产力的问题，我们将转向如何加速形成新质生产力，也就是用什么方法和路径将新型生产能力发展为真正具有强大生命力的、成熟的新质生产力。

我们在谈到数字经济发展时，曾经提到过两个方法：一个是数字化创新；另一个是数字化转型。新质生产力是数字经济的根本性动力，通过采用新技术和新工具，人类可以更高效地进行生产和交换，快速推动社会分工的深化，新质生产力将推动经济的增长和变革，促进传统经济向数字经济转型。

其中，数字化创新对创新思想的要求非常高，它所需要的法律环境、技术支持、资金投入的要求也比其他方式高，其所蕴含的风险不是大多数组织（企业）所能承担的。我们所看到的采用数字化创新获得成功的企业，在世界范围内也并不多见，而更多的是采用数字化转型逐步获得成功的组织（企业）。

这里，我们需要解决的问题是，在从传统生产方式向以新质生产力为代表的未来数字经济方向发展的过程中，如何帮助传统组织（企业）从传统生产方式开始，采用以技术和数字为代表的创新型生产方式，顺利走上数字化转型之路。在这个变革的过程中，数字化转型所带来的成果——新技术、新行业、新产业、新商业模式等，或者体现为数字化的新型劳动成果，其中部分转化为新的劳动资料；或者造就出大批具备数字素养、具有推动技术创新能力的新型劳动者。这两者在数字化转型的进程中，将共同聚合成新质生产力。

这个阶段主要需要解决的问题是如何实现数字化转型，转型到什么程度，如何把数字化转型的结果最终转化成新质生产力。

1.2.3　结语：数字化转型的最终成果——新质生产力

数字化转型是形成新质生产力的重要路径之一。如果转型后的指标都呈正向反馈，那就意味着数字化转型正在走向成功，并且将会逐渐形成新质生产力。

数字化转型的路径、方法有很多，我们将在后面的章节中详细阐述。与其他的变革相比，数字化转型有其独具的特点，那就是创新和应用并举，是以数据与技术为核心生产要素，采用新技术、新方法驱动旧有业务变革，创造新产业、新产品与新服务，进行系统性变革，需要长期投入，且伴随着风险与不确定性的一次新工业革命。

数字化转型从开始运行直到获得成果，最后形成新质生产力，它的标志有两个，即数字化能力的养成和数字化结果的获取。

第一个是组织（企业）在数字化转型过程中获得了数字能力，或者说，养成了数字应用、数字开发的能力，能够利用数据要素去创造新价值。

第二个是在数字化转型过程中获得了应有的结果，它们体现为：变革了组织；催生了新的商业模式、新的业务流程；进入甚至创造了新产业，获得了以前从未有过的新市场；出现了一大批高科技产品、高质量的服务。

从当前数字化转型的趋势观察，在组织（企业）充分利用数据、互联网与人工智能技术的基础之上，数字化转型工作中将出现更多用数字技术融合不同行业和领域，打破行业壁垒与分界，形成更多新的行业，并体现出更加开放、高效与协同的行业运营特点。同时，数字化转型也将对全球性的环保、绿色和可持续发展提供更多的支持。

数字化转型带来的良好数字能力与创新性业务成果，终会将数字化转型推向其终点——新质生产力，它将不断推动着数字经济的发展，直到下一次工业革命的到来。

第 2 章
数字化转型的条件——数字素养

数字素养是一个新的概念,它发轫于新科技大量发明和应用的时期。数字素养是决定数字化转型能否顺利达成、数字化创新能否成功的重要条件,良好的数字素养将有助于数字化转型的成功,是新型劳动者必须具有的能力,是快速形成新质生产力的"助推器"。每一个时代都提出了与这个时代相符合的素养要求,在数字素养之前,也曾经历过媒介素养、技术素养和信息素养。

中国对数字素养的定义为:"数字素养与技能是指数字社会公民学习、工作、生活应具备的数字获取、制作、使用、评价、交互、分享、创新、安全保障、伦理道德等一系列素质与能力的集合。"[①] 这个对数字素养与技能定义的描述,涵盖的是数字社会的全部人员及其生活与工作。

本书主要讨论数字化转型,而转型的主体是经济体中的组织,需要更多考虑的是数字化转型中劳动者和组织所应具备的数字素养。它们具有自己的特点,关注的是如何养成和提高劳动者及组织的数字素养,以及利用数字素养促进新质生产力的形成和发展。在这个意义上,我们可以试着给数字素养一个较为简要的定义:数字素养是指新型劳动者和现代经济组织必须具备的,对数字要素本身、数字技术利用、数字创新在数字经济中的作用有充分理解,是一种掌握和运用数字的能力,它表现为已掌握的数字技能和不断学习、利用和评价数字技术的愿望和能力。

本章主要论述数字素养的概念、数字素养的现状及存在的问题,并提出数字素养简要评测体系及数字素养养成的具体办法。

---

① 国家互联网信息办公室:《提升全民数字素养与技能行动纲要》,2021 年。

2.1 数字化转型需要数字素养

数字化转型需要依靠大量具有数字素养的劳动者来实现,从数字化转型的要求而言,数字素养对数字化转型成功与否会产生重要影响。数字素养不仅涵盖了劳动者在数字环境中所需的基本技能和知识,还包括一系列高级的思维能力和行为模式。数字素养是数字创新的根本,数字创新需要这些技能做基础,良好的数字素养对推动数字创新至关重要。从业者对这一观点认同的深刻程度,会直接影响劳动者数字素养的养成效果。数字素养可以理解为数字技术进步的重要条件,这种理解源于数字素养在推动创新与技术应用及先进技术发展中的关键作用。

数字治理是数字化转型工作中一个重要的组成部分,数字素养对数字治理的支持体现在多个方面,它们也是数字治理能否成功的关键因素。数字素养的提高有助于政府部门更好地理解各类经济增长——主要是企业的行为。具有良好数字素养的治理者能够用数字化的眼光去看待和把握经济发展趋势,在企业创新活动和经济结构的调整过程中,能够与企业保持同步,充分理解企业的行为,制定出符合经济发展规律的政策措施,推动经济发展。

从数字资产的角度来看,数字资产的形成、交易离不开数字素养,数字素养的提升使劳动者(组织)能够更准确地识别和理解数字资产的价值,这包括对数据的深度分析、对数字技术的理解以及对市场趋势的敏锐洞察。通过这些能力,劳动者或组织能够识别出那些具有高增长潜力的数字资产,进而为这些资产制定有效的增值策略。具有优良数字素养的劳动者或组织,能够更高效地管理和运营数字资产,优化数字资产的配置和使用,降低运营成本,提高运营效率。这种效率的提升直接促进了数字资产的增值。

2.2 中国劳动者的数字素养

由于数字经济的快速发展,数字素养作为一个新提出的概念,目前对它的定义尚未完全形成一致。除数字素养外,基于不同模型和终点,还有数字技能(Digital Skills)、数字能力(Digital Capabilities)、数字流畅(Digital Fluency)、数字本领(Digital Competencies)、数字智能(Digital Intelligence)等相似术语。但它们的共同特点是,强调利用数字工具对信息及数据的收集和处理能力,关注在处理数字信息的基础上,对信息进行评价的能力,以及培养对数字的思辨与批判能力。同时,数字素养还强调学习创新能力,国民需要用这种能力在数字环境下更好地生活和学习。

2.2.1 数字素养的基本状态

数字素养作为数字化转型的一个重要条件,不是天生就具备的,它有一个形成过程。如果我们对数字素养在当前的水平有比较准确的认知和判断,为劳动者数字素养的提高绕开一些阻碍,并提供一些有用的方法,从而较快速地为数字化转型和创新培养合格的新型劳动者提供一些助益,那是一件很有意义的工作。我们将从中国劳动者的基本水平、劳动者对数字的理解程度、劳动者利用数字的能力、组织的数字素养等几个方面进行观察,以便对劳动者和组织的数字素养有较基本的了解。

1. 数字素养开始养成

普通劳动者的基本数字素养已逐渐具备,越来越多的各类组织开始或准备使用数字化工具。

2. 数字技能水平差异大

虽然数字知识和工具的普及程度在提高,但技能水平参差不齐,数字化工具的应用范围和深度差异较大。

3. 意识与态度差异较大

大多数人对数字技能的重要性有了一定的认识,并愿意学习和提升自己的数字技能。然而,也有一部分人对数字化持保留态度,只看到数字的虚拟性,尚未认识到数字是现实世界的真实反映。

4. 应用与创新水平各异

在数字技能的应用方面,大多数个体能够将其应用到日常生活和工作中。但就组织而言,其在应用与创新方面则显得相对不足,组织中能够利用数字化工具进行创造性思考和实践的人相对较少。

5. 用户数量不断增加

互联网用户数量快速增长,其中大部分用户都具备一定的数字素养,各种数字化产品和服务的用户数量也在不断增长。

6. 数字技能掌握程度分布不均匀

数字技能在不同行业、不同地域、不同年龄中的分布不均匀。通过数字技测试等方式对个体的数字素养进行评估，可以发现不同人群之间的技能水平存在显著差异。

7. 使用频率差异大

观察和分析不同的个体和组织，由于他们不同的工作属性、所属行业，决定了其数字工具使用的频率相差较大。

2.2.2 数字素养存在的问题

通过对以上几个数字技能在劳动者个体和组织中存在的现象与特点的了解，我们对数字素养的现状可以得出一个基本的判断，即劳动者和现代经济组织已基本具备一定的数字认知和应用能力，部分科技类企业和先进组织能应用数字工具创新产品、管理业务，其数字素养在逐步养成。但目前数字素养的提升还有几个比较重要的问题需要解决，我们把它分为五个主要部分来分析。

1. 对数字化能力的认识有待提高

对数字化、数字化转型、数字经济的认识尚处于起步阶段，对数字化帮助经济转型的能力和信心有待提高。数字化在组织（企业）转型工作中究竟能起到什么作用？能给组织（企业）带来多少收益？对这些问题的解答，还处于比较模糊的状态，特别是有些经营者和中高层管理者对此还存有一定的疑问。

2. 数字意识和数字思想需要培育

无论是管理者还是技术工作者，他们对数字化的认识大部分还停留在信息化阶段，对利用数字技术提升组织经营和管理能力的愿望也还不够迫切，具有数字意识和数字思维的劳动者相对较少。数字化转型需要大批有数字思维的领导者和管理者，他们是引路人，是数字化转型在人力资源上的保证。

3. 数字化应用能力比较弱

组织（企业）利用数字技术创造新业务、开发新行业、变革旧有业务模式的能力还处于培养与发展初期。数字技术有待于进入更多的行业，智能制造和智能管理有很大的进步空间，数字化转型可以覆盖的范围有待扩大。

4. 数字化转型的手段较少

对于有意开始数字化转型的组织（企业）而言，当前尚缺乏能够帮助它们顺利进入数字化转型的足够好的方法和工具。目前，更多的是停留在理论和方案阶段，能帮助应用者快速切入数字化转型的优秀工具较少，已有的部分工具还只是停留在信息化阶段的思维，还不具备打破数字鸿沟的能力。

5.数字伦理需要建立和规范

在数字时代，数字伦理道德问题受到关注。组织（企业）在使用数字化产品和服务时，容易忽视数字伦理道德规范，如侵犯他人隐私、窃取数据资料、传播虚假信息等。数字经济要想得到健康发展，数字伦理的建立和规范迫在眉睫。

2.3 建立数字素养评测体系

要提升劳动者的数字素养，需要对劳动者的数字素养作出描述和评估。首先要建立的是评测体系，只有在一个合理的体系框架内，才能对数字素养作出相对准确的判断，既不会盲目乐观，也不至于因标准设定过高而觉得劳动者的数字素养过于低下。

我们试图建立一个小型的数字素养评测体系，它包括数字知识、数字生产、数字创新、数字安全、数字伦理、数字学习和数字思维七个与数字紧密相关的领域。这是一般性的数字素养的研究维度，针对不同的行业领域，有更具针对性和行业性的数字素养要求，本书只提及通用意义上的标准。

这个小型数字素养评测体系是为了较容易地评估现有劳动者数字素养而设定的。在初期，它是一个定性的工具，而不是一个可以准确计量的工具，评测体系本身还处在不断进化之中。这是我们在使用该工具时需要注意的。

我们把数字素养的七个领域分成三部分来说明。

第一部分包括数字知识、数字生产和数字创新。这部分关注的是掌握和运用数字生产和创造财富的能力。

第二部分包括数字安全和数字伦理。这部分注重的是在利用数字的过程中，对数字这个生产要素、生产成果的保护和尊重。

第三部分包括数字学习和数字思维。对于任何新型劳动者而言，数字学习是一个终身的任务；数字思维则是更高阶段的要求，它是帮助我们获得更高数字价值的终极数字能力。

下面我们将对数字素养的七个领域进行简单的描述。

2.3.1 第一部分：数字知识、数字生产和数字创新

1. 数字知识

数字知识可以定义为：在数字环境下，个体或组织所应具备的关于数字技术、数字工具、数字资源等方面的基本认识和了解。数字知识包括但不限于以下几个方面。

（1）数字技术基础知识

能够理解数字技术的基本概念、原理和发展趋势，如计算机网络、云计算、大数据、人工智能、信息化、数字化、数字资产等。

（2）数字工具应用能力

熟悉并掌握各种数字工具的使用方法，如办公软件、图像处理软件、音视频编辑软件、社交媒体平台、数字化管理系统等，能够高效地使用这些工具进行工作和学习。

（3）数字资源获取能力

了解如何通过互联网等渠道获取数字资源，如电子书、在线课程、学术数据库等，并能够根据自己的需求筛选出有价值的资源。

（4）数字分享能力

能够利用互联网和数字交换系统，顺利地传播和分享数字知识与数字产品，数字在流转中将获得更高的价值。

2. 数字生产

数字生产是指在数字环境下，利用数字技术、数字工具和数字平台，进行产品或服务的设计、开发、制造、销售等生产活动的能力。数字生产是数字素养的重要组成部分，它要求个体或组织具备相应的运用数字成果的能力，能够利用数字技术创造出有价值的产品和服务。数字生产涵盖多个方面，包括但不限于以下几个方面。

（1）数字化设计开发的能力

运用设计软件和编程语言开发网页、应用程序、游戏等数字产品，以满足用户需求。

（2）数字化制造的能力

在制造业领域，利用数字化技术，如3D打印、数控机床、智能机器人等，进行产品设计和制造，实现生产过程的自动化、智能化和高效化。

（3）数字化供应链与销售管理的能力

利用大数据和数字化管理系统对供应链和销售环节进行实时管理，提高整个生产环节的效率。

（4）数字化内容创作的能力

利用文字处理软件、音视频编辑软件、图像处理软件等工具，创作各种形式的内容，如文章、音频、视频和图片等。

（5）数字化协同工作的能力

利用数字化管理系统进行跨部门、跨组织日常业务协同的能力。

3. 数字创新

数字创新是指利用数字技术、思维和方法，在解决问题及创造新产品、新服务或优化现有流程中展现出独特的、有价值的创新。数字创新不仅是技术层面的创新，也是业务模式和思维方式的创新。它要求个体或组织具备以下能力。

（1）业务创新的能力

能够熟练掌握数字技术和工具创造新产品和新服务的能力。这包括了解最新数字技术趋势、掌握相关的技能和工具，并能够将其有效地整合到业务中的能力。

（2）业务变革的能力

利用数字技术和数字化管理系统对旧有的业务流程作出优化与革新，利用数字工具对组织内外部的变化作出快速响应。

（3）数据分析的能力

要求具备数据敏感性和数据分析能力，能够运用数据分析工具和方法进行数据处理和分析。能够收集、整理和分析数据，并从数据中发现规律和趋势，为创新提供数据支持。

（4）跨界合作的能力

数字创新往往需要不同领域、不同背景的专家共同参与，因此，个体或组织需要具备跨界合作能力，能够利用数字技术与其他领域的专家进行有效的沟通和协作。

2.3.2 第二部分：数字安全和数字伦理

1. 数字安全

数字安全是指保护个人或组织在数字环境中的数据、系统和网络免受未经授权的访问、使用、泄露、破坏或篡改的能力。数字安全包括但不限于以下内容。

（1）网络安全的能力

了解网络安全的基本知识，如密码保护、防病毒、防"钓鱼"等，防止网络攻击、恶意软件入侵和网络钓鱼等威胁。

（2）数据安全的能力

保护个人或组织的数据不被非法获取、泄露或滥用。这涉及数据加密、数据备份、访问控制等措施。

（3）系统安全的能力

确保个人或组织的计算机系统、软件和网络基础设施的安全，包括系统更新、漏洞修复、防火墙设置等。

（4）隐私保护的能力

保护个人或组织的隐私信息不被非法获取、滥用或泄露。这需要在处理个人信息时遵守相关的隐私政策和法规。

2. 数字伦理和道德

数字伦理和道德是指在数字技术的开发、利用和管理等方面，应该遵循的内在的价值理想或者外在的行为规范。它涉及数字化时代人与人之间、个人与社会之间的行为规范，也涉及个体或组织在数字环境中的行为准则、价值观念和道德判断。这里列出的是关于组织（企业）的伦理。

伦理与道德是用来检验动机是否正确，判断是否公平以及行为的后果如何，它们的目的在于帮助人类确定什么是正确的事情。

（1）诚实的能力

诚实通常指的是一个人或组织能够真诚、正直地向他人、团体或其他组织表达自己真实的想法、情感和行为的能力。

（2）公正的能力

公正的能力是指个人或组织有能力、也愿意公平对待他者。它要求我们在决策和行动中要考虑其他人的权益和需求，制定的政策不能因为国家、种族、性别、宗教信仰、社会地位、财富或其他原因而让个人或组织遭受不公正的待遇。

（3）负责的能力

负责的能力指的是个体或组织在行为过程中能够对自己的行为所造成的后果负责，并承担相应责任的能力。这种能力不仅包括对自己行为的后果有清晰的认识和预测，还包括在行为产生不良后果时，能够面对、承认并承担责任的勇气。

（4）尊重和关怀他者的能力

尊重和关怀他者的能力指的是一个人或组织对他者的个人权利、需求和感受能否给予应有的重视和关注，以及采取积极行动来支持、帮助和关爱他者的能力。

2.3.3 第三部分：数字学习和数字思维

1. 数字学习

数字学习是指个体和组织应具备的对数字思想、数字技术和数字工具进行利用的综合能力，也即个体或组织在数字环境中，积极利用丰富的数字资源、数字工具和数字平台，进行知识获取、技能提升和终身学习的能力。这种能力具体包括以下几个方面。

（1）数字资源获取的能力

个体或组织应能熟练地使用搜索引擎、学术数据库、在线课程平台等数字化资源，快速、准确地找到所需的信息和知识。

（2）数字平台利用的能力

个体或组织应能利用在线学习平台、社交媒体等数字平台，与他人进行交流和协作，分享知识和经验，拓展学习的视野。

（3）自主学习和终身学习的能力

个体或组织应具备自主学习和终身学习的能力，能不断地更新自己的知识储备和技能，适应数字社会的发展和变化。

2. 数字思维

我们把数字思维放到最后来介绍，是为了突出它的重要性。数字思维是数字素养不断得到提高的核心能力，也是数字化转型能够成功的充分条件和必要条件。

数字思维是指通过运用数字要素和数字工具进行分析、推理和解决问题的能力。它强调运用科学、系统的方法进行思考，从而更好地理解和解决问题。数字思维能力包括以下几个方面。

（1）数学思维的能力

它是指运用数学原理和方法进行数量化分析和计算，将复杂问题转化为数学模型进行求解的能力。

（2）逻辑思维的能力

它是指能够按照逻辑规则进行推理，分析问题的内在逻辑结构，从而找到解决问题的有效方法的能力。

（3）从数字角度思考业务的能力

它是指在数字环境中，能够跳出传统框架，以全新的数字视角看待问题，提出数字化创新的解决方案，以应对不断变化的问题和挑战的能力。

（4）用数字思想治理组织的能力

它是指充分理解数字价值，能用数字思想思考组织的发展，善于利用数字工具改造组织的能力。

2.4 数字素养的养成

数字素养作为数字时代的新概念，是对新型劳动者提出的新要求，它有自己生成、发展的方法和路径，我们可以从劳动者对数字的认识、理解、掌握、利用和开发等不同角度来观察。它是一个从低到高、从小范围扩大到更多的劳动者和各类组织，不断学习、提高、累积和进化的过程。针对当前存在的问题，我们提出几个简单的对策，以帮助组织（企业）更深入地理解数字技术及其带来的力量，增加数字化转型的信心。

2.4.1 提高对数字化的理解和信心

劳动者与组织对数字化有较准确与深入的理解，是数字素养得以提高的基础。

1. 理解数字化和数字化能力

理论研究机构及数字化先进服务商，应该帮助传统组织（企业）真正理解数字化与数字化能力的概念、特点和发展趋势，看到数字化对组织（企业）经营将产生的助力。

数字化是将物理世界中的信息转换为数字格式，以便计算机能够处理、存储和传输的过程。数字化可以提高数据处理的效率、优化决策的制定、推动创新的发生。而数字化能力是指组织（企业）利用数字技术，对各种业务、流程和管理进行数字化改造的能力。这包括数据收集、数据分析、数据应用、数字化决策等方面。数字化能力对提高组织（企业）的运营效率、优化业务模式和创新业务模式会起到关键作用。

2. 研究案例获得经验

通过案例分享获得数字化的直观经验。分析和理解成功实现数字化转型的企业案例，研究它们的转型过程、面临的挑战、取得的成果等不同过程。这些案例可以帮助组织（企业）更直观地理解数字化和数字化能力的实际价值。

3. 展示数字化技术带来的成果

展示数字化技术在各类组织（企业）中的运营、产品开发、流程变革和客户服务等方面的具体应用，以及这些应用带来的效率提升。通过数字化工具的应用，展示出组织（企业）由提升公众服务水平、优化治理结构、变革业务逻辑、扩大智能制造规模、提高市场分析准确度、精确构建客户画像、持续优化产品等数字化技术所带来的好处。

2.4.2 加强数字化知识和技能的培养

对数字化知识和技能进行培训是培育与提高数字意识和数字思想的有效方法。组织专门的数字化培训课程，帮助员工逐步运用数字意识、数字思想去处理工作和业务。这其中又可以分为对普通劳动者的培训与对中高阶层管理者的数字意识和数字思想的培训。

1. 数字化知识和技能的培训

数字化知识和技能的培训是全面和长期的任务，需要构建终身数字学习体系，通过学校、职业培训机构和数字技能认证体系共同创建有效的培训机制，加快数字技能的提升。

①明确数字能力培训的目标，以此提高员工的数字化素养，培养创新思维等。

②设计培训内容。根据目标设计相应的培训内容。内容可以包括数字化基础知识、数据驱动决策、数字化工具使用、创新思维训练等。确保培训内容全面而具体，能够覆盖员工在数字化转型中所需的核心技能。

③采用多样化的培训方式。利用在线课程、视频教程、电子书籍等资源，让员工自主学习数字化知识和技能。线上培训具有灵活性和便捷性，员工可以根据自己的时间和进度进行学习。

组织定期的线下培训课程，邀请行业专家或内部资深员工授课。线下培训可以加强员工之间的互动和交流，提高学习效果。

鼓励员工在实际工作中运用数字化方法和工具，通过实践操作加深理解和记忆。可以设立实践项目或试点任务，让员工在完成任务的过程中学习和提升数字化能力。

2. 重点培训与指导

组织的中高层管理人员是数字素养提高的重点，他们是数字化工作顺利开展的中坚力量，为中高层管理人员和关键岗位员工提供重点数字化培训与指导，可以取得事半功倍的效果。在具体措施上，可以通过引入专业讲师和顾问授课，确保培训内容具有准确性和实用性。在培训过程中，需要为学员提供实践机会，创建数字化场景，让他们将所学知识应用到实际工作中，帮助他们深入理解数字化对组织（企业）战略与运营的影响，并鼓励他们参与到制定相应的数字化战略和计划中去。

3. 建立培训评估和反馈机制

建立培训评估和反馈机制有利于提高培训的质量和效果。在培训过程中和培训结束后，应对员工的学习成果进行评估。评估方式可以包括考试、项目报告、实践成果等。通过评估可以了解员工对培训内容的掌握情况，为后续的培训及其改进提供依据。

建立员工反馈机制，鼓励员工对培训内容和方式进行反馈。收集员工的意见和建议，及时调整培训计划和内容，加强培训者与学员的互动，可以提高培训效果。

4. 营造数字化文化氛围

组织（企业）如具有良好的数字文化氛围，可对数字素养的养成起到激励作用。领导者应该在组织内部培育浓厚的数字化文化氛围，鼓励员工积极参与数字化实践和创新，提升领导层的数字化素养和领导力，确保他们能够有效地引领和推动组织（企业）的数字化转型。在具体方法上，可以通过内部宣传、社交媒体交流、考察与学习等方式，向员工普及数字化知识和趋势。让员工了解数字化转型的重要性和紧迫性，增强他们的数字意识；在组织内部设立数字化榜样，表彰在数字化转型中取得显著成果的员工和团队，通过数字化创新项目奖励团队成员。通过榜样引领，激发员工对数字素养养成的积极性。领导者应该鼓励员工提出创新性的想法和方案，容许创新活动中的错误和损失，支持他们进行数字化探索和尝试，提升员工的数字思想和创新能力。

5. 提高数字化转型工作在组织中的地位

数字化转型工作不是可有可无的阶段性工作，而是一个持续的过程。在这个过程中，员工会关注数字化转型在组织中的地位，如果它是得到充分重视的，必定会在组织架构中得到支持。在具体方法上，可以采用以下方法。

①建立最高等级的数字化工作领导组织，提供组织保障。

②设立专门的数字化部门或团队，负责推动数字化转型和数字化培训的实施。通过专门机构的专业指导和支持，提高数字化培训的质量和效果。

③为数字化培训提供必要的资源支持，包括培训场地、设备、资金等，以确保员工能够顺利进行数字化学习和实践。

2.4.3 逐步提高数字化应用能力

逐步提高组织（企业）的数字化应用能力是一个持续且系统的过程。以下是一些如何提高数字化应用能力的步骤。

1. 评估组织的数字化水平

对组织当前的数字化水平进行全面的评估，包括技术基础设施、人才能力、业务流程等诸多方面的调查与评估，了解组织在数字化方面的优势和不足，为后续的改进提供依据。这一点我们将在后文的"数字化转型成熟度"中作详细的讲解。

2. 数字化转型纳入组织战略规划

将数字化转型纳入组织的战略规划中，明确组织的数字化战略和长期目标，通过战略规划，引导全体员工认识到数字化转型的重要性和必要性，有助于确保所有数字化努力都朝着共同的方向前进。数字化转型目标可以根据组织的业务需求、市场趋势和技术发展状况来设定，这些数字化目标应该是具体的、可衡量的。

3. 制订数字化实施计划

根据数字化评估的结果和组织战略规划，制订详细的数字化实施计划。计划应包括目标、时间表、资源分配、风险评估等要素。实施计划需要分解为具体的项目或任务，以确保每个项目都有明确的责任人和执行团队。

4. 推进数字化技术的应用

根据实施计划，逐步推进数字化技术的应用。这可能包括引入新的技术工具和智能设备、用数字技术优化业务流程、改进客户服务等方面。在推进过程中，需要及时关注技术的应用效果和员工反馈，调整策略和方法。

5. 建立数字化协作和沟通机制

提高数字化应用能力不是一个部门或某些员工的工作，它涉及组织的全员，这就需要建立跨部门的数字化协作团队，负责协调不同部门之间的数字化工作。通过数字管理系统，采用定期的会议、报告和沟通机制，确保各部门之间的信息共享和协同工作。

6. 建立持续监测和评估机制

每一项重要的工作都需要建立评估机制，以确保该项工作成果能被量化评估。应对数字化应用过程进行持续的监测和评估，收集和分析数据，了解应用效果和改进空间，评估数字化应用对组织业务的影响和贡献。组织（企业）可以根据评估结果，及时调整数字化战略和实施计划，确保数字化工作的持续优化和升级。

2.4.4 寻找数字化转型的方法和工具

数字素养的提高需要先进的数字化方法和工具的帮助，只有这样，才不会一直停留在理论、观望或徘徊状态。管理者可以采取以下步骤寻找到合适的数字化转型方法与工具。

1. 做市场调研

做市场调研，了解当前数字化转型的趋势、成功案例和最佳实践。查找行业领先者的数字化转型策略，了解他们是如何应用新技术优化业务流程和提升客户体验的。

2. 参加行业会议和研讨会

参加与数字化转型相关的行业会议、论坛和展览。这些活动通常会聚集行业内的专家、企业和供应商，分享最新的技术趋势、解决方案和最佳实践。

3. 与专家交流

与数字化转型领域的专家、顾问或顾问公司进行交流，他们可以提供专业的建议和指导，帮助组织（企业）找到适合自身业务需求的先进方法和工具。

4. 利用在线资源获取信息

利用互联网搜索引擎查找数字化转型的相关资源，如数字化转型的文章、白皮书、模型、标准和案例研究等。关注行业内的各类社交媒体账号、公众号和论坛，了解最新的动态与观点。

5. 寻找数字化转型的工具和平台

了解市场上主流的数字化工具和平台，如大数据分析工具、云计算平台、人工智能和机器学习工具等。研究这些工具和平台的功能、特点和优势，看它们是否符合自己的业务需求。

6. 试验和验证数字化工具的先进性

在找到潜在的先进方法和工具后，进行试验和验证是很重要的。通过试点项目或进行小规模实施，来评估这些方法和工具的实际效果，看它们是否如预期那样能够提高业务效率和竞争力。数字化转型的结果应该是可以被计量的。

7. 保持对数字化转型的持续改进和优化

数字化转型是一个持续的过程，需要不断地改进和优化。在实施过程中，需要密切关注业务变化、市场需求和技术趋势，及时调整方法和工具，以确保数字化转型的顺利进行。

8. 与合作伙伴建立合作关系

与数字化领域的合作伙伴建立关系，如技术供应商、咨询公司等。他们可以为我们提供适合的解决方案和支持，从而更好地实现数字化转型的目标。

2.4.5 建立和规范数字伦理

新技术的产生需要新的伦理来规范和约束，应重视数字伦理的建立与规范。这是数字化转型能够顺利启动、数字经济能够持续发展的保障。这可以从数字伦理原则、法律和政策等几个方面入手。

1. 明确数字伦理原则

明确数字伦理的核心原则，诚实对待客户与员工、公正使用数据、尊重个人隐私、保障数据安全、保持透明度和知情同意等。这些原则应该作为组织（企业）在数字化转型和数据处理过程中的基本准则而得以遵守。

2. 完善数字伦理的法律支持

立法机构应密切关注数字技术的发展趋势，及时制定和更新与数字伦理相关的法律法规。行政机关和行业组织需要制定、更新相关法律法规、政策与规定。这些法律法规、政策和规定应明确数据的收集、使用、存储、传输和删除等各个环节的规范，确保个人和组织隐私、数据安全、公正使用数据等原则得到保障。司法机关应加强对数字伦理相关法律、法规的解释和适用，确保法律条款的准确性和适用性，维护法律的尊严。

3. 制定数字伦理政策

根据数字伦理原则，制定详细的数字伦理政策，明确组织在数据处理、隐私保护、数据安全等方面的要求和规范。政策应覆盖数据的收集、存储、传输、使用、删除等整个数据生命周期。

4. 建立伦理审查和监督机制

成立专门的伦理审查机构或委员会，负责审查和评估组织在数字化转型过程中的伦理问题。定期对数据处理活动进行伦理审查，确保符合数字伦理原则和政策要求。建立监督机制，对违反数字伦理原则和政策的行为进行监督和处罚。

5. 加强人员相关培训和学习

定期组织与数字相关的人员参加数字伦理培训，提高他们对数字伦理的认识和重视程度。鼓励人们积极学习和了解与数字伦理相关的法律法规和标准规范，提高自身的伦理素养。通过案例分析和讨论等方式，增强人们对数字伦理问题的敏感性和应对能力。

6. 加强外部合作与交流

与其他组织、行业协会、研究机构等建立合作关系，共同研究和探讨数字伦理问题，推动行业自律和规范，制定行业标准和规范，引导组织（企业）遵守数字伦理原则。通过交流和学习，借鉴其他组织的先进经验和做法，提升劳动者和组织的数字伦理水平。

7. 建立数据保护机制

加强数据保护，确保个人数据的隐私和安全。采取必要的技术和管理措施，防止数据泄露、篡改和非法访问。在数据处理过程中，遵循最小化原则，只收集和使用必要的个人数据。

8. 强化数字管理的透明度

在数据处理过程中保持透明度，向公众和用户明确说明数据的使用目的、方式和范围。建立责任制，对数据处理活动进行监督和追责，确保数据处理的合法性和合规性。

数字素养的养成，有赖于数字经济的从业者、政府与行业管理者以及法律部门的共同努力。在数字化转型的要求下，只有利用多方资源和各类工具，才能有效提升劳动者和经济组织的数字素养。

2.5 结语：数字素养是数字化转型成功和不断升级的保障

数字素养作为数字化转型的基础，也在更高的层面对数字化转型起着潜移默化的影响，只是这种影响并不以直接的方式展现出来。我们可以从数字化转型的战略、组织文化、人才以及可持续性几个方面来观察数字素养对数字化转型所产生的积极影响。同时，数字化转型也对数字素养的养成与提升起到极大的推动作用，我们可以理解为是一种需求推动下的数字素养的养成。

数字化转型从来不只是技术层面的变革，准确地讲，它是组织文化和思维方式引领的组织的根本性转变。数字素养的提升有助于塑造一种更加开放、创新、协同工作的组织文化，这种文化的建立，能够更好地适应数字化转型的需求，并且推动组织内部对变革的接受度和参与度，减少转型过程中的阻力和困难。全体人员数字素养的提升，对促进组织内部创新氛围的形成、鼓励人们提出新想法和解决方案具有天然的助力，可以让组织的创新和发展保持长久的动力。

在数字化转型的战略规划阶段，领导者和决策者的数字素养起着决定性的作用。他们不仅需要理解数字技术的潜力和趋势，还需要洞察数字技术如何重塑行业和市场。具有高数字素养的领导者和决策者能够选择和制定更符合数字化趋势的战略规划，确保组织在转型过程中保持竞争力。

对于任何社会活动而言，人始终是最宝贵的资源。数字素养的提升不仅可以让员工适应新的工作环境和业务要求，还能吸引具备高级数字技能的人才。组织如果能始终引入具有高数字素养的人才，将会带来更多的创新机会和竞争优势。

数字化转型是一个长期的过程，需要持续投入和迭代优化。数字素养的提升有助于组织在转型过程中保持灵活性和适应性，及时应对外部环境和内部需求的变化，使得组织有能力更好地利用数字技术和数据资源，优化资源配置、业务流程，提高组织运行效率和竞争力。这种数字素养所带来的可持续性发展能力，将为组织的数字化转型奠定坚实的能力基础。

数字化转型需要大量具有高级数字素养的人才来支撑，因此应该认识到数字素养的养成需要获得资金的支持，并且有一个漫长的过程。如何在数字素养养成的同时，也能让劳动者可以更便捷地使用数字化产品和工具，降低数字化转型的难度，快速提高生产效能，是数字化转型从业者需要思考的问题。

数字化转型需要的不仅是新技术，还需要更多具备数字素养的新型劳动者，只有将新技术与新型劳动者相结合，才能创造出更具竞争性的产品和服务。

第 3 章
数字化转型的方法

我们已经较详细讨论了数字化转型的目的、类型、主要领域以及转型策略，理解了数字化转型是数字经济得以实现的必由之路，数字化转型的终极目标是形成新质生产力。那么，数字化转型应该从哪里入手呢？如何快速启动数字化转型？这些是我们接下来要厘清和掌握的。

本章从数字化转型现状开始，提出数字化转型的方法和步骤，为各类组织（企业）的数字化转型实践提供方法上的支持。下面对数字化转型现状的描述虽然主要以企业类经济组织为样本，但存在的问题具有普遍现象，对其他类型组织在数字化转型时也具有参考的意义。

3.1 数字化转型的现状

中国出台了一系列政策文件来推动数字经济的发展，将数字化转型作为推进新型工业化和数字经济的重要道路。

中国数字化转型的发展速度非常快，市场规模不断扩大。从企业数字化转型的进展来看，部分企业已经具备了数字化的意识，但数字化建设的规模和深度因行业和企业而异。央企、国企和其他一些大型企业由于政策支持和技术实力较强，数字化转型工作相对平稳且持续改进，但许多传统行业企业和中小企业在数字化转型方面仍处于初级阶段，面临认识不足、概念困扰、技术难题、供需偏差和风险担忧等问题。

人工智能和自动化技术在各行各业得到了应用，人工智能和机器学习技术在企业数字化转型中开始发挥出重要作用。这些技术帮助企业更好地分析数据、预测市场趋势、优化业务流程和提高生产效率，技术的应用与创新也得到了企业良好的支持。

中国数字化转型开始取得显著进展，但要获得持续的发展，我们要充分考虑到不同行业和地区之间的数字化转型进展存在较大不同。即使是同一地区、同一行业，也可能存在巨大差异，这就需要政府和企业共同制定更加精准和差异化的策略来推动数字化转型。数字化转型需要大量的资金投入和技术支持，一些中小型企业会面临资金和技术瓶颈，阻碍它们的数字化转型，这些挑战和困难是政策制定者、企业都要充分考虑的问题。

3.1.1 以制造业为代表的数字化转型情况

国家统计局将中国国民经济行业分为20个门类，这里选取对国民经济产生重要影响且占有较大比例的制造业，来观察当前组织数字化转型的状态。

首先分析制造业的数字化转型成熟度水平和现状。中国制造业的数字化转型成熟度水平涉及政策环境、技术应用、产业生态、地区分布、企业实践等多个方面。

在政策环境方面，我国出台了一系列政策文件，如《关于深化"互联网+先进制造业"发展工业互联网的指导意见》等，为制造业数字化转型提供了政策指导和支持。政府还通过设立专项资金、减税降费等措施，鼓励企业加大数字化转型投入，提升竞争力。

在技术应用方面，人工智能、大数据、物联网、云计算等新一代信息技术在制造业中得到广泛应用，推动了制造业生产方式、管理模式和商业模式的创新。智能制造、工业互联网、数字化工厂等新模式、新业态不断涌现，提高了制造业的智能化、网络化和协同化水平。

在产业生态方面，国内涌现出一批具有竞争力的数字化服务提供商，如工业互联网平台、智能制造解决方案提供商、数字化智能管理系统等，为企业数字化转型持续提供解决方案。制造业数字化转型的配套服务也在不断完善中，如工业互联网安全、数据管理等，为制造业数字化转型提供保障服务。

在地区分布方面，制造业数字化转型的成熟度水平在不同地区之间存在着差异。东部沿海地区由于经济发展水平较高、人才资源丰富、技术创新能力强等因素，其制造业数字化转型的成熟度水平相对较高；而中西部地区由于经济发展水平相对较低、人才资源短缺等因素，其制造业数字化转型的成熟度水平相对较低。

在企业实践方面，更多的企业开始重视数字化转型对企业生存与发展的意义，并投入资源开展数字化转型实践。一些企业在提高生产效率、降低成本、提升产品质量和服务等领域，利用数字化转型手段，已取得了较好的成效。当然，也有部分企业在数字化转型过程中面临一些挑战，如资金、技术、人才等困难。

3.1.2 数字化转型存在的问题及解决办法

从数字技术的应用层面来看，中国企业的数字化转型在数字技术应用方面取得了显著进展，但还有大量的企业仍处在应用水平较低的位置，有些可能刚刚开始，有些甚至还没有启动。更多的企业需要在数字思维、组织结构、新技术获得、研发投入、数字化转型方法、供应链协同、人才储备、数据治理以及数字化转型标准和评估机制等方面主动变革，获得能力的提升，只有这样，才有可能提高数字化转型的成功率。

1. 需要对企业文化与组织结构作出变革

数字化转型不仅是技术变革，还是企业文化和组织结构的变革。数字化转型不是单纯的技术应用，它是涉及全组织技术与管理的重大变革。企业需要积极推动企业文化和组织结构的变革，以适应数字化转型的需求。企业需要逐步形成数字化思维，打破传统的管理模式和思维方式，建立灵活、高效的组织结构。加强全体员工的培训和教育，提升员工的数字化素养和创新能力。

2. 增强获得新技术的能力

在技术创新与自主研发能力上，我国与先进国家相比还存在差距，原创技术相对较少，更多的是技术应用层面的开发利用。在一些核心技术和关键零部件领域，仍然依赖进口或国外技术。如何减少对外部技术的依赖，提高自主研发能力，是中国企业数字化转型需要解决的重要问题。

3. 加大对技术研发的投入

在新技术研发方面，与行业领先企业相比，中国企业的投入相对较低，而研发投入是衡量企业技术创新能力的关键指标。中国企业需要加大研发投入，提升自主创新能力，形成具有自主知识产权的核心技术，先进技术是竞争的有力手段。

4. 选择合适的数字化转型方法

数字化转型的方法并不是固定和可以照搬的，绝不可以教条化。不同企业自身的数字化水平本来就不一样，业务管理的能力也不一样，必须按照企业现有的数字化转型成熟度等级和水平，结合自己获得各类资源、技术的能力，选择适合自己的转型方向和手段。

5. 注重供应链协同与生态系统建设

数字化转型不仅是单个企业的转型，还是整个供应链的协同和生态系统的建设。中国企业需要加强供应链协同和生态系统建设，提升整个产业链的数字化水平。企业需要与供应商、客户等合作伙伴建立紧密的合作关系，共同推动数字化转型，而政府也需要加强产业政策的引导和支持，推动整个产业链的协同发展。

6. 强化人才储备和培养

人才是数字化转型的重要保证，数字化转型需要高素质的人才队伍支撑。当前，中国企业在数字化人才方面还存在一定的缺口，尤其是在高端人才方面，加强数字化人才的培养和引进，建设一支具备数字化思维、技能和经验的复合型人才队伍，是中国企业数字化转型成功的关键。

7. 完善数据治理体系

企业需要建立完善的数据治理体系，明确数据所有权、使用权和管理权，加强数据安全防护，确保数据不被泄露、篡改或滥用。随着数字化转型的深入，数据成为企业的重要资产。然而，数据治理和信息安全问题也日益凸显。加强数据治理和信息安全保障，是中国企业数字化转型需要解决的重要问题。

8. 遵循数字化转型的标准与评估机制

政府和行业组织应建立、完善、推广数字化转型的指导意见、标准体系和评估机制，这对于推动中国制造业数字化转型具有重要意义。通过数字化转型统一标准和规范，引导企业按照统一的标准进行数字化转型，提高转型的质量和效率。评估机制则对企业数字化转型的成效进行及时的评估和反馈，发现和解决过程中的问题，推动数字化转型的持续改进和发展。

3.2 如何快速实现数字化转型

如何快速启动数字化转型，并在转型过程中保证对转型具体工作的控制，是各类组织（企业）所关心的。这里提供一般意义上数字化转型实践的方法和步骤，数字化转型实施单位据此可以形成自己的数字化转型管理机制。

数字化转型需要引入新思想、新方法和新工具，良好的数字化转型管理机制是转型工作实施之前就需要建立的，好的机制是数字化转型成功的保证。数字化转型可以分为准备阶段、启动阶段、实施阶段、完善阶段四个阶段，每一个阶段对应若干关键步骤。

从本节开始，所论述的都是数字化转型具有可操作性的思路、方法和工具，进入实操部分。

3.2.1 数字化转型准备阶段

准备的充分程度是数字化转型成功的基础。

数字化转型准备阶段可分为四个步骤来讲。数字化转型的准备阶段几乎决定了数字化转型成功有多大的可能性，关系到数字化转型启动阶段及后续工作能否顺利持续开展，但这一点往往不为组织（企业）的领导者所重视，或者重视程度不够。管理者经常会把这项工作当成一个技术升级或者一个较大的信息和数字项目来看待，这种想法会给日后的实施过程留下诸多隐患。譬如：

①对数字化认识不够、不准确，对数字化转型的重要性认识不足，数字化转型这项重要变革只停留在组织（企业）高层有限的人员之中。

②负责数字化转型的组织领导级别不够，无法在日后形成对全组织的指挥权威。

③对本组织数字化转型的能力与水平认识不准确，过于乐观估计自身的数字化转型等级，也缺少衡量数字化转型成熟度的工具。

④对数字化转型需要的资源预计过于乐观，无论是资金还是人员都可能在需要的时候得不到支持。

⑤对数字化转型所需要的全组织协同能力没有提升计划，继续采用低效沟通方式。

⑥对数字化转型需要的时间抱有过高的期望，希望在几个月或一年的时间内去完成。

⑦对数字化转型的价值评估缺少量化标准，往往是实施到了后期才开始去设定数字化转型的成果要求等诸如此类的问题。

这些问题在数字化转型工作正式开始之前，是必须得到解决的，有些虽然看似烦琐甚至啰唆，但它们是日后工作的基础，组织的领导者务必把这项工作设定为一个不可或缺的任务去完成。

此阶段的工作主要包括四个步骤，并且这四个步骤缺一不可，在数字化转型正式启动前，都应该得到落实和完成。

1. 确认数字化和数字化转型的重要性

数字化转型的重要性在前面已有多次论述，这里不再详细分析，只是再一次强调，数字化转型是每个组织（企业）都面临的时代任务，是一个组织（企业）在经济、技术、产品、服务和管理上的全面且巨大的变革。它不是小打小闹，不是信息化升级，而是数字要素和数字技术引领的一次组织革命。

数字化转型的重要性需要让组织（企业）的每一个人都知道，并得到认可。

2. 确认适合本组织的数字化转型目标

每一个组织（企业）都有一个存在的理由，那就是它的使命。同样，不同组织（企业）的数字化转型也有它们的目的，就是通过数字化转型，组织（企业）期望得到什么样的结果。这里要提醒的是，每个组织（企业）都有数字化转型在结果上的共性，就是形成数字资产，并能优化运营流程、提升运营效率、降低运营成本，提高其面向市场的竞争力。但更重要的是，每个组织（企业）都有它自己的特性，它处于不同行业，并且有不同的信息化和数字化水平、不同的管理和盈利能力。组织（企业）应该根据自身的能力和决心来设定自己的数字化转型目标，既不能好高骛远，设定一个看起来十分漂亮但力不能及的目标；也不能拘于现状，把目标设定得过于简单，数字化转型不是信息化的修修补补。

一个较为通用的组织（企业）数字化转型目的，通常包括业务逻辑、数字资产、能力、赢利、效率这几类，不同的组织（企业）可以有选择性地设定自己的目标。下面列出几个可供参考的重要目标。

（1）业务逻辑得到优化

通过数字化转型，组织（企业）的全部或某个事业单元的业务运营逻辑获得创新和优化。

（2）形成与获得数字资产

通过数字化转型，组织（企业）开始形成和获得数字资产。

（3）创造新的业务模式、产品或获得新市场

通过数字化转型，组织（企业）创造了一个新的业务模式产品，或开发获得一个新的市场。

（4）增加收益

通过数字化转型，新的技术为组织带来可被计量的可观收益。

（5）协同能力得到提升

通过数字化转型，组织（企业）协同工作的能力和效率得到较明显的提高。

（6）获得精细化管理能力

通过数字化转型，组织（企业）从较简单粗放的管理模式，逐步过渡到精细化管理阶段。

（7）带来运营效率的提升

通过数字化转型，组织（企业）的全部或某个事业单元的运营效率得到提升（这包括但不限于财务和市场的可以量化的指标）。

（8）获得运营成本的降低

通过数字化转型，组织（企业）的各类运营成本出现明显的降低。

（9）获得服务能力的提升

通过数字化转型，组织（企业）对客户或服务对象的服务能力获得明显提高。

（10）企业盈利能力得到根本性提高

通过数字化转型，组织（企业）的盈利能力得到根本性的提高。

（11）产品和服务的研发能力得到提升

通过数字化转型，组织（企业）的产品和服务的研发能力得到提升。

（12）制造能力得到提升

通过数字化转型，组织（企业）的产品制造能力得到提升。

（13）供应链管理水平得到提升

通过数字化转型，组织（企业）的供应链水平得到提升。

（14）行业地位得到提升

通过数字化转型，组织（企业）的行业地位得到明显提升。

以上这些目标最后必须是可以被计量和评估的，指标可以分阶段设计，以方便对实施方法和过程作出调整。

3. 全组织形成数字化转型的共识

有了数字化转型的目标后，第三个重要的步骤是形成数字化转型的共识。共识指的不仅是全组织想去做数字化转型这件事，更多的是指为达成目标，组织该怎么做，以及组织如何调配资源，包括设立新的组织，安排资金、人力，引入新技术、新方法和新工具，建立高效的协同系统，组织各部门照着共同的目标去开展工作。这些都需要形成文字与规范来指导下一阶段的实施。这个步骤的工作是指导性与纲要性的，详细的规划将在启动阶段形成。

4. 提供组织、资源与技术保障

数字化转型工作想要顺利启动并长期开展，必须得到组织、资源、人才和技术保障，必须提出具体的保障方法。这个步骤是从上一步骤分离出来的，目的是强调其地位的重要性。想要获得这些保障，并不是一次性能解决的问题，因此分别来进行介绍。

1）组织保障

成立新的数字化转型最高领导部门，这个"新"指的是由组织最高领导人担任负责人的部门，应该区别于其他旧有的部门。其原因是数字化转型是一个覆盖全组织、跨部门协同的工作，涉及行政、财务、技术、生产、销售与服务的所有领域，旧有的部门很难具备这个全面指挥的能力。

这个最高领导部门可以下辖执行机构，负责数字化转型的实施。该机构需要完成以下几个任务。

①成立最高领导人负责的数字化转型领导部门及执行机构，完善组织体系，明确推进主体，统揽组织数字化转型工作，制定数字化转型路线图及关键工作，指挥和协调解决转型过程中的重大问题。

②建设数字化转型的组织能力，包括战略组织、技术组织和融合组织。战略组织负责指导数字化转型的方向和战略制定；技术组织提供专业的技术支持；融合组织则促进技术与业务的深度融合。

③建立数字化转型管理机制，加快构建适应数字化运行的组织机制，包括创新组织管理机制，加快管理层级的扁平化和放权，打通企业信息流通渠道，消除管理冗余。

④建立风险管理机制，对数字化转型过程中可能出现的风险进行预测和评估，并制定相应的应对措施，确保转型过程顺利进行。

2）资源保障

这包括资金和其他社会资源的整合。

（1）资金投入

设立预算指标，为数字化转型提供充足的资金来源，包括技术研发、设备购置、人才引进等方面的投入。

（2）资源整合

充分利用组织的内外部资源，整合各方力量，形成数字化转型的合力。与合作伙伴建立紧密的合作关系，共同推动数字化转型。

3）人才保障

由于是人推动着数字化转型工作，因此，人才的重要性怎么强调都不为过。

（1）招聘与选拔

选拔和招聘具有数字化技能与经验的人才，并选拔组织内部有潜力的员工进行培养，作为数字化转型的储备人才。

（2）培训与发展

为员工提供系统的培训和发展机会，提升员工的数字化技能和素质。

（3）激励机制

建立完善的激励机制，为优秀人才提供具有竞争力的薪酬和福利，营造良好的工作环境和氛围，吸引外部人才，留住内部优秀人才。

4）技术保障

获得和利用新技术是数字化转型的根本。

（1）技术发现和投资

发现和寻找最适合本组织的新技术、新方法、新工具、新设备；投资最新的技术和工具，如云计算、大数据、人工智能、数字化管理系统等，确保技术的先进性和稳定性。

（2）技术支持体系

建立完善的技术支持体系，包括技术支持团队、技术更新、故障处理流程等，以应对可能出现的技术问题。

（3）技术创新

注重技术的持续创新，鼓励员工提出创新性的想法和解决方案，建立和保持企业的竞争优势。

3.2.2 数字化转型启动阶段

数字化转型的启动阶段是数字化转型的正式开始，标志着组织开始朝着转型目标迈出了第一步。这个阶段工作完成的质量将决定数字化转型的实施能否顺利进行。这一阶段的工作可分为三个部分。

一是分析组织数字化转型成熟度的等级和水平档次；

二是对成熟度结果作出判断和结论；

三是依据对数字化转型成熟度的判断结果，制定数字化转型规划。

1. 对组织的数字化成熟度作出评估

大部分组织（企业）在数字化转型前期甚至转型阶段，对自己的数字化转型成熟度并没有充分和详细的了解。较多的情况是只有信息管理部门才知晓本组织信息化系统的能力或者需要增强的部分，其他部门通常并不清楚本组织处于什么样的数字化转型等级。不同组织（企业）所采用的评估标准、评估方法也都各自不同，评价结果不具有通用的参考意义。如果从数字化转型成熟度模型的标准来评价，评价结果一般也都偏低。

一个较为可靠的方法是，如果要对一个组织的数字化转型成熟度作出评估，可以采用国家标准的 GB/T 43439—2023《信息技术服务 数字化转型 成熟度模型与评估》(*Information technology service—Digital transformation—Maturity model and assessment*)，或采用中关村信息技术和实体经济融合发展联盟发布的团体标准 T/AIITRE 10004—2023《数字化转型 成熟度模型》(*Digital transformation—Maturity model*)。两个标准中，国家标准权威且简要，而团体标准则要求高且更全面。组织（企业）可以根据需要来选择采用国家标准或团体标准。

具体分析方法可参照下一章中对组织现有成熟度分析的介绍，分别从成熟度等级、成熟度水平档次和评价域（或能力域）三个方面对本组织的数字化转型成熟度作出分析与评估。

2. 对数字化转型成熟度评价结果作出判断和处理

对成熟度结果作出判断是决定后续数字化转型规划怎么做的前提条件。这里提出几个需要重点注意的步骤，以供参考。

（1）充分理解评价模型

需要持续不断地让组织内数字化转型的主要参与者理解所使用的数字化转型成熟度评价模型。这包括理解模型的构建原理、核心维度、评价指标以及各个指标之间的逻辑关系，要让主要实施者能够快捷地判断当前的数字化转型成熟度。不同模型虽然在方法上有所不同，但最终的导向是可以得到一个较为准确的对自己数字化转型成熟度水平的评价结果。

（2）分析评价结果

根据评价模型，对数字化转型的成熟度进行综合评价，并得出具体的评价结果。这通常包括各个维度的得分、整体成熟度等级以及可能存在的短板和优势。

（3）判断成熟度水平

根据评价结果，判断数字化转型的成熟度水平。通常，成熟度水平可以分为不同的等级，如初级、中级、高级等；列出评价结果与模型标准之间的差距，根据组织所处的成熟度等级，进一步分析组织在数字化转型方面的进展和面临的挑战。

（4）制定改进策略

改进策略是后续规划制定的依据。针对评价结果中暴露出的短板和不足，结合评价结果中的优势，制定具体的数字化转型改进策略。这包括确定改进目标、制定改进措施、明确责任人和时间要求等关键要素，策略应涉及引入什么新技术、优化哪些业务流程、提升员工技能、塑造更加支持创新的组织文化，以及改善数据管理和分析能力。

3. 制定数字化转型规划

数字化转型规划是后一阶段实施的依据和指南。

规划阶段的工作主要是对改进策略的细化和明确，把策略细化为具有可操作性的纲领性文件，为每个行动项制订详细的实施计划。规划应该包括数字化转型的目标、范围、技术和设备、方法与工具、进度控制、质量控制、人力资源、预算计划、风险控制和激励机制等几个主要部分及其要求，确保规划具有可操作性和可衡量性，以便跟踪进度和评估效果。每个组织都可以根据自己的情况作出适应性调整，这里仅作概要性说明，表 3-1 可作为参考，也可以根据需要进行扩充。

表 3-1 数字化转型规划的主要构成部分

序号	主要领域	内容
1	目标	目标及目标细分
2	范围	明确转型的边界
3	技术或设备	引入什么技术或设备，怎么做
4	方法和工具	采用什么新方法和新工具
5	进度控制	每个细分目标的进度和流程控制
6	质量控制	设立质量控制标准
7	人力资源	人力资源配置
8	预算计划	预算计划与安排
9	风险控制	对过程风险的控制措施
10	激励机制	明确激励措施

（1）目标

目标部分应该包括数字化转型的主要目标及其细分，细分的目标才具有可实施性。

（2）范围

明确转型的边界在哪里，界定目标对应的工作范围，避免超出边界的无效工作。

（3）技术或设备

数字化转型一定要引入新技术或新设备，或同时引入多种新技术与新设备，需要结合转型目标确定新技术与新设备引入的原则和方向。

（4）方法和工具

数字化转型可能需要采用新的管理思想、方法和数字化系统管理工具，需要评估这些方法与工具的先进性和有效性。

（5）进度控制

制订数字化转型的时间计划和流程控制计划，进度控制是保证数字化转型工作能按计划顺利完成的约束。

（6）质量控制

对数字化转型的每个目标提出质量要求，制定不同级别的标准。

（7）人力资源

为每个数字化转型子项目（目标）配置合适的人力资源。

（8）预算计划

制定和分配数字化转型总目标与每个子目标的预算。

（9）风险控制

①制定数字化转型工作的风险控制预案。

②定期监控过程与阶段性结果及评估效果，以此了解数字化转型对组织业务的影响，并据此制定进一步的改进策略。

（10）激励机制

建立具有激发创造力的激励机制，适时奖励以推动数字化转型的持续优化。

3.2.3　数字化转型实施阶段

实施阶段分为数字化转型的方向和选择、对数字化转型目标和过程的管理两部分。我们将数字化转型的方向和选择放到实施阶段，目的是强调方向选择的重要性，选择正确的数字化转型方向将保证组织朝着对的目标转型。而对转型目标和过程的管理是保障实施工作受到正确的方法和程序的控制，整个过程被时刻关注，能够及时发现风险与偏差，将数字化转型工作保持在正确的进程中。

1. 选择和确定数字化转型方向

不同组织（企业）应该选择不同的路径和方向。

我们先对数字化转型的方向作一个简单的定义：数字化转型的方向关注的是如何实施变革，选择哪些路径和技术来实现数字化转型。

这显然与数字化转型目标不同，数字化转型的目标关注的是变革后希望达到的结果，这些结果通常与组织（企业）的整体战略和愿景紧密相连。

数字化转型方向的选择范围非常广，组织（企业）需要的是在众多的可能中寻找到适合自己的路径与方法，方向可以是多个，但通常在选择方向时不宜选得太多，需要有主次、轻重之分。下面选择几个较为重要的方向进行简单的说明。

（1）更新或新建数字化基础设施

升级和优化组织（企业）的 IT 基础设施，包括服务器、网络、存储等。引入云计算、大数据、人工智能等先进技术，提升组织（企业）的数据处理和分析能力，实现 IT 基础设施的自动化和智能化管理，提高运维效率。将组织（企业）的 IT 基础设施迁移到云端，实现 IT 资源的弹性伸缩和高效利用。

（2）创建数字化业务流程管理系统

梳理组织（企业）的现有业务流程，识别和分析组织（企业）中的重复性、低价值任务，利用机器人流程自动化技术进行自动化处理。整合组织（企业）内部的多个系统和平台，实现业务流程的无缝对接和自动化流转。引入工作流引擎，支持灵活的业务流程配置和管理，实现业务流程管理的自动化、智能化和高效化。

（3）创建数字化分析与决策支持

利用人工智能系统，建立统一的数据仓库，完善数据采集、存储、处理和分析体系，挖掘组织（企业）运营中的数据价值，整合外部的数据资源，利用数据挖掘、机器学习等技术对数据进行深度分析和挖掘，发现数据中的价值。开发数据可视化工具，将数据以直观、易懂的方式呈现给决策者，为组织（企业）的决策者提供实时决策数据。

（4）创造新的业务模式

利用新的数字技术改变和创造新的业务模式。重新评估组织（企业）的业务模式，对现有业务模式进行全面审视，包括价值链、利润模式、客户关系等方面。通过数字技术带来的对市场趋势和竞争格局的更深理解，组织（企业）能够更清晰地认识到其独特的价值主张，并确定在哪些方面作出调整，形成新的业务模式。

（5）创建数字化 CRM 系统

搭建数字化客户关系管理（Customer Relationship Management，CRM）系统，整合客户信息，实现客户数据的集中管理和分析，利用 AI 和大数据技术来分析客户行为和偏好，实现个性化的客户服务和营销。通过多渠道（如社交媒体、移动应用等）加强与客户的互动，提高客户参与度和忠诚度。

（6）创建数字化供应链管理系统

利用物联网（Internet of Things，IoT）技术来实现供应链的实时追踪和监控，提高供应链的透明度和效率。通过大数据分析来预测供应链中的潜在问题和风险，及时采取应对措施。通过实时数据分析来调整库存水平，优化库存管理，降低库存成本。

（7）创建数字化内部协同体系

利用云计算的平台即服务（Platform as a Service，PaaS）和软件即服务（Software as a Service，SaaS）模式，快速部署和扩展应用程序，实现跨地域、跨部门的协同工作，减少内耗，实现任务的快速分派、执行和流转，提高团队的工作效率。

（8）创建数字化人力资源培训系统

利用数字技术来提供组织（企业）的标准知识体系，建立在线学习平台或引入外部在线课程资源，跟踪和分析员工的学习进度和成果，制订个性化的培训计划和发展路径，为员工提供多样化的学习机会。

数字化转型的方向非常多，不一而足。我们设计了一个可供选择的数字化转型方向的参考目录（见表 3-2），以便数字化转型组织（企业）在进行方向选择时使用。

表 3-2　数字化转型方向的参考目录

序　号	数字化转型的参考方向	效　果
1	新建或更新数字架构	数字要素在组织内实时流通
2	更新后新建数字化基础设施	保障数字化转型的基础能力
3	引入新技术或新设备	提高生产效率
4	采用新方法和新工具	提高运营效率
5	新产品带动的智能制造	降低生产成本
6	进入新的行业	创造新的利润来源
7	创造新的业务模式	带来更高的收益
8	创建数字化分析与决策支持	为决策者带来实时决策数据
9	创建业务数字化流程管理系统	及时应对内外部变化

续表

序号	数字化转型的参考方向	效果
10	创建数字化产品研发管理系统	提高设计和研发效率
11	创建数字化 ERP 系统	全面进行数字化企业资源管理
12	创建数字化 CRM 系统	快速响应客户与供应商
13	创建数字化 MES 系统	实现数字化生产控制能力
14	创建数字化供应链管理系统	实现高效数字化供应链管理能力
15	创建数字化内部协同体系	减少内耗,提高任务完成率
16	创建数字化业财一体化系统	实现成本与作业联动管理
17	创建数字化的绩效管理系统	实现实时绩效呈现能力
18	创建数字化人力资源培训系统	获得程序化的自助培训系统
19	创建数字化项目管理系统	获得与组织全面协同能力
	……	……

2. 对数字化转型目标和过程的管理

本阶段的工作是确立数字化转型的管理方法,对转型过程进行实时管理,避免风险,并考核和调整目标。其本身就是一个数据治理过程。这个过程可以分为管理方法与技术的确定和数字化转型项目管理两个部分。

本阶段是整个数字化转型实施的重点阶段,它将持续到本次数字化转型工作的收尾。

(1) 数字化转型管理方法与技术的确定

数字化转型本身是一个全新的组织革新。数字化转型管理方法同样需要先进性,方法应该具有帮助组织顺利完成转型目标的能力。传统的管理方法有其优点,但在数字化时代,必须寻找有数字时代优势的新技术和新方法。这个方法与工具既需要理论上的先进性,又需要有可操作性和全面性,它应该具备智能化、自动化和高效化的特征。这个技术与方法的确认将在下一章中详细介绍。

(2) 数字化转型项目管理

数字化转型作为一个大型项目,采用通行的项目管理方法是恰当和必须的,符合标准的项目管理方法将为数字化转型成功提供保障。数字化转型的一个特点是时间持续性长,需要把项目分解为较容易作出评价并被完成的子项目来管理,这有助于数字化转型获得更大范围的参与和认同。

以下是关于数字化转型过程管理的重要步骤。

①项目启动与规划。依据数字化转型的目标、范围、预期成果和关键成功因素,组建项目团队,明确团队成员的角色和职责。

②制订详细项目计划。这包括时间表、资源分配、里程碑等。

③进度监控与控制。使用项目管理工具和技术来监控项目进度,定期召开项目进展会议,确保所有团队成员了解项目状态,对进度偏差进行分析,找出原因并采取相应的纠偏措施。

④质量管理。制定数字化转型项目的质量标准并提出要求,对项目过程和产品进行质量检查和评估。识别和解决质量问题,确保项目质量达到预期水平。

⑤变更管理。制定变更管理流程,以应对项目过程中可能出现的变更请求,对变更请求进行评估和批准,确保变更对项目目标、范围和进度的影响得到充分考虑。监控变更的实施情况,确保变更得到有效执行。

⑥风险评估与管理。对数字化转型过程中可能出现的风险进行识别和评估。制定风险应对策略和预案,确保项目在遇到问题时能够迅速响应。定期监控和评估风险,确保风险得到及时控制。

⑦沟通与协作。建立有效的沟通机制,确保项目团队之间的信息畅通。定期与项目干系人进行沟通,确保他们了解项目进展和可能发生的问题。促进团队协作,鼓励团队成员之间的知识分享和经验交流。

⑧项目收尾与总结。在项目结束时进行项目收尾工作,包括交付成果、关闭合同等。对项目进行总结,分析项目成功的原因和存在的问题,将项目的经验教训转化为组织知识,为未来的数字化转型项目提供参考。

⑨持续改进与优化。在数字化转型过程中,持续关注新技术和最佳实践的发展,鼓励团队成员提出改进建议,不断优化数字化转型流程和工具。对数字化转型的成果进行定期评估,确保数字化转型战略与企业战略目标保持一致。

3.2.4 数字化转型完善阶段

在数字化转型的完善阶段,组织(企业)需要全面评估转型成果,持续优化技术和流程,并建立持续改进机制,以适应新技术和市场变化。数字化转型完善阶段分为:评估转型成果、持续优化技术、优化业务流程与组织架构、建立持续改进机制、生态合作与共享。以下是对完善阶段工作的详细论述。

1. 评估转型成果

(1)量化评估

利用数字化转型工作中所获取的指标,对数字化转型的效果进行量化评估。这包括业务效率提升、成本降低、沟通顺畅、客户满意度提高等方面的指标。

（2）定性评估

除量化评估外，还需要进行定性评估，如普通员工和管理层对数字化转型的满意度、客户对数字化服务的反馈等。这有助于了解数字化转型对企业内部和外部的影响。

（3）问题识别

在评估过程中，需要识别存在的问题和不足，如技术瓶颈、流程漏洞、员工技能不足等。这些问题将成为后续优化和改进的重点。

2. 持续优化技术

（1）引入新技术

根据评估结果，引入更先进的技术，如人工智能、智能制造、智能管理等，以提高数字化转型的效率和效果。

（2）优化系统架构

对现有的数字化系统架构进行优化，提高系统的稳定性、可扩展性和安全性。这包括升级硬件设备、优化软件架构、加强安全防护等多个方面。

（3）提高数据质量

加强数据治理，提高数据的准确性、完整性和一致性。通过数据清洗、数据整合、数据校验等手段，确保数据的质量和价值。

3. 优化业务流程与组织架构

（1）流程优化

对现有的业务流程进行全面梳理和优化，消除不合理环节和瓶颈。通过流程优化，提高业务效率和质量，降低运营成本。

（2）跨部门协同

加强部门内及跨部门之间的协同和沟通，打破部门壁垒，实现资源的共享和协同。这有助于提高组织（企业）整体的运营效率和响应速度。

（3）客户体验优化

以客户需求为导向，优化客户体验。通过数字化手段，提供更加便捷、高效、个性化的服务，提高客户满意度和忠诚度。

4. 建立持续改进机制

（1）定期评估与反馈

建立定期评估机制，对数字化转型的效果进行持续跟踪和评估。同时，建立反馈机制，收集员工、客户和合作伙伴的意见和建议，以便及时发现问题并进行改进。

(2）培训与发展

加强员工培训和发展，提高员工的数字化技能和素养。通过培训和发展，培养一支具备数字化思维和能力的团队，为组织（企业）的数字化转型提供有力的人才保障。

（3）技术创新与合作

鼓励技术创新和合作，与高校、科研机构、行业协会等建立合作关系，共同推动数字化转型的创新和发展。通过技术创新和合作，不断引入新的技术和理念，提高组织（企业）的竞争力和创新能力。

5. 生态合作与共享

（1）跨界合作

积极寻求跨界合作机会，与其他行业的企业建立合作关系，汲取其他行业经验，共同推动数字化转型的发展。通过跨界合作，拓展业务范围和市场空间，实现互利共赢。

（2）平台建设

搭建和完善数字化平台，实现资源的共享和协同。通过平台建设，促进组织（企业）内部与外部的数字化转型和升级，提高整体效率和竞争力。

（3）生态共享

推动数字化生态的共享和共建，与合作伙伴共同打造数字化生态系统。通过生态共享，实现资源的优化配置和高效利用，提高组织或企业的可持续发展能力。

第 4 章
数字化转型成熟度等级和水平评估工具
——数字化转型成熟度模型

前面我们讨论了数字化转型的目的、类型、领域、策略、条件、目标和方法。本章将讨论数字化转型成熟度等级和水平的评估工具——数字化转型成熟度模型。它包括模型本身、成熟度等级判定和成熟度水平档次判定等几个主要方面。

2023 年 11 月,国家市场监督管理总局和国家标准化管理委员会联合发布了 GB/T 43439—2023《信息技术服务 数字化转型 成熟度模型与评估》(以下简称"国家标准")。这一国家标准使得我们在探讨数字化转型成熟度模型的时候有了一个法定的参考体系。

本章将主要通过对"团体标准"的解读,来探讨数字化转型成熟度的形成、模型的详细架构和评估方法、当前组织所面临的数字化转型陷阱,以及如何提高数字化转型成熟度等几个方面的内容,阐述组织(企业)如何运用数字化转型成熟度模型来提升数字化转型的速度和质量,合理使用这个工具,从而开始正确的数字化转型。这个模型也是组织(企业)在数字化转型启动阶段对数字化水平作出判断的有用工具。

4.1 数字化转型成熟度模型

我们先看数字化转型成熟度这个定义,2023 年的"国家标准"中并没有对它作出定义,而在 2023 年 5 月,由中关村信息技术和实体经济融合发展联盟发布的团体标准 T/AIITRE 10004—2023《数字化转型 成熟度模型》3.2"术语和定义"中是这样定义的：数字化转型成熟度是"对组织数字化转型发展阶段和水平的度量"。

本书后续在谈到数字化转型成熟度及其他相关问题时，参考的是数字化转型成熟度模型的国家标准与团体标准这两个标准。通过对数字化转型成熟度的几个重要组成部分的说明，可以为各类组织提供一个观察和评估自身数字化水平和能力的标杆，适时制定和调整数字化转型策略，及早启动和完善组织的数字化转型工作。

4.1.1　数字化转型成熟度模型的由来

我们先从数字化转型成熟度这个概念是怎么来的、为什么选择数字化转型成熟度作为评价组织数字化转型水平的标准这两个角度来了解数字化转型成熟度模型。

组织（企业）在数字化转型过程中会遇到一系列问题，这些问题涵盖技术、组织、文化、人员、安全和财务等多个方面，组织（企业）想要从数字化程度比较低甚至还未进入数字化管理或治理的状态，开始向数字化转型，除了上面提到的这些问题，最重要的是：我们在哪里？准备往哪里去？

随着数字技术的飞速发展，组织（企业）面临着从传统业务模式向数字化业务模式转型的迫切需求。然而，如何评估组织（企业）数字化转型的进度和效果，如何确定组织（企业）在数字化转型过程中所处的阶段和面临的挑战，成为它们需要解决的重要问题。

一个组织（企业）只有参照数字化转型水平的通用性标准，才能知道自己当前数字化水平处在什么位置，想要达到的目标是什么，或者说目标应该是什么。

如果没有标准供参考，想要开始数字化转型或正处于数字化转型过程中的组织（企业）就缺少了一个可以定性的依据和方向。每一个组织（企业）只能根据自己的经验或参照其他组织的做法进行数字化转型工作。这种做法的危险性在于，组织（企业）很有可能走错路，导致转型结果的偏离或错误。一种可能性是，组织（企业）用自己的理解来过高或过低地评估自身的数字化水平，并在这个评估基础上使用了不合适的数字化转型方法、工具或技术；另一种可能性则是在数字化转型的过程中，组织（企业）走偏了方向，导致转型结果的偏离甚至失败。

数字经济的一个特点是具有全面性，这不仅是组织内部的全面性，还指向整个经济社会的全部。数字化转型的目的是让传统组织（企业）转向数字经济。在这个过程中，无论是对于需要数字化转型的组织（企业），还是需要对该组织（企业）的数字化转型成果作出评估的机构而言，一个通用且被普遍认可的标准是必不可少的。

在数字化转型成熟度模型产生之前，不同研究机构、咨询公司和数字化转型领先的企业各自都提出了衡量数字化转型水平的理论和标准。这些理论和提法虽然都各有特点，却囿于机构或企业自身所处的行业和立场，尚不具备全社会的通用性和全面性。

2023年5月，由中关村信息技术和实体经济融合发展联盟对其2021年提出的《数字化转型 成熟度模型》团体标准进行了第一次修订。该标准由几十家中国数字化水平领先的大型组织起草，完善了数字化转型成熟度模型的构成，将5个成熟度等级进一步细化为10个水平档次，也完善了数字化转型治理体系的评价子域，将其划分为数字化领导力、数字化组织、数字化治理、数字化管理和数字化组织文化等5个方面。

2023年11月，国家市场监督管理总局和国家标准化管理委员会又在增加更多研究机构和企业意见的基础上，联合发布了《信息技术服务 数字化转型 成熟度模型与评估》国家标准。这表明国家对数字化转型这一经济转型工作的充分重视。

这两个数字化转型成熟度模型，是基于对各类组织（企业）数字化转型过程的深入理解，也是为了解决转型中的问题而建立。数字化转型成熟度模型基于多个国际标准、行业经验和组织实践，构建了一套多维度、系统性的评估框架。这些标准包括《产业数字化转型评估框架》（ITU-T Y.4906）、《企业数字化转型过程中可持续竞争能力建设方法论》（ITU-T Y Suppl.52），以及《信息化和工业化融合 数字化转型 价值效益参考模型》（GB/T 23011—2022）和《数字化转型 参考架构》（T/AIITRE 10001）等系列标准。这些标准为组织（企业）数字化转型提供了较合理的指导和评估依据。

数字化转型成熟度模型遵循数字化转型的本质规律和系统性要求，给出了数字化转型成熟度模型构成、不同成熟度等级与水平档次的要求，从发展战略、新型能力、系统性解决方案、治理体系、业务创新转型等方面，系统引导转型组织（企业）分级、分类发展。这些指标可以帮助组织（企业）全面了解自身在数字化转型中的优势和不足，为组织（企业）制订与改进数字化转型计划提供了合适的路径和有针对性的指导。

4.1.2　数字化转型成熟度模型介绍

数字化转型成熟度模型适用于有以下需求的各类组织（企业）：
①开展数字化转型的组织（企业）；
②提供数字化转型服务的各类机构；
③通过组织（企业）的内部或外部来评估其数字化转型成熟度水平，以证实其具有的数字化转型成熟度等级与水平档次；
④采信数字化转型成熟度评级结果。

数字化转型成熟度模型目前有两套体系，一套是团体标准，另一套是国家标准。虽然它们详略不同，且侧重点也稍有不同，但两套标准具有共同点，都由含义相近的三个部分组成。它们分别是评价域（或能力域）、数字化转型成熟度等级、成熟度水平档次（或成熟度要求）。

本书中主要依据的是团体标准，但也充分参考了国家标准的意见。下面将从模型的架构、模型的内容和模型想要达到的目的来进行介绍。

先来介绍两个标准中的术语和定义，这将影响后续数字化转型成熟度评估及数字化转型方法和工具的采用。（提示：本章中的术语和定义采用的是两个标准所给出的定义，不再作出注释。需要更全面了解两个标准的人士，可参阅：2024年6月1日的国家标准GB/T 43439—2023《信息技术服务 数字化转型 成熟度模型与评估》和2023年5月由中关村信息技术和实体经济融合发展联盟发布的团体标准 T/AIITRE 10004—2023《数字化转型 成熟度模型》(*Digital transformation—Maturity model*)。

1. 术语与定义

（1）数字化技术（digital technology）

数字化技术是指数字化转型过程中用到的信息技术及其组合。

它包括但不限于云计算、大数据（数据分析）、移动计算、社交计算、物联网、智能化、边缘和个域计算、区块链以及网络安全技术等。

（2）数字化转型（digital transformation）

数字化转型是指深化应用新一代信息技术，激发数据要素创新驱动潜能，建设提升数字时代生存和发展的新型能力，加速业务优化、创新与重构，创造、传递并获取新价值，实现转型升级和创新发展的过程。

（3）数字化转型成熟度（digital transformation maturity）

数字化转型成熟度是对组织（企业）数字化转型发展阶段和水平的度量。

（4）新型能力（enhanced capability）

新型能力是指深化应用新一代信息技术，建立、提升、整合、重构组织（企业）的内外部能力，形成应对不确定性变化的本领。

（5）数字能力（digital capability）

数字能力是指组织（企业）在数字化转型过程中打造形成的新型能力。

（6）业务数据化（digitization of business）

业务数据化是指对业务系统中沉淀的数据加以利用，完成数据价值的闭环。

（7）数据业务化（data-driven business models）

数据业务化是指围绕业务系统中沉淀的数据，创新以数据为业务（交易）对象的新型业务。

（8）数字化运营（digital operation）

数字化运营是通过数字化技术实现组织（企业）内部相关的管理活动，包括但不限于财务、供应链、营销等的数字化升级，实现组织（企业）运营模式的变革和效率的提升。

（9）评估域（assessment domain）

评估域是用于开展组织（企业）数字化转型成熟度评估的能力域或能力子域的集合。

（10）系统性解决方案（systematic solution）

系统性解决方案是指发挥技术的基础性作用，以数据为核心驱动要素，实现数据、技术、流程、组织等四要素系统融合、迭代优化和互动创新，支持新型（数字）能力的建设、运行和持续改进的总体解决方案。

2. 国家标准的数字化转型成熟度模型的构成

国家标准的数字化转型成熟度模型的特点是把数字化转型的成熟度等级和成熟度要求合在一起作出规范。在数字化转型等级上，与团体标准一样，国家标准准也是分为5个等级，虽然它没有给5个等级相应的名称，但列出了各个等级的主要特征。在能力域部分，国家标准将能力水平分为组织、技术、数据、资源、数字化运营、数字化生产和数字化服务7个主能力域和相对应的29个能力子域（见图4-1），详细的能力子域及5个标准的特征可参见该标准。

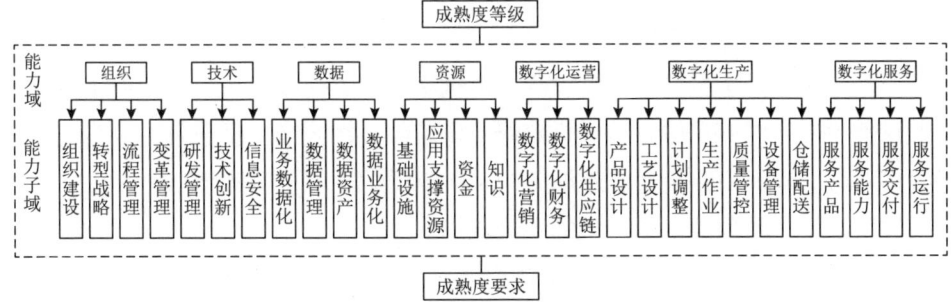

图4-1 国家标准的数字化转型成熟度模型的构成

3. 团体标准的数字化转型成熟度模型的构成

团体标准的数字化转型成熟度模型由成熟度等级、成熟度水平档次和评价域三个部分组成（见图4-2）。

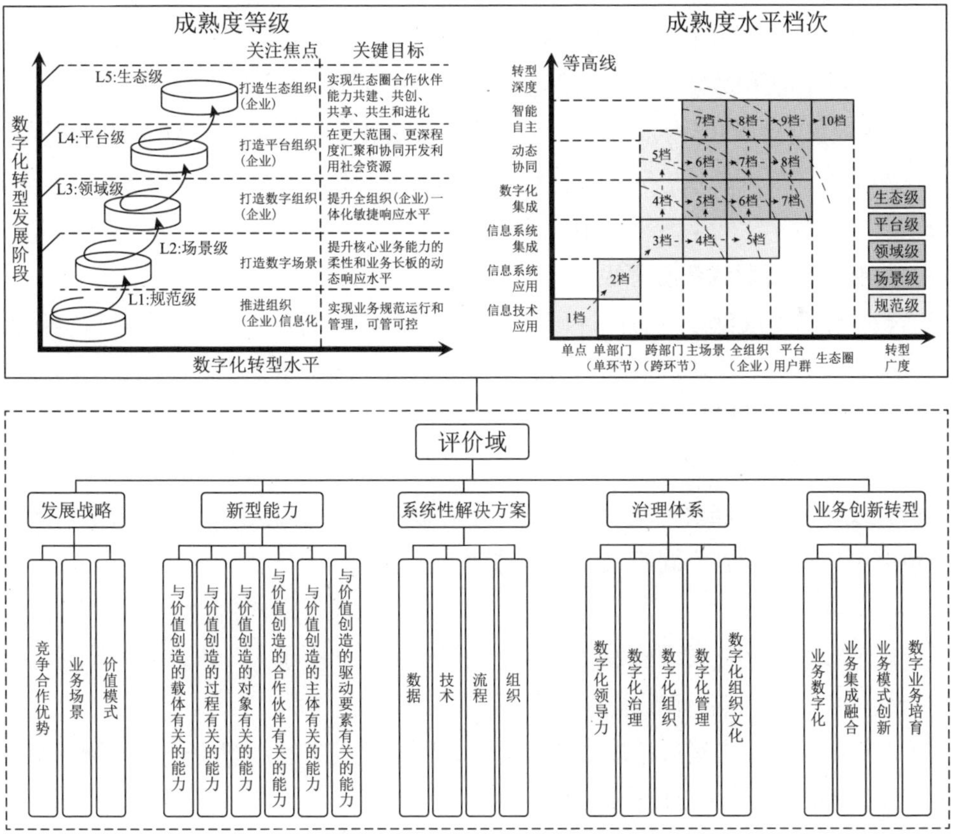

图4-2 团体标准的数字化转型成熟度模型的构成

（1）数字化转型成熟度模型的成熟度等级

依据组织（企业）数字化转型水平和转型中所处的不同阶段，模型把数字化转型成熟度划分为 5 个等级。它们分别是规范级、场景级、领域级、平台级和生态级。

（2）数字化转型成熟度模型的成熟度水平档次

从组织（企业）数字化转型过程中对数字要素的获取、开发和利用能力的广度和深度来看，它们可以划分为规范级、场景级、领域级、平台级、生态级 5 个成熟度等级。它们可以相对应地细分为 1~10 档 10 个水平档次。

（3）数字化转型成熟度模型的评价域

模型中的评价域对体现数字化转型成熟度的 5 个主要领域和与其对应的 22 个子域给出了评价标准。这 5 个领域是发展战略、新型能力、系统性解决方案、治理体系、业务创新转型。

4.1.3 数字化转型成熟度模型中的 3 个部分内容和成熟度等级特征

团体标准数字化转型成熟度模型包括数字化转型成熟度等级、数字化转型成熟度水平档次和数字化转型成熟度评价域 3 个部分。模型是利用评价域中组织（企业）应该具有的能力，对数字化转型成熟度等级和数字化转型成熟度水平档次这两个不同维度的状态分别作出评价。这其中的数字化转型成熟度的 5 个等级分别对应了数字化转型水平的 10 个不同的档次。

1. 数字化转型成熟度等级

数字化转型成熟度等级的评价有两个不同轴线上的变化，一个是将数字化转型发展阶段分为 5 个不同等级，另一个是与数字化转型水平相对应的 5 个不同等级的关注焦点和关键目标。

我们在描述数字化转型成熟度等级及其关注焦点和关键目标时，会结合数字化转型成熟度水平档次来理解。在每一个等级的文字后面会附上一张表格，让大家可以更直观地看到不同等级所对应的数字化水平。

（1）规范级

规范级是数字化转型成熟度等级中的最低级别，属于入门阶段。处于规范级的组织（企业），其总体要求包括但不限于以下两个方面。

①组织（企业）运行以职能驱动为主，即按照确定的组织（企业）分工和岗位职能、职责，标准化地开展各项活动。

②聚焦信息技术、信息系统的建设与集成应用，规范开展信息（数字）技术

应用，实现业务规范运行和管理，提升关键业务活动的可管可控水平。

这个级别需要达成的关键目标是，组织（企业）应该利用数字技术和工具来实现业务的规范运营和管理，对主要业务能做到可管可控。

这个阶段的主要关注焦点是如何推进组织（企业）的信息化应用，用信息化手段帮助组织（企业）逐步完成对业务的规范化运营，处于业务的规范期，重点是规范。

规范级所对应的数字化转型成熟度水平档次是 1 档，是 10 个档次中最低的一档。它的特点是信息技术在组织（企业）的某一个业务部分中的单点应用。一个简单的例子是，税务开票系统在企业财务部门中的使用，但这还只能算是被动的应用，因为如果不用这套系统，企业就无法报税。当然，简单地利用企业微信考勤也属于这一类型。从这个角度来看，几乎所有稍具规模的组织（企业）都处在这个底层级别，离"组织应该利用数字技术和工具，实现业务的规范运营和管理，对主要业务能做到可管可控"这个目标还有很大距离（见表4-1）。

表 4-1 规范级数字化转型成熟度的关键目标、关注的焦点、广度和深度

成熟度	关键目标	关注的焦点	数字化转型的广度	数字化转型的深度
等级： 规范级 水平档次： 1～2档	组织（企业）应该利用数字技术和工具，实现业务的规范运营和管理，对主要业务能做到可管可控	推进组织（企业）的信息化应用，用信息化手段帮助组织（企业）逐步完成对业务的规范化运营	信息技术至少在组织（企业）的某一个业务部分中得到单点应用	信息技术的应用

（2）场景级

场景级可以称作数字化转型成熟度等级中的基础阶段，从这个级别开始，标志着一个组织（企业）开始真正走上数字化转型之路。处于场景级的组织（企业），其总体要求包括但不限于以下几个方面。

①组织（企业）运行以技术使能为主是指通过基于各类技术融合应用形成的专业技能，赋能各项业务活动，并使其动态化和柔性化（多样化、个性化）。

②聚焦数字场景建设，实现主营业务板块范围内关键业务活动数字化、场景化和柔性化（多样化、个性化）运行，提升核心业务能力的柔性和业务长板的动态响应水平。

③主要应用新一代数字技术，来实现主营业务板块范围内关键业务活动数据的获取、开发和利用。发挥数据作为信息媒介、知识媒介、能力媒介的作用，实现场景级信息对称及知识和能力赋能，提升主营业务板块范围内相关要素资源的总体配置效率、综合利用水平和创新开发潜能。

这个级别的关键目标是提升组织（企业）核心业务能力的柔性和业务长板的动态响应水平，即在业务擅长的领域开始提升核心业务的数字化响应能力。

它关心的焦点和工作任务是打造数字场景，也就是主动采用数字技术，并在本组织（企业）的某些合适的业务场景中进行应用，以提高业务应对市场变化和客户需求的能力。业务场景可以理解为信息技术在哪些部门或哪些业务环节中得到了应用，这个要求其实已经不低。

场景级对应的数字化转型成熟度水平档次开始变得复杂，依据数字化转型的广度，它可能对应了2档的全部，或者3档、4档和5档的部分。这个档次的差异主要取决于数字化转型覆盖的场景，2档对应的是单部门、单环节；3档对应的是跨部门和跨环节；4档对应的是主场景；而5档对应的是全组织范围，不同的应用场景决定了数字化转型成熟度水平的高低。场景级的要求就是要扩大数字化应用的范围，从单点、单部门、单环节的应用，逐渐向跨部门、跨环节、主要业务场景和全组织发展。它也是一个数字化转型的过程。

从数字化转型的深度来看，它包含信息系统应用和信息系统集成两个阶段。这两个阶段对利用信息系统、提高组织（企业）的运营所要达到的程度，在要求上是不一样的。信息系统集成不仅仅停留在应用的层面，它将组织（企业）所有的信息系统视为一个整体，是从总体上去设计、规划信息系统，以保持各子系统之间良好的交互性和整体性，使信息系统能够产生协同的力量。它不再单纯地根据业务需要去堆叠软件。信息系统集成的要求将远高于信息系统的应用。信息系统集成工作也将延续到下一阶段的领域级（见表4-2）。

表4-2 场景级数字化转型成熟度的关键目标、关注的焦点、广度和深度

成熟度	关键目标	关注的焦点	数字化转型的广度	数字化转型的深度
等级： 场景级 水平档次： 2档或不完全的3档、4档、5档	提升核心业务能力的柔性和业务长板的动态响应水平，即在业务擅长的领域去开始提升核心业务的数字化响应能力	它关注的焦点和工作任务是打造数字场景，也就是扩大数字化应用范围	2档对应的是单部门、单环节； 3档对应的是跨部门和跨环节； 4档对应的是主场景； 5档对应的则是全组织范围	包含信息系统的应用和信息系统的集成两个阶段（场景级是信息系统的应用，而规范级是信息技术的应用，请注意两者的差别）

（3）领域级

领域级组织（企业）的数字化转型成熟度已经处于较高的位置，它标志着这个组织（企业）已进入全面数字化阶段。在数字化转型的过程中，大部分组织（企业）会在这个阶段停留较长的时间，因为需要将数字化在全组织范围内进行

应用和深化，所以花费的时间和精力不可低估。这个阶段也可称为信息化转型的发展阶段。处于领域级的组织，其总体要求包括但不限于以下几个方面。

①组织（企业）运行以知识驱动为主是指通过主营业务领域专业知识的数字化、模块化和模型化，来实现基于知识赋能和人机协同的业务活动柔性运行和一体化敏捷响应。

②聚焦实现主营业务全面集成融合、柔性协同和一体化运行，提升全组织（企业）一体化敏捷响应水平，打造形成数字组织（企业）。

③主要基于全组织（企业）范围内主营业务领域数据的全面获取、开发和利用，发挥数据作为信息媒介、知识媒介、能力媒介的作用，实现领域级信息对称及知识和能力赋能，提升全组织（企业）范围内要素资源的总体配置效率、综合利用水平和创新开发潜能。

领域级的关键目标是提升全组织（企业）的一体化敏捷响应水平。它关注的焦点是将上一级的打造数字场景改变和进化为打造数字组织（企业）。这意味着整个组织（企业）的所有业务单位和部门都将转向数字化运营，这个过程对于组织（企业）而言将是个挑战，需要从认识和技术上都有一个革命性的改变。

领域级所关注的焦点是打造数字组织（企业）。

领域级所对应的数字化转型成熟度水平档次是4档、5档、6档、7档，从应用的广度来看，它的特点是跨越了部门的范围，逐渐把数字化转型推向主要业务场景和整个组织（企业），并开始向平台用户群延伸，即数字化转型的范围越来越大。

而从数字化转型的深度来看，它是从信息系统集成进化为数字化集成。这两者的区别在于，数字化集成需要彻底打通原有信息系统所固有的信息流通和利用的障碍，要求组织内所有的数字都能便捷、高效地互相取用，各子系统的数据不再孤立地只存于自身的系统内，而是可以在整个数字化系统内实时流动并被实时计算。这个阶段是组织（企业）实现全面数字化转型的重要时期，也是组织（企业）组合、投入资源最关键的阶段（见表4-3）。

表4-3 领域级数字化转型成熟度的关键目标、关注的焦点、广度和深度

成熟度	关键目标	关注的焦点	数字化转型的广度	数字化转型的深度
等级：**领域级** 水平档次：3档的少部分，主要处于4档、5档、6档、7档	提升全组织（企业）的一体化敏捷响应水平。数字化应用的范围越广、程度越深，组织（企业）一体化敏捷响应的能力就越高	它关注的焦点是打造数字组织（企业）	4档对应的是跨部门和跨环节；5档对应的是主场景，即主要业务或主要部门；6档对应的是全组织范围；7档则开始对应平台用户群	包含少部分的信息系统集成，大量的是数字化集成工作

（4）平台级

平台级的数字化转型是以组织（企业）为中心，开始更多地利用数据和社会资源去提升数字化服务的能力，用平台的形式促进产品或服务的供应商与采购者之间的快捷交流，降低交易成本，使参与交易的各方获取收益，平台和供应商则同时扩大了市场和规模。在数字化技术的支持下，社会运营效率得到了快速提高。这个平台的形式包括有形与无形，但更多的是无形的平台。处于平台级的组织（企业），其总体要求包括但不限于以下几个方面。

①组织（企业）运行以数据驱动型为主通过相关数据的动态感知和实时分析，来实现基于数据的业务活动敏捷响应和精准执行、动态决策和预测预警、快速迭代和学习优化。

②开展跨组织网络化协同和社会化协作，实现以数据为驱动的平台化业务模式创新，打造形成平台组织或平台企业，在更大范围、更深程度汇聚和协同开发利用社会资源。

③主要基于整个组织范围内及组织之间数据的获取、开发和利用，发挥数据作为信息媒介、知识媒介、能力媒介的作用，实现平台级信息对称以及知识和能力赋能，提升组织价值网络化创造能力以及整个组织网络范围内相关要素资源的社会化总体配置效率、综合利用水平和创新开发潜能。

平台级的关键目标是：在更大范围、更深程度上，汇聚和协同开发利用社会资源，用数字技术影响更多组织和个人，扩大数字化转型的领域。这无疑对组织（企业）的数字化能力提出了更高的要求，同时将影响交易各方的数字化水平。

平台级所关注的焦点是如何打造一个平台组织或平台企业。它与领域级打造数字组织、数字企业有所不同，其着眼点是数字化的平台形态，比单纯的数字组织要求更高，因为它关联了涉及交易的多种角色和各个方面。

平台级所对应的数字化转型成熟度水平档次主要是5档、6档、7档、8档，甚至可能达到9档，它的广度横跨了组织内、外部，从组织内部开始向平台和生态方向发展。从数字化转型的深度来看，它是从组织（企业）内部的数字化集成发展到各个组织与组织、组织与个人之间多种形态的动态协同，对数字化技术的要求就更高，数字流通的范围也跨越了组织内部，数字的公共属性开始显现（见表4-4）。

表 4-4 平台级数字化转型成熟度的关键目标、关注的焦点、广度和深度

成熟度等级：平台级水平档次：主要是5档、6档、7档、8档，也可能达到9档	关键目标	关注的焦点	数字化转型的广度	数字化转型的深度
	在更大范围、更深程度上，汇聚和协同开发利用社会资源，用数字技术影响更多组织和个人，扩大数字化转型的领域	它关注的焦点是如何打造一个平台组织或平台企业	从5档、6档、7档的组织内部外溢到组织外部的平台甚至生态圈	数字化集成已经完成，它发展为各个组织与组织、组织与个人之间多种形态的动态协同

（5）生态级

数字化转型发展到生态级，其形态就已经完全跨出组织（企业）的内部，开始影响自身以外的其他组织（企业）。这是从供应链和价值链的角度，更大范围地推动着数字化转型，利用数字化转型的能力，通过生态级形态去获得更广泛的影响力和更先进的生产力。处于生态级的组织（企业），其总体要求包括但不限于以下几个方面。

①组织（企业）运行以智能驱动为主是指通过构建智能感知、智能分析、智能决策和智能运行系统，来实现基于人工智能的业务活动按需自运行、自适应、自学习和共生进化。

②推动生态合作伙伴的资源、知识、能力等的共建、共创和共享，打造形成生态组织（企业），实现生态圈共生发展和自学习进化。

③主要基于生态圈数据的智能按需获取、开发和利用，发挥数据作为信息媒介、知识媒介、能力媒介的作用，实现生态级信息对称及知识和能力赋能，提升生态圈合作伙伴的生态合作与共生和共创的能力，以及生态圈范围内相关要素资源的按需自主配置效率、综合利用水平和创新开发潜能。

生态级的关键目标是实现生态圈合作伙伴能力的共建、共创、共享、共生和进化。这里强调的是生态圈中合作伙伴数字化能力的提高，单一组织（企业）的数字化能力无法保持生态圈的稳定性，也无法让生态得到进化。想要建成和维护一个生态，并让这个生态具有自我进化的能力，生态圈中的各个参与方都必须同步具备较强的数字化能力，一起影响生态的发展和进化。这就是共建、共创、共享、共生和进化的意义。

生态级所关注的焦点是打造一个生态组织（生态企业）。这是这个级别组织（企业）共同的使命。

生态级所对应的数字化转型成熟度水平档次是7档、8档、9档、10档，从主场景的7档、全组织的8档跨越到平台的9档，直到最高的10档。这里的10档是生态级所独有的，也是数字化转型广度的最高级别。通常，非生态级组织（企

业)发展到8档和9档是较为常见的形态。从数字化转型的深度来看,这一级别的特点是智能和自主。智能代表了数字化转型组织(企业)所理解的数字思想的深度和对数字技术的充分利用程度。无论是数字思想、数字技术、数字系统还是数字设备,最终都会以智能产品的形态提供服务,逐步解放人的劳动,让劳动者获得解放,去从事更有意义的创造性活动。这就是自主的意义了(见表4-5)。

表4-5 生态级数字化转型成熟度的关键目标、关注的焦点、广度和深度

成熟度等级	关键目标	关注的焦点	数字化转型的广度	数字化转型的深度
生态级 水平档次: 7档、8档、 9档、10档	实现生态圈合作伙伴能力的共建、共创、共享、共生和进化	它关注的焦点是打造一个生态组织或生态企业	从主场景的7档、全组织的8档跨越到平台的9档,10档是数字化转型广度的最高级别	从数字化转型的动态协同发展到智能自主

2. 数字化转型成熟度水平档次

依据数字化转型的广度与深度,数字化转型成熟度水平档次分为10个不同的水平档次。从广度来看,它从单点开始,经过单部门和单环节、跨部门和跨环节、主场景、全组织、平台用户群,直至进入生态圈的7个主要环节。从深度来看,则需要以信息技术应用为起点,逐步向信息系统应用、信息系统集成、数字化集成、动态协同和智能自主的方向发展,完成数字化转型。数字化转型的广度越广、深度越深,数字化转型成熟度水平档次就越高。

下面对数字化转型的广度、数字化转型的深度及数字化转型成熟度水平档次的名词进行解释,目的是让读者可以更详细地了解数字化转型成熟度水平档次的构成,加深理解(注:这部分内容摘自"团体标准")。

(1)转型广度

按照相关业务活动信息(数字)技术应用及相关要素资源开发利用范围的广度不同,数字化转型可分为单点、单部门(单环节)、跨部门(跨环节)、主场景、全组织(企业)、平台用户群、生态圈等7个类别。

①单点。即覆盖单一部门或单一业务环节的业务功能点。

②单部门(单环节)。即覆盖单一部门(一级部门)或单一业务环节(二级流程及以上)的业务活动。

③跨部门(跨环节)。即覆盖跨部门(一级部门)且跨业务环节(二级流程及以上)的业务活动。

④主场景。即覆盖某一主营业务板块内全部关键业务环节的业务活动。

⑤全组织(企业)。即覆盖组织(企业)所有主营业务板块内全部关键业务

环节的业务活动。

⑥平台用户群。即覆盖平台内部以及外部用户涉及的全部关键业务活动，且是基于平台实现社会化资源与能力的共享和协同，以赋能外部用户为主所开展的业务活动。

⑦生态圈。即覆盖生态系统中各合作伙伴的全部关键业务活动，且是由各生态合作伙伴（组织、团队、个人）共建、共创、共享资源、知识、能力等，并可实现共生、进化的业务活动。

（2）转型深度

按照相关业务活动信息（数字）技术应用及相关要素资源开发利用程度的深度不同，数字化转型可分为信息技术应用、信息系统应用、信息系统集成、数字化集成、动态协同、智能自主等6个类别。

①信息技术应用。即初步应用通用或专用的信息技术手段或工具。

②信息系统应用。即应用信息系统实现业务规范化运行与可管可控。

③信息系统集成。即通过各类技术集成方式（如接口、协议等）将异构系统的软硬件、信息和功能关联集成，基于信息模型，实现跨应用系统的数据共享交换、业务流程贯通、业务规范化运行与可管可控（业务表单化、表单流程化、流程信息化）。

④数字化集成。即在相应范围内，基于数字模型共享相互关联的全面动态数据，实现基于数据的资源（人、财、物）的全局动态优化配置和关键业务数字化集成响应。

⑤动态协同。即在相应范围内，基于知识模型（知识的数字化呈现、仿真、联动）实现协同工作的主体与客体之间（如人和机器等），以及主体与主体之间（如组织内团队/员工之间、组织与外部合作伙伴之间、外部合作伙伴相互之间等）的知识共享、传递与利用，以及基于知识的关键业务动态响应、协调联动和优化。

⑥智能自主。即在相应范围内，基于智能模型实现协同工作的主体与客体之间（如人和机器等），以及主体与主体之间（如组织内团队/员工之间、组织与外部合作伙伴之间、外部合作伙伴相互之间等）业务活动的能力赋能、自组织自适应运行、智能自主协作与学习进化。

（3）水平档次要求

依据数字化转型的不同广度和不同深度，数字化转型的规范级、场景级、领域级、平台级、生态级等5个成熟度等级可细分为10个水平档次，其相关要求如表4-6所示。

表 4-6　数字化转型成熟度水平档次及其关键要求

成熟度等级	水平档次	转型广度	转型深度	关　键　要　求
	1档	单点	信息技术应用	①实现单点数据的信息技术辅助收集、录入和处理 ②初步应用信息技术手段或工具辅助开展业务活动
	2档	单部门（单环节）	信息系统应用	①实现单一部门或单一业务环节关键数据的信息化收集、录入和处理 ②在单一部门或单一业务环节实现业务信息化规范管理与运行
	3档	跨部门（跨环节）	信息系统集成	①实现跨部门跨环节关键业务数据的信息化收集、录入和处理 ②构建跨部门跨环节业务环节的信息模型 ③实现跨部门跨环节业务信息化规范管理和集成
规范级	4档	主场景	信息系统集成	①实现至少一个主场景关键数据的信息化收集、录入和处理，或实现跨部门目跨业务环节的局部数字模型 ②至少在一个主场景构建全部关键业务信息模型，或构建跨部门目跨业务环节的局部数字模型 ③基于构建的主场景信息模型，至少在一个主场景实现业务信息化规范管理和集成，实现跨部门目跨业务环节的局部数字化集成
	5档	全组织（企业）	信息系统集成	①实现组织（企业）所在领域全部主场景关键数据的信息化收集，或实现跨部门目跨业务环节（企业）范围内全部关键业务环节的局部知识模型 ②构建全组织（企业）信息模型，或构建跨部门目实现全业务环节实现集成，至少在一个主场景关键业务环节的局部知识模型（甚至供应链/产业链部分业务）信息化规范管理和集成，或基于跨部门目跨业务环节的局部数字化模型，实现跨部门目跨环节业务活动的动态响应、协调联动优化（甚至能实现初级智能）
场景级	5档	主场景	数字化集成	①实现至少一个主场景范围内关键业务动态数据的自动采集 ②至少在一个主场景构建覆盖全部关键业务的数字模型 ③基于构建的主场景数字模型，至少在一个主营业务板块内对应的主场景实现关键数据集成和业务集成，实现一个主场景数字模型（人、财、物）全局动态优化配置和关键业务数字化集成响应

续表

成熟度等级	水平档次	转型广度	转型深度	关键要求
场景级	6档	主场景	动态协同	①实现至少一个主场景范围内主要动态数据的自动采集 ②至少在一个主场景构建覆盖全部关键业务的主场景知识模型 ③基于构建的主场景知识模型驱动的关键业务全部关键业务板块的关键业务板块全局动态数据协同辅助），实现对主场景全部关键业务人员的知识技能赋能（机器智能辅助），协同联动响应
场景级	7档	主场景	智能自主	①实现至少一个主场景范围内主要动态数据的按需自主采集 ②至少在一个主场景构建覆盖全部关键业务的主场景智能模型 ③基于构建的主场景智能模型，实现主场景关键业务的智能自主运行和自学习优化
领域级	6档	全组织（企业）	数字化集成	①实现组织（企业）所在领域各主营业务板块主要动态数据的自动采集 ②在全组织（企业）范围内，构建覆盖全部关键业务的全组织（企业）数字模型 ③基于构建的全组织（企业）数字模型，在全组织（企业）范围内实现基本实现数字化条件下的全部关键业务配置优化和关键业务数字化集成成响应
领域级	7档	全组织（企业）	动态协同	①实现组织（企业）所在领域各主营业务板块全部关键业务的全组织（企业）范围内主要动态数据的自动采集 ②在全组织（企业）范围内，构建覆盖全部关键业务的全组织（企业）知识模型 ③基于构建的全组织（企业）知识模型驱动的全部关键业务（企业）关键业务（人、财、物）全局动态优化配置和关键业务数字化集成一体化敏捷响应
领域级	8档	全组织（企业）	智能自主	①实现组织（企业）所在领域各主营业务板块主要动态数据的按需自主采集 ②在全组织（企业）范围内，构建覆盖全部关键业务的全组织（企业）智能模型 ③基于构建的全组织（企业）智能模型的智能自主运行和自学习优化，实现全组织（企业）关键业务的智能自主运行和自学习优化

续表

成熟度等级	水平档次	转型广度	转型深度	关键要求
平台级	7档	平台用户群	数字化集成	①实现平台内及外部用户关键动态数据自动采集 ②构建平台服务数字模型 ③平台汇聚丰富的用户、供给、需求等社会化关键数据和资源，形成以服务广大平台用户为主的平台化、社会化数据信息服务模式，实现社会资源的大范围数字化集成和动态优化配置，以及平台服务的多样化、个性化集成响应
平台级	8档	平台用户群	动态协同	①实现平台内及外部用户主要动态数据自动采集 ②构建平台服务知识模型 ③平台汇聚丰富的可服务外部用户的知识技能，形成以服务广大平台用户为主的平台化、社会化知识技能赋能服务模式，实现知识技能大范围社会化按需供给，以及基于知识技能赋能的业务社会化动态协同
平台级	9档	平台用户群	智能自主	①实现平台内及外部用户主要动态数据按需自主采集 ②构建平台服务智能模型 ③平台汇聚丰富的可服务外部用户的智能能力，形成以服务广大平台用户为主的平台化社会化能力智能赋能服务模式，实现基于平台能力的业务自组织与自适应运行，以及基于知识技能赋能的智能自主协作和自学习优化
生态级	10档	生态圈	智能自主	①实现生态合作伙伴主要动态数据按需自主采集 ②构建生态系统智能模型（生态圈信息物理系统） ③基于智能采集数据的动态运行和可实现自主运行、协作的智能能力，实现生态圈合作伙伴共建、共创、共享，共享数字能力和数字业务，实现共生和进化

3. 数字化转型成熟度的评价域

对于数字化转型成熟度等级与成熟度水平档次而言，评价的是一个组织（企业）数字化转型水平能力的高低、数字化技术应用范围的广度和数字化转型所达到的深度，并最终得出该组织（企业）处于数字化转型的哪个阶段，也就是处在哪个等级和水平上。而这个能力的高低是通过评价域里 22 个不同细分领域的优势体现出来的。也可以理解为，一个组织（企业）如果在这 22 个细分领域里都建立起自己的优势，那么其数字化转型成熟度等级和水平档次一定是高的；反之，如果缺失较多，这个组织（企业）的数字化转型就需要进行调整与改变，以保证走在正确的道路上。

数字化转型模型中的成熟度等级和水平档次呈现的是数字化转型的结果，评价域则是整个模型的基础，它们为数字化转型能力的提升提供了一个可靠、有操作可能的方向和路径。

这 22 个细分领域从属于 5 个大的部分，限于篇幅，此处只作摘要，不作详细分析。

①与组织发展战略相关的 3 种优势与独特性，即竞争合作优势、业务场景和价值模式。

②与组织新型价值创造能力有关的 6 种能力，即载体、过程、对象、合作伙伴、主体和驱动要素。

③与组织数字化转型的系统性解决方案关联的 4 种能力，即数据、技术、流程和组织。

④与组织治理体系相关的 5 种能力与形态，即数字化领导力、数字化治理、数字化管理、数字化组织和数字化组织文化。

⑤与组织业务创新转型有关的 4 种能力与水平，即业务数字化、业务集成融合、业务模式创新和数字业务培育。

这表明，如果这 22 个领域中的能力被关注并得到提高，建立起该领域的优势，数字化转型的水平和等级也就会上升。不同的数字化转型目标体现的是该组织（企业）的数字化转型水平，也对应了与其相称的数字化转型发展阶段。一个组织（企业）很难成功设定并完成一个其力不能及的目标，不同发展阶段有不同的关注点和目标，它是一个由简单到复杂、从初级到高级的发展和转型过程。

4. 数字化转型成熟度等级的特征

对数字化转型成熟度等级的特征进行了解，有助于我们更明了成熟度等级与成熟度水平档次之间的关系，方便在数字化转型实践中判断组织的数字化转型成熟度状态，并适时作出调整。

数字化转型成熟度等级是衡量一个组织（企业）数字应用程度和发展水平的标尺，这 5 个等级分别对应了其不同的发展阶段，每一个等级也都对应了成熟度水平的多个档次。通过对成熟度等级和成熟度水平档次的比较，可以发现，成熟度等级具有跨越多个不同部门、场景和平台的特点，而成熟度水平档次同样具有在不同等级和不同场景分布的特点，两者之间具有等级越高，水平档次也越高的特征。

规范级是数字化转型成熟度 5 个等级中的最低一级，也是组织（企业）开始数字化转型的起点。从规范级、场景级、领域级、平台级直到领域级这 5 个不同等级的成熟度，分别对应着数字化转型成熟度水平的 1～10 个档次。譬如规范级，对应的是数字化转型成熟度水平中的 1 档、2 档、3 档、4 档和 5 档，场景级对应着成熟度水平中的 5 档、6 档和 7 档，领域级对应着成熟度水平中的 6 档、7 档、8 档，平台级对应着成熟度水平中的 7 档、8 档、9 档，生态级对应着成熟度水平的 10 档，它们具有正相关的关系。规范级本身处于 5 个等级中的最低一级，但它又包含了成熟度水平的 1 档、2 档、3 档、4 档、5 档。

从表 4-7 中可以清楚地看到，成熟度等级跨越多个成熟度水平档次，而成熟度水平档次也可以在多个等级分布的特点。不同组织（企业）可以对照查看自己的数字化转型成熟度，当前处于哪个等级和水平档次。

从表 4-7 中还可以发现，规范级与其他几个等级相比，存在的时间、存在的跨度都比较长。每一个等级都有一个或多个相对应的数字化转型成熟度水平档次。

表 4-7 成熟度等级与成熟度水平档次的关系

成熟度等级	水平档次	转型深度	转型广度
规范级	1 档、2 档、3 档、4 档、5 档	信息技术应用	单点、单部门、单环节
场景级	4 档、5 档、6 档、7 档	信息系统应用 信息系统集成	单部门（单环节）、跨部门（跨环节）、主场景、全组织、平台用户群
领域级	5 档、6 档、7 档、8 档	数字化集成	跨部门、跨环节、主场景、全组织、平台用户群
平台级	7 档、8 档、9 档	动态协同	跨部门、跨环节、主场景、全组织、平台用户群
生态级	10 档	智能自主	主场景、全组织、平台用户群

4.2 以规范级为例的成熟度等级与评价域关系

一个组织（企业）当前的数字化转型成熟度等级，将决定其转型路径和方法的选择。前面已经提到过数字化转型成熟度模型中的评价域，这 22 个领域中的能力如果得到关注和提高，数字化转型成熟度等级就会提升，这 22 个领域中的能力与优势，其实是提升数字化转型成熟度的指南。

下面对成熟度等级中规范级的说明，是把规范级作为一个示例，了解它所包含的要求，以及成熟度等级与评价域的关系。本节有关评价域的内容摘自"团体标准"的 5.2，其他等级的内容则可以在相关标准中查阅。

规范级组织的要求包括评价域中的发展战略、新型能力、系统性解决方案、治理体系、业务创新转型等五个方面。

4.2.1 发展战略

组织发展战略要解决的问题是，在合适的单一部门或单一业务环节，部署、应用信息技术实现主营业务的规范化运行，在传统业务运营中获得竞争优势。

组织发展战略包括竞争合作优势、业务场景和价值模式三个部分。

1. 竞争合作优势

处于规范级的组织，应构建和形成的竞争合作优势包括但不限于以下几个方面：

①通过信息技术应用，构建和形成基于传统业务的成本、效率、质量等一个或多个方面的竞争优势。

②通过信息技术应用，在传统规模化产品的价格、性能、服务等一个或多个方面构建和形成竞争优势。

2. 业务场景

组织在业务场景策划方面应满足的要求包括但不限于以下几个方面：

①部署应用信息技术实现主营业务规范化运行。

②仅在单一部门、单一业务环节或部分跨部门且跨业务环节策划信息化业务场景建设。

3. 价值模式

组织应构建和形成的价值模式包括但不限于以下几个方面：

①构建基于信息技术应用的传统业务价值增长模式，基于生产运营的信息化、

规范化和流程化，获取关键主营业务成本降低、效率提升、质量提高等价值效益。

②基于规范级能力提升对确定性需求的响应水平，通过满足主营业务场景相关业务活动的规模化需求扩大价值创造空间。

4.2.2 新型能力

组织新型能力建成的目的是建成与价值创造相关的、具有有效支持主营业务规范化运行的规范级能力。

规范级能力指的是包括但不限于面向流程化与信息化的产品创新和研发设计、生产与运营管控、用户服务、供应链或产业链合作、人才开发与知识分享、数据应用等与价值创造的载体、过程、对象、合作伙伴、主体、驱动要素等有关的规范级能力，以及其相互整合和重构形成的规范级能力。

组织新型价值创造能力包括六个部分，即与价值创造的整体载体化有关的能力、与价值创造的过程有关的能力、与价值创造的对象有关的能力、与价值创造的合作伙伴有关的能力、与价值创造的主体有关的能力、与价值创造的驱动要素有关的能力。

1. 与价值创造的载体有关的能力

组织应具备职能驱动的与价值创造的载体有关的能力，包括但不限于以下几个方面：

①可实现产品创新和研发设计活动的信息化收集、分析和规范管理。

②可实现产品创新和研发设计活动的信息化、规范化响应和执行。

③可实现产品创新和研发设计活动的信息化辅助决策分析。

④可实现产品创新和研发设计活动的信息化、规范化迭代和优化。

2. 与价值创造的过程有关的能力

组织应具备职能驱动的与价值创造的过程有关的能力，包括但不限于以下几个方面：

①可实现生产与运营管控活动的信息化收集、分析和规范管理。

②可实现生产与运营计划、协调、控制等的信息化、规范化响应和执行。

③可实现生产与运营活动的信息化辅助决策分析。

④可实现生产与运营活动的信息化、规范化迭代和优化。

3. 与价值创造的对象有关的能力

组织应具备职能驱动的与价值创造的对象有关的能力，包括但不限于以下几个方面：

①可实现用户服务活动的信息化收集、分析和规范管理。

②可实现用户服务活动的信息化、规范化响应和执行。

③可实现用户服务活动的信息化辅助决策分析。

④实现用户服务活动的信息化、规范化迭代和优化。

4. 与价值创造的合作伙伴有关的能力

组织应具备职能驱动的与价值创造的合作伙伴有关的能力，包括但不限于以下几个方面：

①可实现供应链或产业链合作活动的信息化收集、分析和规范管理。

②可实现供应链或产业链合作活动的信息化、规范化响应和执行。

③可实现供应链或产业链合作活动的信息化辅助决策分析。

④可实现供应链或产业链合作活动的信息化、规范化迭代和优化。

5. 与价值创造的主体有关的能力

组织应具备职能驱动的与价值创造的主体有关的能力，包括但不限于以下几个方面：

①可实现人才开发和知识分享活动的信息化收集、分析和规范管理。

②可实现人才开发和知识分享活动的信息化、规范化响应和执行。

③可实现人才开发和知识分享活动的信息化辅助决策分析。

④可实现人才开发与知识分享活动的信息化、规范化迭代和优化。

6. 与价值创造的驱动要素有关的能力

组织应具备职能驱动的与价值创造的驱动要素有关的能力，包括但不限于以下几个方面：

①可应用信息技术手段实现数据应用活动相关数据（包括但不限于业务数据、数据应用行为数据等）的信息化收集、分析和规范化管理。

②可实现数据应用活动的信息化、规范化响应和执行。

③可实现数据应用活动的信息化辅助决策分析。

④可实现数据应用活动的信息化、规范化迭代和优化。

4.2.3　系统性解决方案

组织建设系统性解决方案的目的是围绕数据、技术、流程和组织四个关键领域，建设系统性解决方案，支撑规范级能力打造和业务规范化运行。

系统性解决方案包括数据、技术、流程和组织四个部分。

1. **数据**

组织在数据采集、集成共享与开发利用等方面应满足的要求包括但不限于以下几个方面：

①应用信息技术手段，实现与业务信息化规范管理以及业务集成相关的数据的收集与录入。

②应用信息技术手段，实现与业务信息化规范管理及业务集成相关数据的集中管理与交换。

③必要时开展与业务信息化规范管理及业务集成相关的数据标准化建设。

④应用信息技术手段，实现业务流程的信息化，支持实现业务信息化规范管理和集成。

2. **技术**

组织在技术集成、融合和创新等方面应满足的要求包括但不限于以下几个方面：

①设备设施具备数据采集、数字控制、辅助应用和优化等相关功能。

②配置了必要的IT基础设施，实现IT基础设施的集成管理，支持实现业务信息化规范管理和集成。

③部署和应用与业务信息化规范管理及业务集成相关的软件。

④建设应用网络支持业务信息化规范管理和集成，实现网络及相关网络资源的集成管理。

⑤应用虚拟、云化的服务器等计算、存储资源，支持实现业务的信息化规范管理和集成。

3. **流程**

组织在流程优化和管控等方面应满足的要求包括但不限于以下几个方面：

①根据规范级能力建设需求，完成与业务信息化规范管理以及业务集成相关的业务流程优化设计。

②制定实施服务于业务信息化规范管理和集成的业务流程文件。

③应用信息技术手段实现业务流程规范化管理和集成管控。

4. **组织**

组织在职能职责调整、人员优化配置等方面应满足的要求包括但不限于以下几个方面：

①完成与业务信息化规范管理及业务集成相关的职能职责调整。

②在业务信息化规范管理及业务集成等相关岗位，配备具备相应信息化专业能力和从业经验的人员。

4.2.4 治理体系

组织建立治理体系的目的是建成以控制为核心的治理体系，确保实现业务信息化规范管理和集成。

治理体系包括数字化领导力、数字化治理、数字化组织、数字化管理和数字化组织文化五个部分。

1. 数字化领导力

组织在数字化领导力方面应满足的要求包括但不限于以下几个方面：

①建立以控制为核心的（新一代）信息技术应用意识的培养和能力提升机制，确保实现业务信息化规范管理和集成。

②将信息（数字）技术应用纳入战略规划，建立以应用信息（数字）技术实现业务信息化规范管理和集成为主要职责的信息化领导机制。

③由信息部门牵头、相关业务等部门配合，建立信息化战略/规划执行活动的信息化规范管理机制。

2. 数字化治理

组织在数字化治理机制建设方面应满足的要求包括但不限于以下几个方面：

①建立并有序执行与信息（数字）技术应用相关的制度体系，保障业务信息化规范管理和集成。

②设立专职信息化岗位，开展信息化人才的招聘、培养和考核。

③设立信息化资金预算，能够满足业务信息化规范管理与业务集成的要求。

④将数据作为管理对象，开展必要的数据治理工作，确保业务信息化规范管理与运行对数据的要求。

⑤围绕提升业务信息化规范管理和集成的安全可控水平，建立核心信息技术、信息系统等的规范级安全可控机制。

3. 数字化组织

组织在数字化组织体系、数字化协作体系等方面应满足的要求包括但不限于以下几个方面：

①建立与业务信息化规范管理和集成相匹配的职能驱动的科层制组织结构。

②设置与业务信息化规范管理和集成相匹配的信息化职能职责（包括但不限

于信息化主管部门以及业务等相关部门、岗位/角色的职能职责)。

③与业务信息化规范管理和集成相匹配，建立人与人之间标准化、信息化的协作体系。

4. 数字化管理

组织在数字化管理方式、数字化工作方式等方面应满足的要求包括但不限于以下几个方面：

①以控制为核心，设置与业务信息化规范管理和集成相匹配的职能驱动的标准化管理方式。

②建立与业务信息化规范管理和集成相匹配的职能驱动的标准化工作方式。

5. 数字化组织文化

组织在数字化组织文化方面应满足的要求包括但不限于以下几个方面：

①具有明确的组织文化，组织管理决策和行为主要以履职尽责为准则。

②建立基于"经济人"假设的以控制为核心的组织文化体系，通过信息技术的广泛深入应用来满足员工对物质利益的需求。

4.2.5 业务创新转型

业务创新转型的目的是应用新一代数字技术，实现业务创新活动的规范化管理。组织应基于规范级能力赋能，在主营业务范围内，应用信息（数字）技术实现业务和运营管理活动的规范化运行。

业务创新转型包括业务数字化、业务集成融合、业务模式创新和数字业务培育四个部分。

1. 业务数字化

组织应在产品创新、研发设计、生产管控、运营管理、市场服务等一个或多个业务活动中实现信息化、规范化运行，包括但不限于以下几个方面：

①产品数字化包括但不限于产品或其配套装置具备数据采集、信息化控制、辅助应用和优化等相关功能。

②研发数字化包括但不限于实现研发设计的信息化规范管理；实现产品研发/工艺设计周期缩短、成本降低等。

③生产数字化包括但不限于实现生产活动的信息化规范管理；实现产能/设备设施利用率提升、生产周期缩短、生产成本降低、产品质量提高等。

④服务数字化包括但不限于实现用户服务活动的信息化规范管理；实现用户

服务响应速度提升、用户满意度提高等。

⑤管理数字化包括但不限于实现寻源比价、采购交易、成本控制、质量管控、供应商管理等采购活动的信息化规范管理，实现采购效率提升、采购成本降低等；实现客户关系、销售预测、交易、交付等销售活动的信息化规范管理，以及潜在客户转化效率提升、营销销售成本降低等；实现人员招聘、培训、任用、绩效考核等人力资源活动的信息化规范管理，以及人力资源开发和利用效率提升、人力资源管理成本降低等；实现财务活动的信息化规范管理，以及财务结算速度提升、财务管理成本降低等；实现设备点检、检修、维护等关键活动的信息化规范管理，以及设备利用效率提升、设备维护成本降低等；实现质量报表、质量结果等信息化规范管理，以及质量管理效率提升、质量管理成本降低等；实现重点耗能单位/重大污染源的信息化规范管理，以及节能减排等；实现重大危险源监控、预警等安全生产活动的信息化规范管理，以及持续实现安全生产水平提升等；实现项目计划、关键节点控制等项目活动的信息化规范管理，以及项目管理成本降低、执行效率提升等。

2. 业务集成融合

有条件的组织在业务信息化规范管理的基础上，实现经营管理与作业现场活动之间的信息化集成管理、产品全寿命周期各环节之间的信息化集成管理、供应链/产业链各环节之间的信息化集成管理等，实现关键业务活动集成水平的提升。

3. 业务模式创新

有条件的组织在关键业务活动信息化、规范化运行的基础上，开展主营业务范围内的规范级业务运行和管理模式创新，实现业务网络化集成管理、延伸服务或增值服务的信息化规范管理、定制业务的信息化规范管理等。

4. 数字业务培育

有条件的组织可应用信息技术开展数据资源管理、数据资产化运营，对外提供数字业务服务并实现其信息化规范管理。

4.3 场景级、领域级、平台级与生态级要求纲要

本节列出场景级、领域级、平台级和生态级的纲要，便于读者快速浏览四个场景的不同要求。本节文字引用自团体标准，详细内容请参阅 T/AIITRE 10004—2023《数字化转型 成熟度模型》(*Digital transformation—Maturity model*)。

4.3.1 场景级

场景级是达到或高于规范级要求的数字化转型成熟度等级，场景级组织仍然在发展战略、新型能力、系统性解决方案、治理体系、业务创新转型等五个域提出要求。

1. 发展战略

组织应在竞争合作优势、业务场景和价值模式三个方面获得发展。

1）竞争合作优势

组织应构建和形成的竞争合作优势包括但不限于：

（1）在主场景业务范围内，构建和形成基于业务创新的成本、效率、质量等一个或多个方面的竞争优势。

（2）通过数字化的业务主场景建设，在多样化创新型产品的价格、性能、服务等一个或多个方面构建和形成竞争优势。

2）业务场景

组织在业务场景策划方面应满足的要求包括但不限于：

（1）部署实现业务主场景有关业务活动数字化、模型化和模块化。

（2）低成本、高效率、高质量实现业务主场景相关业务活动的柔性化运转和动态协同。

3）价值模式

组织应构建和形成的价值模式包括但不限于：

（1）构建和形成基于场景级能力的价值点复用模式，基于场景级能力赋能，降低业务活动的专业门槛，提高业务活动水平成效，扩大业务活动的参与范围，通过场景级能力的重复使用，实现业务成本降低、效率提升、质量提高等价值效益。

（2）基于场景级能力提升对不确定性的柔性响应水平，通过满足业务主场景相关业务活动的多样化需求扩大价值创造空间。

2. 新型能力

组织应建成有效支持主营业务范围内关键业务数字化、场景化和柔性化运行的场景级能力。场景级能力包括但不限于面向主场景的产品创新和研发设计、生产与运营管控、用户服务、供应链或产业链合作、人才开发与知识赋能、数据开发等与价值创造的载体、过程、对象、合作伙伴、主体、驱动要素等有关的场景级能力及其相互整合和重构形成的场景级能力。

3. 系统性解决方案

组织应发挥技术使能作用，建立涵盖数据、技术、流程和组织等四要素的协调联动及互动创新的场景级系统性解决方案，支撑场景级能力的打造和业务数字化、场景化、柔性化（多样化、个性化）运行。

4. 治理体系

组织应建立以结果为核心（导向）的治理体系，确保实现主营业务数字化、场景化、柔性化（多样化、个性化）运行。

5. 业务创新转型

组织应基于场景级能力赋能，在主营业务范围内，形成（新一代）信息（数字）技术使能的关键业务数字化、场景化和柔性化（多样化、个性化）运行模式。

4.3.2 领域级

在达到或高于场景级要求的基础上，领域级组织应在发展战略、新型能力、系统性解决方案、治理体系、业务创新转型等五个域分别满足要求。

1. 发展战略

组织应在竞争合作优势、业务场景和价值模式三个方面获得发展。

1）竞争合作优势

组织应构建和形成的竞争合作优势包括但不限于：

（1）基于组织主营业务活动集成融合、动态协同和一体化运行，构建和形成组织总体成本、效率和质量等竞争优势，或领域级的产品领先、运营卓越、用户体验与服务等竞争优势。

（2）基于供应链上下游或产业链组织之间的动态协调联动，构建和形成供应链或产业链级的产品创新、业务协同、用户服务等协同竞争优势。

2）业务场景

组织在业务场景策划方面应满足的要求包括但不限于：

（1）部署实现主营业务活动流程全程贯通、重构、动态协调联动和一体化运行。

（2）低成本、高效率、高质量响应多样化、定制化的产品或服务需求。

3）价值模式

组织应构建和形成的价值模式包括但不限于：

（1）构建和形成基于领域级能力的价值链整合模式，基于领域级能力的赋能作用，提升主营业务活动的集成融合、动态协同和一体化运行水平，获取组织整体的成本降低、效率提升、质量提高等价值效益。

（2）基于领域级能力提高组织主营业务领域资源全局柔性（按需）配置和对不确定性的整体响应水平，通过满足用户多样化、定制化需求扩大价值创造空间。

2. 新型能力

组织应建成有效支持主营业务活动集成融合、动态协同和一体化运行的领域级能力。领域级能力包括但不限于面向全组织（企业）的研发创新、生产与运营管控、用户服务、供应链或产业链合作、人才开发与知识赋能、数据开发等与价值创造的载体、过程、对象、合作伙伴、主体、驱动要素等有关的领域级能力及其相互整合和重构形成的领域级能力。

3. 系统性解决方案

组织应以知识驱动为主，建立涵盖数据、技术、流程和组织等四要素的协调联动及互动创新领域级系统性解决方案，支撑领域级能力的打造和业务集成融合、动态协同、一体化运行。

4. 治理体系

组织应建立以敏捷为核心的治理体系，确保实现领域级（企业级）主要业务活动全面集成融合、柔性协同和一体化运行。

5. 业务创新转型

组织应在业务主场景均实现数字化运行的基础上，基于领域级能力赋能，在主营业务领域沿着纵向管控（资源链）、供应链或产业链（价值链）和产品寿命周期（产品链）等维度实现主要业务活动全面集成融合、柔性协同和一体化运行。

4.3.3 平台级

在达到或高于领域级要求的基础上，平台级组织应在发展战略、新型能力、系统性解决方案、治理体系、业务创新转型等五个域分别满足要求。

1. 发展战略

组织应在竞争合作优势、业务场景和价值模式三个方面获得发展。

1）竞争合作优势

组织应构建和形成的竞争合作优势包括但不限于：

（1）基于组织内外部资源的平台化、社会化动态优化配置，构建和形成数据驱动的产品快速迭代、平台化运营、个性化用户体验与服务等竞争合作优势。

（2）基于平台合作伙伴之间业务的网络化协同和社会化协作，构建和形成跨产业链的产品创新、业务模式创新、跨界增值服务等竞争合作优势。

2）业务场景

组织在业务场景策划方面应满足的要求包括但不限于：

（1）部署实现基于大数据的组织内外部资源平台化、社会化动态匹配和业务按需协同；

（2）以用户为中心按需提供网络化产品群、产品全寿命周期、产品全价值链等多维服务。

（3）价值模式

组织应构建和形成的价值模式包括但不限于：

（1）构建和形成基于平台级能力的价值网络多样化创新模式，基于平台级能力的赋能作用，提升平台组织（企业）的网络化协同和社会化协作创新发展水平，获取价值链或产业链整体成本降低、效率提高、产品和服务创新、用户连接与赋能等价值效益。

（2）基于平台级能力提高价值链或产业链资源全局动态配置和对不确定性的整体响应水平，通过满足用户个性化、全周期、全维度需求扩大价值创造空间。

2. 新型能力

组织应建成有效支持网络化协同和社会化协作的平台级能力。平台级能力包括但不限于面向平台化和社会化的研发创新、生产与运营管控、用户服务、供应链或产业链合作、人才开发与知识赋能、数据开发等与价值创造的载体、过程、对象、合作伙伴、主体、驱动要素等有关的平台级能力及其相互整合和重构形成的平台级能力。

3. 系统性解决方案

组织应以数据驱动为主，建立涵盖数据、技术、流程和组织等四要素的协调联动及互动创新的平台级系统性解决方案，支撑平台级能力打造和业务模式创新。

4. 治理体系

组织应建立以开放为核心的治理体系，确保实现组织内和组织间网络化、平台化、社会化业务模式创新。

5. 业务创新转型

组织应在主要业务全面在线化运行的基础上，基于平台级能力赋能，开展对外赋能服务，与平台合作伙伴实现网络化协同、服务化延伸、个性化定制等业务模式创新。

4.3.4 生态级

在达到或高于平台级要求的基础上，生态级组织应在发展战略、新型能力、系统性解决方案、治理体系、业务创新转型等五个域分别满足要求。

1. 发展战略

组织应在竞争合作优势、业务场景和价值模式三个方面获得发展。

1）竞争合作优势

组织应构建和形成的竞争合作优势包括但不限于：

（1）基于生态资源的按需自适应匹配，构建和形成智能驱动的生态化运营、反脆弱等竞争合作优势。

（2）基于生态合作伙伴之间的业务认知协同，构建和形成生态级的原始创新、共生进化等竞争合作优势。

2）业务场景

组织在业务场景策划方面应满足的要求包括但不限于：

（1）部署基于人工智能的生态资源按需自适应匹配和业务认知协同。

（2）智能化、泛在化、按需自适应供给的业务生态共建、共创和共享。

3）价值模式

组织应构建和形成的价值模式包括但不限于：

（1）构建和形成基于生态级能力的价值生态开放共创模式，基于生态级能力赋能作用，提升生态合作伙伴间业务的智能化、集群化、生态化共建、共创、共享水平，获取生态圈数字业务壮大、绿色可持续发展等价值效益。

（2）基于生态级能力提高生态资源按需自适应配置水平，通过生态圈原始创新、共生进化定义新需求、创造新价值、实现新发展。

2. 新型能力

组织应建成有效支持生态圈共生、共创和进化，由生态合作伙伴共建、共创、共享的生态级能力。生态级能力包括但不限于面向生态圈的研发创新、生产与运营、用户服务、生态合作、人才开发与能力赋能、数据开发等与价值创造的载体、过程、对象、合作伙伴、主体、驱动要素等有关的生态级能力及其相互整合和重构形成的生态级能力。

3. 系统性解决方案

组织应发挥智能驱动作用，建立覆盖整个生态圈的涵盖数据、技术、流程和组织等四要素的协调联动及互动创新的生态级系统性解决方案，支撑生态级新型能力的打造和数字业务培育壮大。

4. 治理体系

组织应建立以创造为核心的治理体系，确保实现生态圈范围内业务共建、共创、共享、共生发展和自学习进化。

5. 业务创新转型

组织应在生态圈数据智能获取、开发和按需自适应利用的基础上，基于生态级能力赋能，与生态合作伙伴共同培育形成智能驱动型的数字业务新体系，共建、共创、共享价值生态。

4.4 当前各类组织数字化转型成熟度水平

数字化转型是一个过程，广度上从单点到平台和生态，应用上从信息技术直到动态协同和智能自主，是一个从简单到复杂，持续优化、逐步成长的过程。

目前还很难看到依照数字化转型成熟度模型制作出的、公开的某个组织（企业）的数字化转型成熟度评估报告，但不同的第三方机构都按照自己的标准对某个行业作出了相关的分析。这有利于我们对国内各类经济组织的数字化转型水平有个基本的了解。

在成熟度模型出现之前，并不容易界定一个组织（企业）数字化转型的成功或失败，但是数字化转型是有成长周期的，是一个从萌芽不断生长、不断成熟的过程。而组织（企业）数字化成熟度的评估，就是帮助组织（企业）找到数字化能力到底位于何处，还有哪些不足，应该从哪里改进等问题的答案。对组织（企业）当前的数字化水平进行全面评估，包括资源能力、人才能力、新型能力和系统性解决方案等诸多方面。

4.4.1 数字化转型成熟度的现状

根据与不同类型组织（企业）访谈的结果来看，普遍的共识是数字化转型尚处于起步阶段，对应模型大部分处于成熟度等级的一级、二级，即规范级和场景级，一部分到了领域级。在成熟度水平档次上，也大多处在1档、2档，少部分处在3档。这类组织的特点就是信息化技术与应用水平相对较低，采用智能化设备制造产品和提供服务的企业相对较少，利用信息和数字技术进行业务管理的组织（企业）同样不多。

在调查中发现了一个现象，就是大型企业和政府组织的数字化转型成熟度水平相对较高，而中小型企业的数字化转型成熟度明显偏低。一个有活力的经济体，其应该是新技术的创造者和积极应用者，它们是经济的发动机，应该走在数字化转型的前沿。通过分析目前的状况可以发现，资源、经验和知识、战略和规划、文化和组织、政策和信心等几个问题是造成其现状的主要原因。

1. 资源

政府组织和大型企业通常拥有更多的资源，包括资金、人才和技术，可以支持其数字化转型。他们可以投入更多的资本来购买先进的数字化技术和设备，并雇用专业的团队来推动数字化转型。而中小型企业由于资金、技术和人才等方面的限制，难以承担高昂的数字化转型成本，因此转型的进度和成熟度相对较低（这也促使提供数字化转型服务的机构或企业，能够提供高效和低成本的数字化转型方案与工具，助力中小企业提高数字化转型成熟度）。

2. 经验

大型企业往往具有更丰富的市场经验和知识积累，能够更好地理解数字化转型的重要性和紧迫性。他们通过学习先进企业的数字化转型经验，结合自身的实际情况，制定更加科学、合理的转型策略。而中小型企业由于缺乏必要的经验和知识，对数字化转型的认识可能不够深入，难以制定有效的转型策略。

3. 战略

政府组织和大型企业通常具有更加明确的战略规划和目标，能够系统地推进数字化转型。他们可以将数字化转型纳入企业整体发展战略中，从战略层面推动数字化转型的深入实施。而中小型企业可能缺乏明确的战略规划与目标，对数字化转型的重视程度不够，难以系统地推进数字化转型。

4. 文化

政府组织和大型企业通常具有更加成熟和稳定的组织使命、企业文化和组织结构，能够更好地适应数字化转型带来的变革。他们可以通过调整企业文化和组织结构，为数字化转型提供更加有力的支持和保障。而中小型企业可能缺乏成熟和稳定的企业文化和组织结构，难以适应数字化转型带来的变革，从而限制了其数字化转型的成熟度。

5. 政策

政府组织通常对大型企业给予更多的政策支持和关注，推动其数字化转型的进程，与大型企业相比，中小型企业往往缺乏足够的外部支持，如政策扶持、资金支持等。这些外部支持的不足，使得中小型企业在数字化转型过程中面临更多的困难和挑战。缺乏外部支持也会使中小型企业感到更加孤立和无助，会进一步削弱其数字化转型的信心和动力，从而影响其数字化转型的成熟度。

6. 信心

除了上述几点对中小企业不利的因素外，还有一个更重要的问题需要注意，那就是信心。

任何投资行为都是基于对未来回报的期望，数字化转型也不例外。中小型企业对经济信心的建立往往更加依赖于短期的、直接的利润回报。数字化转型显然是一个长期且持续的过程，数字化转型涉及企业的多个方面，包括技术、管理、人才等，需要投入大量的资金和资源。对于中小型企业来说，其带来的效益往往不会立即兑现，甚至需要一段时间的投入和调整才能看到效果。这种投入意味着巨大的经济压力。同时，数字化转型也伴随着一定的风险，如技术风险、管理风险等，这些风险都可能对企业的运营和发展造成不利影响。因此，在经济信心不足的情况下，中小型企业往往会更加谨慎地考虑风险和成本，减少数字化转型的投入。这种投入与回报的不确定性，再加上对经济发展的观望心态，使得中小型企业在面临数字化转型时往往缺乏足够的信心，从而选择保守策略，减少投入，这可能会导致中小型企业在未来经济竞争中处于不利地位。

4.4.2 影响数字化转型成熟度提升的陷阱

数字化转型是各类组织（企业）适应现代市场与技术发展的重要战略，有的组织实施快而且顺利；有些组织则在实施过程中掉入各种陷阱而招致失利。我们列出这些影响数字化转型成熟度的陷阱，并提出相应的避免策略，以帮助组织（企业）能有序、快速地提升数字化转型成熟度。

1. 战略陷阱

战略上缺乏明确方向，没有明确的转型目标和计划，容易导致资源浪费和效果不佳。

避免策略：制定明确的数字化转型战略，明确业务目标、客户需求及预期成果，确保所有团队成员对转型方向有清晰的认识。

2. 商业价值不明确

转型过程中未充分考虑商业价值，导致投资回报率低下。

避免策略：在转型初期进行充分的商业价值分析，明确转型对企业发展的贡献，确保新工具、新流程和新技术能够为企业创造实际价值。

3. 组织陷阱

数字化转型过度依赖高层领导，忽视了团队协作和基层员工的意见。组织分配简单粗暴，未能根据员工能力和兴趣进行合理分配，导致资源浪费和效率低下。

避免策略：建立跨部门的数字化转型团队，鼓励员工参与和贡献，确保转型过程中的决策基于团队协作和共识。充分了解员工的能力和兴趣，根据转型需求进行合理分配。为员工提供培训和发展机会，提高团队的整体能力。

4. 数据陷阱

过度关注技术功能，忽视数据在转型中的核心作用。主数据缺失或不准确，导致决策失误和效率低下。

避免策略：建立以数据为驱动的数字化转型策略，确保数据在决策、优化和创新中发挥关键作用。建立完整、准确的主数据体系，确保数据质量和一致性，定期进行数据质量检查和更新。

5. 流程陷阱

过分依赖现有流程，未充分考虑流程创新带来的新价值，导致转型效果不佳。忽视流程整合，未将不同部门、系统和数据整合在一起，导致"信息孤岛"和效率低下。

避免策略：在转型过程中进行流程优化和创新，寻找提高效率、降低成本和增强客户体验的新方法。建立统一的数字化平台，整合不同部门、系统和数据，确保信息畅通、协同高效。

6. 技术陷阱

过分依赖新技术，盲目追求新技术，忽视技术的适用性和成熟度，或者技术更新不及时，导致系统过时、性能下降和安全隐患。

避免策略：根据业务需求选择合适的技术方案，确保技术的稳定性、安全性和易用性，避免因盲目追求新技术而忽略实际需求。定期评估技术现状和需求，制订技术更新计划，确保系统始终保持最佳状态，满足业务需求。

7. 业绩陷阱

过于关注短期业绩指标，KPI 设计不合理，忽视长期发展规划。忽视数字化转型的合规性，导致法律风险和声誉损失。

避免策略：制定长期发展规划和业绩目标，确保转型与企业战略目标相一致，同时关注短期业绩指标和长期发展潜力的双重目标。建立合规性管理体系，确保所有转型活动符合法律法规和行业标准，定期进行合规性检查和风险评估。

第 5 章
TKR：数字化转型的工具（一）
——面向数字化转型的管理方法

本书前面部分在谈到组织（企业）在数字化转型时，需要引入新思想、新方法和新工具，需要得到具有先进性和全面性的数字化转型的管理方法与软件工具来支持。从本章开始，将探讨这样的一种有效工具——TKR（任务集关键结果法，Task Groups Key Results），它是什么、具有什么样的能力，以及它怎样帮助组织（企业）实现数字化转型。

与本书前半部分稍有不同的是，本章以后的篇幅将更集中在具体技术与方法的探讨上，供数字化转型中的决策者与专家参考。

5.1　传统管理方法与工具

为了更好、更全面地理解 TKR，需要分析 TKR 与传统管理方法的区别，以发现 TKR 的优势所在。

在分析 TKR 与传统管理方法和理论的区别之前，先对组织目标管理、业务过程管理与绩效管理的历史进行简要的回顾，以便更好地理解 TKR 的产生与理论实践。这其中涉及的管理方法和理论包括 KPI、OKR、OGSM 和 PM 项目管理等，这些工具与方法虽然侧重点各有不同，但都部分、有效地帮助了各类组织管理其业务运营并提升了绩效。

5.1.1 经典管理方法 KPI

这些管理方法中大家最耳熟能详的是 KPI（关键绩效指标），KPI 发展历史可以追溯到 20 世纪 50 年代，是由美国人约瑟夫·M. 朱兰在应用帕累托和泰勒科学管理思想时提出的一条管理学原理。朱兰认为，在任何情况下，事物的主要结果只取决于一小部分因素，并用这个原理在组织（企业）中进行了广泛运用，KPI 的理论基础是二八理论，即抓住和完成关键性的 20% 任务，就可以决定企业的业绩。

朱兰首先在美国质量管理协会成功应用了 KPI 理念和工具，提出了质量管理十原则。这个成功应用也使得 KPI 在更广泛的领域得到了应用和推广。例如，朱兰在美国通用电气公司（General Electric Company，GE）成功应用了 KPI。朱兰与 GE 的 CEO 杰克·韦尔奇一起，将 KPI 应用于 GE 的各个业务部门。他们发现，在 GE 的每个业务部门中，只有 20% 的绩效决定了该部门的 80% 的业绩。因此，他们将 KPI 应用于每个业务部门，以确保该部门只关注关键的 20% 的工作任务和关键的 20% 的客户，从而提高了业务部门的业绩，帮助 GE 成为一家全球领先的企业。

KPI 在 GE 的成功，使得一些大型企业开始引入 KPI 来衡量业务绩效，它通过设定明确的目标和指标，帮助组织和员工更好地实现战略目标。在过去的几十年里，KPI 逐渐被广泛应用于各个行业和不同层级的组织，作为一种有效的绩效管理工具，在全球范围成了企业和其他各类组织衡量绩效的重要工具。

朱兰还将其应用于许多其他组织，包括 IBM、可口可乐、惠普、摩托罗拉等这些世界性的公司。这些成功应用也进一步证明了 KPI 的有效性和适用性。

下面来分析 KPI 的特点和应用场景。

1. KPI 的特点

KPI 的特点是从企业的战略目标出发，选取关键性且能够衡量关键成果的量化指标，对每一层级的人员进行考核，对企业的运营情况进行跟踪。KPI 是一种可量化、被事先认可以及用来反映组织目标实现程度的重要指标体系。

（1）目标明确

采用 KPI 有利于公司战略目标的实现。

KPI 是企业战略目标的层层分解，通过 KPI 指标的整合和控制，使员工绩效与要求的行为相吻合，不至于出现偏差，有力地保证了公司战略目标的实现。

（2）提出客户价值理念

KPI 提倡的是为企业内外部客户实现价值的思想，它对于企业形成以市场为导向的经营思想是有一定帮助的。

（3）组织上下认同

KPI 不是由上级强行确定下发的，也不是由本职人员自行制定的。它的制定过程由上级与员工共同参与完成，是双方所达成的一致意见的体现。

2. KPI 的适用场景

KPI 是一种有效的绩效管理工具，可以帮助组织和员工更好地实现战略目标。它可以适用于绝大多数行业、业务类型和几乎一个组织全部的层级。

3. KPI 在应用过程中存在的局限

KPI 从管理体系中选择的量化指标是一种管理考核的量化手段，主要是从结果考察绩效，其目的是用来辅助管理。KPI 可以把个人和部门的目标与公司的整体目标联系起来，管理者可以阶段性地对部门和个人的 KPI 输出进行评价、控制和改变，以实现正确的目标。但 KPI 是一个管理辅助工具，不是管理本身，不能替代管理。在应用当中，它也存在一些局限和缺点，诸如关键成功因素确定不准确、重结果而轻过程、关键绩效过于单一、过于关注短期绩效、不支持跨部门协同、过于追求量化倾向、定量过多或过少倾向等，严重的甚至出现 KPI 指标作假的情况。部分岗位也并不适合推行 KPI，会造成每个人只对自己的部分负责，没有人对最终结果负责，工作结果高度依赖管理者的指令，人为干涉的因素过大。因此，在使用 KPI 时需要谨慎考虑其适用性和有效性。

（1）关键成功因素确定不准确

管理者可能难以确定真正的关键成功因素，这需要他们更好地理解组织的战略并经常思考，以找到战略的关键驱动因素。

（2）重结果而轻过程

KPI 通常更强调结果，而不是实现结果的过程。这可能导致过于关注短期绩效，而忽视了长期发展。

（3）关键绩效过于单一

管理者只关心业务的最终结果，而忽略了其他会影响最终结果的关键绩效，造成最终结果难以实现。

（4）过于关注短期绩效

一些管理者在提取 KPI 指标时，更重视那些在短期内容易产生结果的指标，而忽视了长期发展有益的指标。

（5）不支持跨部门协同

管理者可能从职责出发提取 KPI 指标，而很少考虑跨部门的协作需求。这可能导致不同部门间的 KPI 无法协同，影响组织的整体效益。

（6）过于追求量化倾向

有些管理者认为 KPI 指标必须能够被量化，并为了实现量化而选择未能有效反映关键成功因素或难以操作的 KPI，这反而降低了 KPI 的有效性。

（7）定量过多或过少倾向

组织在提取 KPI 指标时倾向于追求大而全，导致 KPI 指标过多，分散了注意力且增加了管理难度；或者 KPI 指标过少，导致绩效结果的系统偏差。

（8）最严重的是为 KPI 而造假

极端情况下，被考核者为了利益甚至会故意制造问题，从而获取虚假考核结果的现象。例如，广泛流传的"眼镜蛇效应"，城市管理者的本意是为了减少眼镜蛇对人畜的伤害，向市民悬赏灭杀眼镜蛇，但随着结果导向（眼镜蛇）与绩效管理（赏金）的线性关系日益简化，最终扭曲，造成市民养殖眼镜蛇换取赏金的"骗局"，以至于在悬赏结束后大量失去价值的被养殖的眼镜蛇被放归田野，反而使问题恶化。

"眼镜蛇效应"很好地说明了业务执行人与管理者在组织机构运行中认知的偏差：业务执行人只对结果（赏金）感兴趣，并不在意工作的目的是什么；而管理者需要对过程以及产生的结果进行全方位的把控。一味强调目标结果的绩效管理体系往往会在初期取得看似明显的效果，但实则放大了结果与过程的矛盾，从而导致组织机构运行的失控。

应注意的是，上述并不包括所有可能遇到的缺点，也可能存在其他问题，比如 KPI 的设计和实施过程可能存在问题等。因此，在使用 KPI 时需要谨慎考虑其适用性和有效性。

KPI 在当代仍然有创新性的发展。虽然传统的 KPI 考核标准存在一些缺点，如对短期绩效的过度关注、缺乏对过程和能力的评估等，但一些组织已经开始探索新的 KPI 考核方法，开始探索综合绩效评估方法，将传统的 KPI 考核标准与新的绩效评估方法相结合，以更好地衡量员工的绩效和能力。例如，OKR、OGSM、平衡计分卡（Balanced Scorecard）等，开始注重员工的能力和发展，将能力评估和发展计划纳入 KPI 考核体系中。这些组织认为，员工的技能和能力是决定企业绩效的关键因素之一，因此应该将能力评估和发展计划作为 KPI 考核的重要内容之一，以更好地衡量员工的绩效和能力。

5.1.2 强调自我管理的 OKR

OKR（Objectives and Key Results，目标与关键成果）是一种新的 KPI 考核方法。

O（Objectives）可以理解为企业目标；KR（Key Results）可以理解为关键结果，连在一起就是"为确保达成企业目标的关键结果分解与实施"。它强调目标的明确性和可衡量性，以及关键成果的追踪和评估。

OKR 由英特尔公司创始人安迪·葛洛夫（Andy Grove）发明并在谷歌发扬光大，且在众多互联网公司得到应用。OKR 的主要目标是明确公司和团队的战略目标，同时公司与个人共同确认每个目标达成的可衡量的关键结果。目的是确保员工共同工作，集中精力作出可衡量的贡献，关心的是工作目标与结果的关系是不是正向的。同样，OKR 也遭遇了类似于目标调整不及时造成结果效用降低、平时沟通质量低下、对目标缺少跟踪等的困难。

OKR 是企业进行目标管理的一个简单有效的系统，能够将目标管理自上而下贯穿到基层。对于一个组织来说，设定目标是非常重要的，因为这决定了如何去做，以及能做到何种程度。OKR 方法强调员工的自我管理和自我驱动，鼓励员工设定具有挑战性的目标，并持续跟踪和评估这些目标的实现情况。

1. OKR 的特点

（1）OKR 是沟通工具

团队中的每个人都要写 OKR，所有这些 OKR 都会放在一个文档里。任何员工都可以看到每个人在这个季度最重要的目标是什么，团队在这个季度的目标是什么。

（2）OKR 是努力的方向和目标

OKR 指明你要去哪里，是团队约定的方向，而不是你要去的地方具体在哪里。

（3）OKR 必须可量化

类似于时间与数量的量化，还有工作时段内设定工作目标，如果只是定义成"我要努力提高工作效率"，肯定不是一个好的 OKR，因为无法衡量，好的 OKR 是"今年的新客户签约量增加 50%"。

（4）目标必须一致

OKR 的制定者和执行者目标一致、团队和个人的目标一致。

①制定组织级的 OKR。

②每个部门和团队制定自己的 OKR。

③每个人写各自的 OKR。

这三步各自独立完成，然后对照协调这三者的 OKR。

（5）OKR 与绩效脱离

OKR 跟个人绩效没有关系，因为 OKR 系统的结果和每个人并不直接挂钩。

①目标要有挑战性。一般来说，最佳的 OKR 分数为 0.6～0.7 分，如果某人拿到 1 分，那么其制定的 OKR 目标显然是进取心不够的。但是低分数的人也不应该受到指责，而是应通过看他工作上的数据，帮助他改进下一季度或下一年度的 OKR 目标。

②通过月度和季度会议检查，及时跟进、调整 OKR，通过月度、季度和年度会议上对 OKR 的检查，确定如何去达到目标，并及时调整 OKR。这是一个帮助个人和组织达到目标的过程。调整的原则是目标（Objectives）不变，只允许调整关键成果（Key Results）。

2. OKR 的适用场景

OKR 效果最为显著的一类应用场景是用 OKR 管理公司级战略性目标、项目或者主要任务的达成；也可以用 OKR 结合或者取代 KPI 进行公司和部门目标管理，即用 OKR 来实现组织管理文化、管理方式的转变和调整。

OKR 的理念尤其适合创造性组织，在新产品开发、市场拓展等方面非常适合应用。

3. OKR 存在的局限

（1）OKR 应用的范围有限

OKR 适合知识型和具有自我激励能力的员工。OKR 可以发挥知识型员工的自主性和内驱力，突破了原有绩效管理采取外在压力的方式，更聚焦于有价值的事情，更为适合知识型员工以及多变的外界环境、组织环境和知识型工作特性。但对于组织中的大部分员工而言，OKR 容易造成对组织运营过程的失控。

（2）目标难以制定

OKR 适合挑战模糊性工作。在绩效管理中，OKR 更侧重于设定抽象而动态的目标。

（3）OKR 需要一个开放和平等的组织文化做支持

OKR 是利用了个人内在的自我发展动机和组织的透明沟通机制所造成的压力，这样，管理者的理念就非常重要，需要平等、开放、沟通的文化氛围。但在中国文化中，要打破强大的集权式威权文化是非常难的。

（4）OKR 不能与薪酬挂钩

OKR 的结果不能直接与薪酬待遇挂钩，奖惩不一定都能和目标成果相配合，也就很难保证奖惩的公正性，从而削弱了目标管理的效果。它无法像 KPI 一样侧重于考核及在薪酬管理上的应用，否则就会沦为交易谈判下的利益博弈，回到传统绩效管理的老路上去。

5.1.3 注重目标与策略管理的 OGSM

OGSM 起源于日本，20 世纪 50 年代被引入美国企业，OGSM 概念最初被汽车制造商使用，后来逐渐被宝洁、本田、可口可乐等公司采用。作为一种策略制定工具和方法，它是从德鲁克提出的目标管理理念演变而来的。由于美国登月计划成功应用了 OGSM，更是提升了它的知名度。因它简便有效，世界 500 强企业都一直将其视为规划策略的主要工具。它又被称之为"一页计划书"，是用一页纸来说清战略落地的一个有用工具。

OGSM 由 Objective（目标）、Goal（目的）、Strategy（策略）、Measurement（测量）四个部分组成。其核心理念是共同创造，通过共同创造，增强组织各团队成员之间的凝聚力，并提高执行力，以此达成企业的目的与目标。

1. OGSM 的特点

（1）目标（Objective）

目标也可以理解为组织的使命和愿景，如需要达成什么（如成为全球第一流的软件公司、成为全球最好的 AI 服务公司，等等）。它通常指长期目标，如在时间上需要 5 年，甚至更长。

（2）目的（Goal）

目的用来衡量达成目标过程中的进展，经常追踪目的的 1~2 年或 3 年的量化指标。量化指标对实现目的的要求是，在计划的时间里，目的是明确、可量化、可实现的，并且与目标一致。

（3）策略（Strategy）

①业务策略。我们怎样赢得竞争优势（包括我们将不去做的事）？它通常指 1~3 年的时间，2~3 个选择，完成后将达到各自的目标或目的。

②组织策略。我们如何配置资源以推行策略（包括所用工具、核心事务以及通往成功的关键点）？策略是决定和方向，是为达到目标所作的选择，策略不能太多，通常限定在 5 个或更少，太多就会失去重心，分散资源。

（4）测量（Measurement）

衡量目标、目的和策略是否成功，需要用到量化指标。量化指标应该是明确、可量化、可实现的，并与目标一致，通常指 1 年时间，保持每月追踪，尽可能用图表形式呈现。

2. OGSM 的适用场景

OGSM 具有广泛的应用性，它构建了一个自上而下分解目标的自洽体系。

它在自上而下层层分解的同时，可以自下而上作反向校验，确保下层的策略、行动方案能支持上一层级的策略、行动方案达成。

分解的层级根据不同公司的组织设计而定，通常可分解到比较小的部门，并最终和个人建立起直接关系。

3. OGSM 存在的局限

（1）OGSM 对导入企业的管理水平要求高

OGSM 对适用的组织和个人有较高的要求，在导入 OGSM 之前，必须弄清楚公司的基本管理状态，即是否已经是一个管理优秀的企业。

（2）OGSM 对导入企业的流程管理要求高

例如，宝洁公司在引进 OGSM 工具之前，其作业的标准化程度已经相当高，需要有扎实的管理基础，因此，OGSM 导入后就实现了顺畅运转。

（3）OGSM 对导入企业的资源要求很高

根据成功企业的经验，为了确保 OGSM 有效推进，必须得到内容、组织、流程及进程四个方面的保障。

5.1.4　广受认可的项目管理方法

项目管理（Project Management，PM）是指对一个临时性、需要交付的工作进行一系列涉及项目要素的管理过程。项目管理要求项目管理者在一定的时间、成本与质量要求下，交付预计的工作结果。

项目管理的发展已经有很长的时间，最初发轫于第二次世界大战期间，并在 20 世纪 60 年代成为一门专门的学科，是所有管理理论与方法中最被看重并自成体系的一门技术。1969 年，美国项目管理协会在美国宾州成立。20 世纪 80 年代，美国、英国和澳大利亚等国家设立了正式的项目管理学位课程，项目管理发展成为具有自身特色的专业学科。

1. 项目管理的特点

项目管理自诞生起就具有鲜明的、区别于其他管理技术的特点。它将业务管理工作中重复性的某些过程分离出来，加上起点和终点，把临时性的工作当作项目来处理，以便在其中应用项目管理的方法。

①管理对象是一个具有项目特征的业务活动，需要交付结果。

②管理过程有一个明确的时间起讫及一个完整的生命周期。

③项目本身就是一个组织单元，强调协调与控制职能，围绕项目对组织资源

进行管理。

④项目经理具体负责项目的实施和项目成果的实现，项目中的每一项工作都要落实到每一个责任人。

⑤项目管理采用一种多层次的目标管理方式。

⑥项目管理采用多种具有先进性的方法、工具和手段。

⑦项目管理包含项目的整合、范围、进度、成本、质量、资源、沟通、风险、采购和项目相关方管理十个领域。

2. 项目管理的适用场景

项目管理越来越被广泛地应用于经济活动的各个方面。除传统企业管理和商业领域外，项目管理还被应用在公共卫生、科学研究、事件营销、慈善活动、文化、旅游等各个领域，项目管理几乎已经成为社会组织必备的管理工具。

3. 项目管理的局限

项目管理主要关心的是在约定的条件下按既定时间、成本和质量要求完成项目，交付项目成果。经常发生的情况有以下几种：

①项目不同部门各自为政，部门与小组及个人目标常常无法统一到项目的总目标中，容易造成交付延迟。

②项目管理需要跨部门实时协调，如其他管理工具不够先进，造成沟通效率低下，影响项目进度等。

③项目管理工作中的任务分类不标准、不细致，导致工作完成度缺陷，对项目质量造成负面影响。

④项目管理本身没有收益要求，容易造成成本的失控。

⑤项目管理本身不具备过程管理、考核与绩效管理能力，必须与其他管理工具结合使用才能发挥综合作用。

5.1.5 对新型管理工具的期待

前面简单分析了 KPI、OKR、OGSM 和 PM，也分析了它们不同的特点、能力、适用场景和存在的不足（见表 5-1）。

譬如，KPI 主要是从结果上来考察绩效，不关注过程，只对关键绩效指标进行检测，一切用指标来说话，是纯粹的结果导向。

OKR 强调的是当前的任务和目标，要求的是如何更有效率地完成一个有野心的目标，时刻提醒每一个人当前的任务是什么。它不是一个考核工具，而是一

表 5-1 OGSM、OKR、KPI、PM 管理的差异比较

比较项	OGSM	OKR	KPI	PM
实质	目标管理沟通和执行工具,确定目标和目的,拆解策略,计划执行,重在战略落地,使业务集中在一致的目的,与关键策略上	目标管理沟通工具,自驱目标+弹性结果,即便OKR完成度不高,只要做出成绩,超越自己,同样可以得高分	绩效考核工具,固定指标+强制结果,重在计量;最终得分和指标完成度直接挂钩,完成得越高,得分越高	项目管理是指对一个临时性的、需要交付的工作进行一系列涉及项目要素的管理过程
前提	上下方向一致,员工自我管理能力相对薄弱	上下方向一致,员工自我驱动性较强	未来可预测,目标可量化,职责分工明确	存在一个明确的项目目标,以及一个可行的项目计划
目的	上下对齐,左右拉通,找到策略抓手让战略落地	创新,自驱,聚焦战略,简化管理	考核员工	确保工作按照项目计划进行,优化资源,交付符合成本和质量要求的项目
导向	过程跟踪,结果导向,关注目标实现和重要事件的完成	目标和关键结果以及创新导向,关注事情的成果	结果导向,关注事情是否完成	以项目交付为导向,通过进度计划完成项目
贯穿层级	上一级的策略,衡量指标就是下一级的目标、目的,执行力可贯穿所有层级	两个执行层面,两层贯穿	单一层级	贯穿项目决策层、管理层和执行层
灵活性	可根据实际情况调整	可根据实际情况,不断变化调整	很难改变	根据项目的实际情况和需求进行调整和优化计划
适用业务	都适用	适用于需要探索、不断变化的业务	适用于流程清晰稳定的业务	都适用
适用企业	已有一定管理水平的组织	大部分企业都适用,但不适合能清晰考核的企业(如纯销售型企业)或需要强管控的企业(如生产、制造企业)使用	不适用于目标成果不易量化的企业且工作成果不易量化的企业(特别是知识型企业)	大部分企业都适用
适用部门	管理水平较高的部门	创新业务,难以量化考核的部门,比如研发部门	清晰量化考核的部门	都适用,各部门都可使用项目管理工具对工作进行管理
激励	可以从目标和衡量指标中选取核心指标项与薪酬挂钩	激励手段,不与薪酬挂钩	激励手段,与薪酬挂钩	本身不具激励功能,但可与其他方法结合激励团队高效完成项目
管理周期	月度/双月/季度等,更敏捷(动态管理)	月度/双月/季度等,更敏捷(动态管理)	一般以一年为单位(静态控制管理)	一般管理周期与项目的生命周期相对应,可长可短

个更具有指导性的目标管理工具。

OGSM 作为一个战略落地的工具，与 OKR、KPI 结合，让管理者明白采用什么策略落地组织的目标，并在目标和关键任务的引导下，用 KPI 驱动个人和部门完成必需的绩效指标，以此实现目标。

这些工具的使用效果，取决于应用该工具的组织的管理水平高低，也考验管理者是否具有优秀的管理甄别能力，选择合适的管理工具在自己的组织里使用。

作为管理工具的研究者，我们试图寻求一个能修正现有工具的局限，并能融合诸多管理技术优点，能大幅优化管理能力的新管理工具。

5.2 强调全面数字化的转型工具——TKR

任务集关键结果法是一种全新的管理方法和数字化转型工具。

TKR 的出现，让中国的管理理论研究者和企业家不再只是跟在西方管理理论后面学习、应用、模仿与追赶，而是自己创造了一个结合现代管理理念与中国国情的全面数字化管理方法。它是以"任务"为焦点，通过对"任务"的标准化与精细化管理，来提升各种类型的组织和整个社会的运营效率。

TKR 是企业管理与数字化转型专家邴炜发明的一套结合了现代管理理论与全面数字化管理理念的创新性管理方法。软件厂商也在此理论指导下，成功研发出组织级 AI 智能管理软件系统，以帮助各类组织顺利步入数字化转型轨道，提升管理水平和运营绩效。从本节开始，我们都是围绕着 TKR 和数字化转型来展开。首先来了解 TKR 究竟是什么。

为了更好地理解 TKR 和基于 TKR 理论支持的智能全面数字化管理软件系统，本文征得软件版权方的同意，将在文中引用 TKR 软件的部分内容。

5.2.1 TKR 是什么

TKR 是"任务集关键结果法（Task Groups Key Results）"的缩略语。它的定义是，在组织业务活动的全过程中，基于业务流程，通过任务集的方式对组织的全部任务进行管理，实时输出关键（个人/组织）绩效报告，实现对目标、任务、业务流程和绩效的全面数字化管理。

TKR关注组织的全部业务活动本身和业务活动过程，以及业务活动所形成的运营绩效。它是以一个组织的任务为基本管理对象，通过任务集（Task Groups，TG）工具，配置组织所需要的业务逻辑，实现对组织的目标、任务、业务流程和绩效的全面数字化集成管理。

TKR充分考虑了如何有效去执行和完成一个任务所必须考虑的重要因素。TKR提炼出九个管理要素，即时间、数量、成本、收益、质量、沟通、风险、人力资源和干系人。这九个要素将直接影响一个组织任务完成的结果，而管理者可以通过对任务处理过程以及结果的分析和判断，持续优化组织的业务逻辑。有关这九个要素的详细内容将在下一节中介绍。

TKR是一种符合全面数字化管理要求的管理理论与方法。它的有效应用需要现代计算机和AI技术的支撑，用软件和人工智能去处理业务运营过程中产生的海量数据，以实现TKR对实时管理的标准化和精细化要求，更有效地发挥TKR的全面数字化管理能力，实现对组织的经营目标、业务逻辑、流程协同与实时绩效一体化管理。

TKR试图在组织的目标、任务、全流程和绩效之间建立真正的有效关联。在组织目标的指引下，用目标指导任务，通过对任务的流程化和精细化管理，提升组织运营的关键绩效，并通过AI技术不断优化组织业务逻辑，持续增强组织的竞争力，获取超额效益（见图5-1）。

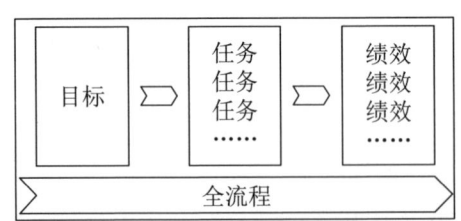

图5-1　TKR的目标、任务、流程与绩效管理

TKR以一个组织中的"任务"作为基本管理对象，采用"全流程管理"思想，管理"任务"活动和输出"任务"绩效。

TG工具被用来设计和管理业务流程；而"关键绩效（Key Results，KR）"工具则被用来配置工作任务的绩效指标和业务流程绩效指标，最终形成一个具有标准流程约束和绩效要求的一体化AI业务流程与绩效管理系统（见图5-2）。

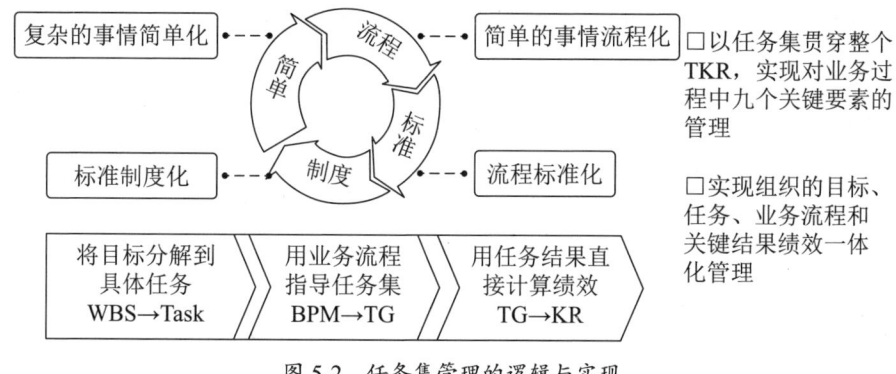

图 5-2　任务集管理的逻辑与实现

5.2.2　TKR 的能力一：管理目标、任务、流程与绩效

TKR 作为一种在全面数字化要求下诞生的组织的目标、任务、业务全流程与绩效管理工具，要求管理者与被管理者可以在一个一体化目标管理、流程协同与绩效管理系统中分派、执行和督查任务。系统能够通过计算机 AI 实时处理，及时输出真实的个人和组织的目标执行过程与关键绩效报告（执行任务的绩效数据），同时提供对组织业务逻辑——业务流程的优化建议，实现对组织目标、任务、业务流程和绩效的全面数字化管理（见图 5-3）。

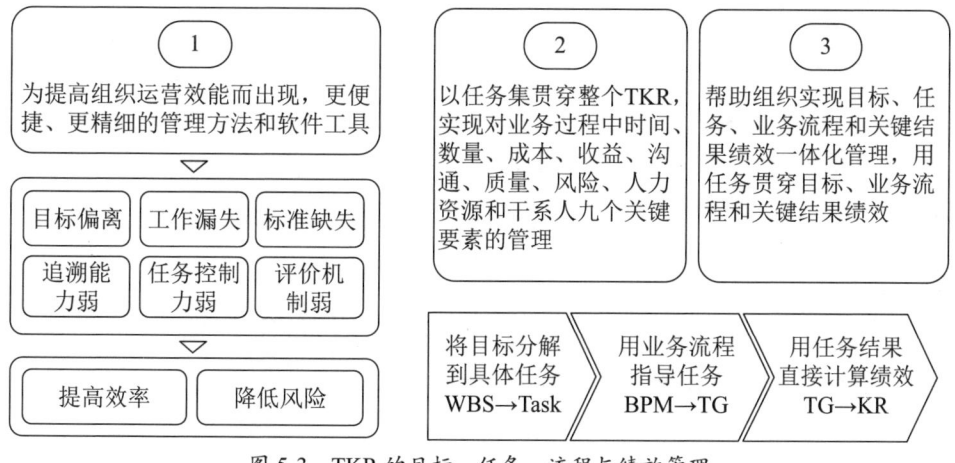

图 5-3　TKR 的目标、任务、流程与绩效管理

1. 对"目标"的管理

TKR 的起点是用"目标"管理任务。

组织从它的使命和宗旨出发，必须在一些关键领域中确定组织的各种目标。基于管理者的责任，一个完善的目标管理一定包含目标的拆分、落实、检查、评

估和调整，只有当一个目标被分解成可以量化管理的任务后，目标管理才有可能得到落实，同时具备观察、评估和调整的能力。

TKR 强调组织中所有的"任务"都应该是从组织的大大小小的"目标"中生发出来的，必须用目标引领、指导和溯源任务的有效性，排除掉低效和不重要的任务对组织运营绩效的负面影响（见图 5-4）。

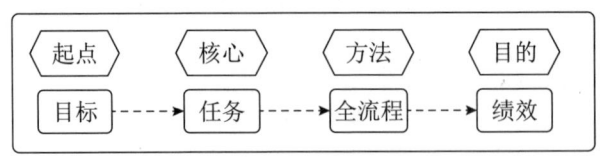

图 5-4　从目标到绩效

2. 对"任务"的管理

TKR 的核心是"任务"管理。

任何一个组织的目标管理都是通过一个个"任务"的高效完成才得以实现的。在业务管理中，无论怎么强调对"任务"的管理，都非常具有价值和挑战性。

一个完整的任务管理包括在目标指导下的任务创建、分派、执行（或执行转移）、调整、检查、交付与任务绩效。

TKR 提供了任务管理所涉及的七个阶段的管理功能，软件系统在不同阶段会及时提醒和推动"任务"，并实时记录"任务"活动状态，直至任务的交付，完成对任务的全过程管理。

系统自动计算和输出业务活动过程与结果的各项详细绩效指标，如"任务"进行中各相关方的沟通信息、资源的调配；"任务"所耗费的时间与成本；"任务"所产出的收益等绩效数据，实现业务管理与绩效管理的全面耦合，为实现组织运营的 AI 绩效管理提供坚实的数据基础（见图 5-5）。

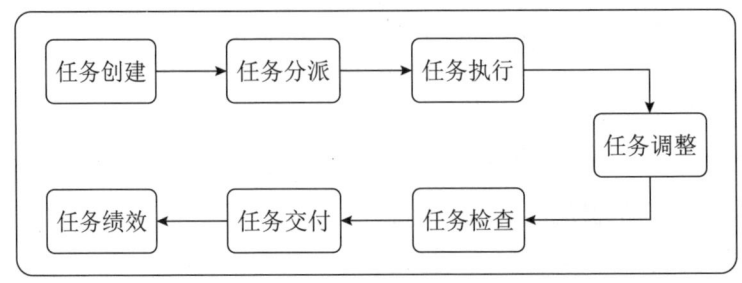

图 5-5　从任务创建到完成

3. 对"全流程"的管理

TKR 的方法是对业务的"全流程"管理，包含流程本身与协同。那么，什么是 TKR 的"全流程"管理呢？

传统单线程的流程管理虽然具备一定的标准化管理能力，但不能满足对任务做精细化管理的要求，也无法实现全组织的任务协同。

精细化任务管理必须考虑更多任务本身和任务执行过程中的关键要素的影响，譬如任务本身对任务所耗费的时间、需要完成的任务数量、处理任务的收益、完成任务的成本、任务交付的质量有明确要求，同时对任务执行过程中的沟通方式、过程与结果都需要分类和记录；对任务执行过程中的风险进行预警和规避；对与任务相关的资源、人员和相关方也需要及时调配，这些都是以前的流程管理工具所不具备的功能。

TKR 认为不但要把事情做成，还需要把事情做好。所以，通过对与"任务"相关的时间、数量、成本、收益、质量、沟通、风险、人力资源和干系人的九个要素的关注，在软件系统的"任务集"里配置与九个要素相关的管理指标，在流程约束下，用计算机系统主动分派和推送任务（见图 5-6）。

在此过程中，该任务可以实现本部门甚至跨部门的协同，直至任务被执行和交付，完成对任务的标准化与精细化管理。只有经过这些过程控制，才可以称之为"全流程"管理。

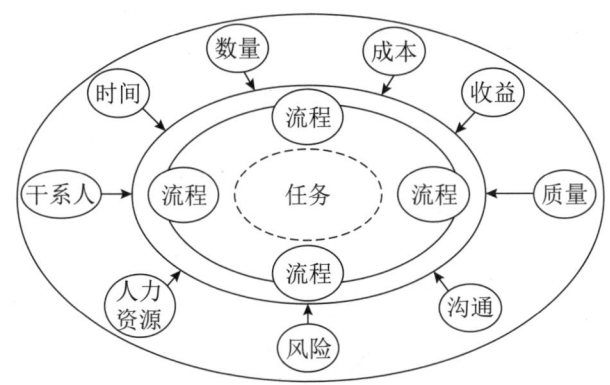

图 5-6 TKR 的九个要素

4. 对"绩效"的管理

TKR 的目的是全组织运营"绩效"提升。

组织的所有活动，其目的都是要获得运营的绩效，并对绩效加以持续优化和提高。

绩效管理最重要的不是采用了哪一种管理工具，而是要确保绩效数据来源的真实性与及时性，这一点被很多管理者和管理工具所忽视。事实上，现有的管理工具也很难提供既有真实性又有及时性的绩效数据。

TKR 要求运营的真实绩效必须来自具体的业务活动，绩效不能与业务活动分离，只有来源于实际发生的业务活动的数据，绩效才有可靠性。

TKR 旨在通过设定明确的任务和关键结果来衡量员工的工作表现。它强调在设定目标的同时，必须明确实现这些目标的关键结果，并将这些结果与员工的绩效评估挂钩。这些关键结果通常是可衡量的指标，用于评估任务是否成功完成。这些关键结果可以是时间、数量、质量、成本、收益或其他可量化的指标。只有得到真实绩效数据的支持，管理者才有可能对作业人员作出评估和有效的激励。

从组织目标的分解开始，软件系统通过对"任务"的全流程精细化管理来获取业务活动的真实数据，计算机 AI 系统自动计算和输出任务活动的绩效结果，同时提供业务逻辑的优化建议，以人机结合的方式帮助现代组织实现组织目标、任务、全流程和绩效的全面数字化管理（见图 5-7）。

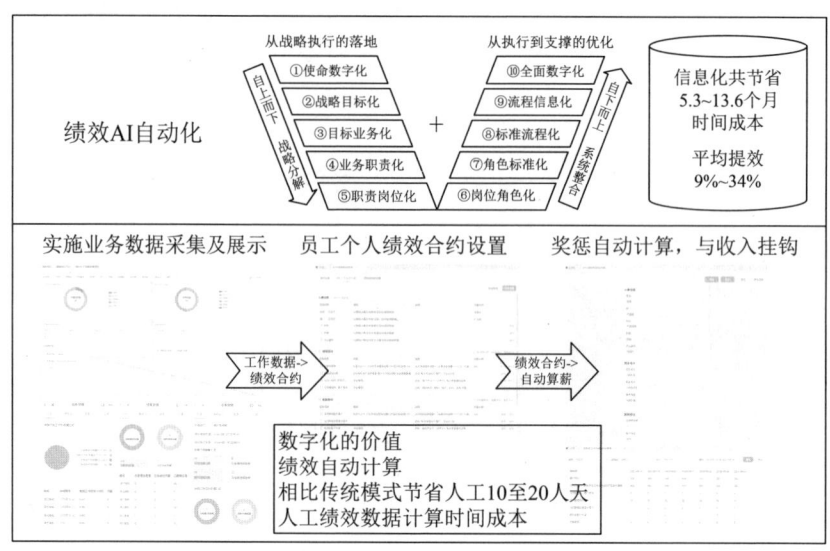

图 5-7　绩效 AI 自动化

5.2.3　TKR 的能力二：TKR 是全面数字化管理的工具

TKR 是对传统管理思想思考、研究和探索的结果，在这个研究过程中，研发出真正好用的管理工具。它不但要有站得住脚的理论基础做支撑，还需要与计算机结合，用软件的力量去扩大管理理论与方法的影响力，让更多的组织获得一个有效的管理方法，并带来效益。这就要求管理工具具有全面数字化的思维和工具的普适性与易用性，利用计算机能力开发出采用 TKR 管理思想的一体化 AI 业务运营与绩效管理软件系统，来支持组织（企业）的数字化转型。

TKR 从一开始就关注组织的全面数字化管理，希望通过具有普适性的软件产品助力组织实现全面数字化。

全面数字化不是原有信息化的简单升级，而是在信息化基础上的数字革命。数字化转型意味着需要将组织的业务流程和所有业务活动转化为数字形式，用合适的工具分析和处理数据，优化业务流程，提高运营效率，实现业务运营逻辑的全面升级和优化；同时将原本局限于个人或部门的管理知识和经验转化为数字资产，帮助组织更好地理解和满足客户需求，在竞争中获得优势地位。

这就意味着一个组织所有的业务活动都必须纳入数字化管理系统中来。采用 TKR 管理理论的应用软件有能力提供组织运营所需要的各种业务管理系统，用户可以从容地选择适合自己的业务系统，便捷地重构自己的业务，通过全流程管理手段，完成对"任务"的精细化管理和真实运营绩效管理。

利用 TKR 管理理论开发的组织级全面数字化管理工具，将组织的所有业务活动及其结果在数字世界里进行处理和保存。借助软件系统高效的零代码能力，可迅速配制出特定组织所需要的业务流程，免去定制化开发所需要的大量成本、时间和结果的不确定性。

TKR 有能力提供一套零代码标准化产品，可以应对市场和组织内部业务快速变化的需求。应用 TKR 理论的软件系统，可以采用配置的方法快速实现定制软件的效果，节省定制所耗费的大量资金与时间成本，也可以减少开发软件出品的不确定性。

从全面数字化转型的角度来看，可以通过采用 TKR 管理理论的软件系统的 AI 模型，计算、分析运营数据并输出绩效报告，帮助管理者实时了解业务进展和真实绩效，更好地用数字思维管理业务、提高工作效率和质量、降低运营风险、促进跨部门协同合作。同时，利用 AI 能力实现数据驱动下的业务流程的快速调整，优化组织运营逻辑和管理策略，提高组织的适应能力和竞争力。

5.3 TKR 的核心——九个管理要素

TKR 在组织的经营目标、流程协同和绩效管理中所具有的独特优势让其在众多管理理论和方法中脱颖而出，TKR 已被越来越多的组织和管理者所采用。

作为全面数字化的优良实践，TKR 通过精细化的业务流程管理输出绩效指标，实现目标、任务、流程和绩效一体化管理。

组织（企业）在全面数字化要求下先行引入 TKR，是实践全面数字化管理最快速有效的策略之一。TKR 研究机构和众多应用者为 TKR 的有效使用提出了普遍性的规则和要求，这些规则和要求将帮助 TKR 的应用者用正确的方法来实践 TKR，并获取期望的结果。

TKR 全面数字化的内在要求，使我们必须关注 TKR 组成要素中的三个结构要素（表单、流程、权限）和九个管理要素（时间、数量、成本、收益、沟通、质量、风险、人力资源和干系人）。只有充分考虑了这些组成要素及其在 TKR 中所起的作用，TKR 才能正确输出其在目标引领下，由业务流程驱动任务活动而得到的关键结果，为绩效管理提供真正有效且可靠的数据和业务管理的优化支持（见图 5-8）。

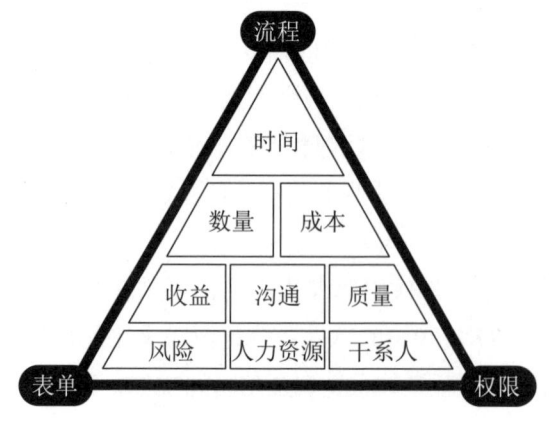

图 5-8　TKR 的流程、表单、权限与九个要素

5.3.1　TKR 的三个结构要素

表单、流程和权限是 TKR 的三个结构要素，设计良好的表单、流程和权限是保证业务能被良好执行的基础。通常，这三个结构要素都包含在一个完善的业

务系统里，尤其会在软件系统中得以体现。在应用 TKR 之前，充分理解这三个结构要素的重要性，有助于更好地发展全面数字化管理的能力。

1. 表单

表单是在软件中对一个业务的完整描述，是记录任务重要信息和结果输出的工具。表单也是任务的框架，它由固定字段和自定义字段两种字段组合而成。其中固定字段又分为通用固定字段和（不同类型 TG 任务集的）特殊固定字段。每个 TG 任务集可以定制一组自定义字段和固定字段以组成 TG 任务集下的任务表单（见图 5-9）。

2. 流程

流程是为完成一类特定任务，在规则要求下建立起来的业务活动次序和标准。流程是 TG 任务集的重要构成部分，是设计 TG 任务集时需要重点关注的结构要素。它定义 TG 任务集下的任务将由谁、在何时、以何种方式被执行、检查和完成，是 TKR 九个管理要素的承载主体。

（1）流程、表单与权限的有效结合

在 TG 任务集和 KR 关键结果设计阶段，流程将结合表单与权限来描绘 TKR 关注的九个管理要素。

①管理者在 TG 任务集设计阶段，可规定子任务开始执行的条件和完成要求，预估任务/子任务所需耗费的时间。

②管理者在 TG 任务集设计阶段，可配置与任务/子任务的质量、风险、人力资源和干系人等相关的管理要求，实现对这些要素的管理。

③管理者在 KR 关键结果指标设计中，可输入时间、数量、成本、收益、沟通、质量、风险、人力资源和干系人管理的关键结果绩效要求。

④管理者在 KR 关键结果绩效输出阶段，可查看任务/子任务的时间、数量、成本、收益、沟通、质量、风险、人力资源和干系人关键结果绩效数据。

⑤管理者在 TG 任务集下的任务中，可进行多种形式文件和信息的交互。

（2）流程管理可满足以下管理要求

①业务活动和绩效的一体化管理。

②保证任务能遵照规则被处理和完成。

③保证 TKR 关键结果绩效报告的输出。

TKR 的流程子任务见图 5-10。

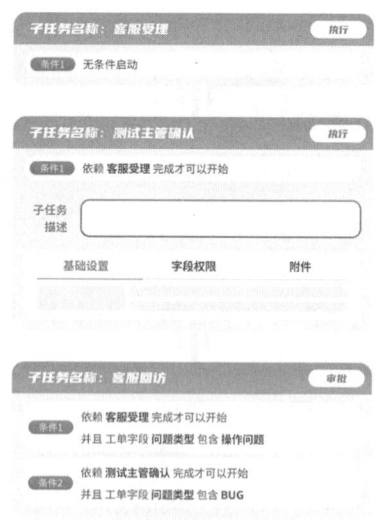

图 5-9　TKR 的表单　　　　图 5-10　TKR 的流程子任务

3. 权限

权限是软件系统设置的一个安全规则，包括访问、数据读取和数据写入等行为。TKR 以赋予角色权限的方式实现权限管理，不同角色都将被赋予不同的权限，以完成对表单的查看、编辑、任务调整、子任务执行以及设计 TG 和 KR（见图 5-11）。

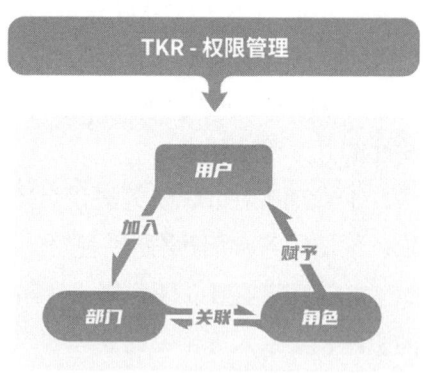

图 5-11　TKR 的权限管理

5.3.2　TKR 的九个管理要素

TKR 始终强调时间管理、数量管理、成本管理、收益管理、沟通管理、质量管理、风险管理、人力资源管理和干系人管理这九个管理要素。它们构成了 TKR 对绩效系统设计和任务关键结果的最终关注，是绩效管理的结果指标输出。

在业务流程设计和绩效指标设计阶段，管理者需要充分考虑该项业务的普遍性要求与特殊性要求，设计既符合当前业务特点又满足这九个要素结构性要求的绩效考核体系。

1. TKR 的时间管理

时间管理是对一个具体任务从启动到完成的过程在时间上的限制和要求，是绩效管理中重要的计量指标。

时间管理提供了预计开始时间、预计结束时间和实际开始时间、实际完成时间两组时间规划与记录工具。它包括以下几个方面：

①规划任务总时间。根据任务工作量、任务要求和人力资源，估算整个任务的时间总长，规划开始时间与完成时间。

②规划子任务时间。在任务总时间的要求下，规划子任务的开始时间与完成时间。

③记录任务/子任务的实际操作时间。

④任务/子任务的实际耗用时间及耗用时间与规划时间的对比。

⑤个人以日、周、月为统计单位在任务上的时间耗用统计。

一是时间管理在 KR 绩效指标设计阶段，向管理者提供区分创造性绩效指标和事务性绩效指标的时间指标设计选项。

二是时间管理在 KR 绩效指标输出阶段，向管理者提供该任务/子任务执行人在该任务处理中的时间变化痕迹和时间耗用统计。

2. TKR 的数量管理

①数量管理满足管理者需要实现任务数量管理的业务场景，是 TKR 对绩效管理中任务/子任务的创建、处理和完成数量的一个计量指标。

②数量管理在 KR 绩效指标设计阶段，向管理者提供区分创造性和事务性的数量绩效指标设计选项。

③数量管理在 KR 绩效指标输出阶段，向管理者提供个人在规定时期内的任务处理数量。

3. TKR 的成本管理

①成本管理是描述为完成某项任务所耗费的资金，包括生产成本中的人工成本、物料成本、设备使用成本及各种期间费用。它是成本控制在任务这个最低层级上的管控点，为管理者提供对任务成本状态的实时检查和监督，为更高层级的成本计划的控制与变更提供有说服力的数据，实行全面成本管理，全面降低成本费用水平。

②成本管理在 KR 绩效指标设计阶段，向管理者提供处理该任务的人力成本、预估物料成本与其他费用的预算定额指标输入。

③成本管理在任务处理阶段，向管理者提供人工变动、物料消耗成本、实际费用的数据输入与分解。

④成本管理在 KR 绩效指标输出阶段，向管理者提供完成该任务实际所耗费

的人工、物料、设备和费用数据，并显示与预算基准的差异。

4. TKR 的收益管理

①收益管理是对一个业务活动所能带来的现金收入的预估及现金收入与成本之间差额的控制和管理。

一是为有实际收入来源的任务所设计的收益预期指标与实际发生的成本和费用之间的差异管理。收益管理也是组织核算项目成本的工具与方法。

二是为当前虽无实际收入，但该业务活动的结果将对后续某项业务提供利润来源，管理者可以为该任务赋予虚拟的收入指标，为该任务标定内部价格。

②收益管理在 KR 绩效指标设计阶段，向管理者提供完成该任务可能获得的利润指标和最低利润指标。

③收益管理在 KR 绩效指标设计阶段，可按任务收益水平设置奖惩指标，以驱动任务高质量完成。

④收益管理在 KR 绩效指标输出阶段，向管理者提供完成该任务后，所获得的实际收入数据及与实际成本之间的差额数据。这一差额数据作为该任务完成后账面所得的利润，是精细化核算项目收益的直接数据来源。

5. TKR 的沟通管理

沟通管理在组织中无疑具有十分重要的作用。沟通管理的策略是在软件系统中紧贴任务，以达到清晰、有效和必要的信息交换。

沟通管理可确保一个任务处理中的信息能被及时/实时地发布、回复、处理、共享、监管、检索和存储。

①沟通管理提供任务成员及任务干系人之间的信息交互。

②沟通管理可提供任务内短消息、文字、语音、图片和附件的传输与存储。

③沟通管理对任务内提供信息与意见的发布。

④沟通管理对表单的变更作出记录、发出通知。

⑤沟通管理可提供不同任务下团队成员之间的信息交流，同时提供跨部门与不同层级之间的信息传递和交互。

6. TKR 的质量管理

质量管理是为了满足组织及组织外各相关方质量要求的控制过程。它把这个控制过程落实在具体的任务和流程上，以满足质量管理体系中对过程控制、活动记录与溯源的要求。

①质量管理提供质量管理规划、业务活动过程和质量控制，保障任务结果符合客户期望。

②质量管理在 TG 任务集中，可配置与质量管理要求相关的字段，以完成对目标、任务、流程、数值、过程处理的控制、记录和评估。

③质量管理在 KR 输出阶段，系统将向管理者提供符合要求的可交付任务结果和任务完成的定性质量报告。

7. TKR 的风险管理

①风险管理是对业务活动中可能涉及的风险所作的风险规划、风险识别、风险分析、风险应对和风险监督等主要过程的管理。其目的是控制任务活动过程中可能产生的风险，降低风险发生率和目标偏离的可能，提高任务成功的可能性。

②风险管理在 TG 任务集设计阶段，可维护该类型任务的风险库，管理者可从中选择、调用、配置出合适的风险点。

③风险管理可提供对时间、人员、事件、质量、成本、客户、供应商、库存、政策和法律法规等的警示与处理建议。

④风险管理可为任务中风险点的处理提供不同权限下的角色设置。

⑤在风险管理 KR 输出阶段，风险管理报告将为管理者提供以下内容。

一是任务活动中所产生的风险提示、风险种类、风险处理者、风险处理方法、风险处理时间和处理结果报告。

二是风险管理将积累风险发生与处理的记录，并汇聚成风险报告模板，形成风险教训与经验知识库。

8. TKR 的人力资源管理

"人力资源"在 TKR 体系中指的是组织内部能够创造价值的人。

①人力资源管理是为保证业务活动成功而获取人力资源的过程。其目的是最优化使用人力，在获得期望结果的同时，降低业务活动的成本，提升任务结果绩效。

②人力资源管理在 TG 任务集设计阶段，将提示该任务的要求，以使管理者选用合适的人员担当任务的处理。

③人力资源管理在 TG 任务集设计阶段，将提示完成该任务所需要人员的经验与资格。

④人力资源管理在 TG 任务集设计阶段，可在授权前提下提供部门和跨部门的人力资源调用，以保证任务被更好地完成；也可邀请非组织内部成员参与该任务。

⑤人力资源管理在 KR 输出阶段，人力资源报告将提供以下内容。

一是个人在当前任务中的成本和贡献率。

二是个人在任务处理阶段的委托、转交、驳回和重做的记录。

三是个人在该任务处理中与其他同类型任务处理的时间、成本的比较数据。

9. TKR 的干系人管理

"干系人"指的是组织之外可能对组织产生直接或间接影响的供应商、客户、合作伙伴及其他相关组织或个人。

①干系人管理是识别与管理能够对任务产生正面或负面影响的非组织内部人员的过程。其目的是调动干系人参与任务，实现任务的顺利完成。

②干系人管理在 TG 任务集设计阶段，将提示该任务可能涉及的干系人类型，确保任务成员都能将干系人视为任务顺利完成的合作伙伴，共同引导干系人参与项目活动。

③干系人管理在 TG 任务集设计阶段，赋予干系人与任务相匹配的权限，并允许干系人以各种身份加入任务中，甚至处理任务。

④干系人管理在 KR 输出阶段，将提示任务中有干系人的存在，并标示他担当了什么工作，完成了什么成果。

通过 TKR 的三个结构要素和九个管理要素的深度应用集成，可以确保每个基于 TG 创建的任务都包含九个管理要素的重要信息，从而保证 KR 能产出基于九个管理要素的关键结果，实时指导组织进行高效运营任务管理，同时降低组织的运营风险。

5.4 用 TKR 促进数字化转型

从表 5-2 中，可以看到不同管理工具的特点和适应的场景，这使我们对 TKR 有了更深入的理解，并对 TKR 作一个纲要性的总结。

TKR 管理理论从诞生起，就希望能以软件系统的形式彻底解决其他大部分管理工具需要由专业人士去研究、普及、学习、制定、应用和落实的难题。它希望有更多的厂商能将管理思想与方法以软件的形式，一体化地提供给不同类型的组织，直接用软件解决如何应用先进管理方法的困扰。从使用者的角度出发，设计一套组织级的 AI "目标、任务、全流程和绩效一体化管理" 软件，目的是用一体化软件解决组织在业务流程管理与运营绩效管理上的痛点，助推组织的数字化转型。

第 5 章 TKR：数字化转型的工具（一）——面向数字化转型的管理方法

表 5-2 TKR、OGSM、OKR、KPI、PM 的比较

	TKR	OGSM	OKR	KPI	PM
目的	一体化解决组织业务全流程与运营绩效的管理工具	解决策略规划的管理工具，是组织使命、愿景落地工具	实现目标组织的管理工具，保持各层级目标一致性	提升绩效为目的管理工具	以完成项目交付为目的的专业管理工具
特点	组织全业务数字化管理，侧重业务全流程指标准化与真实绩效管理	自上而下分解目标，侧重策略的规划、分解和衡量	侧重设定抽象而动态的目标；强调员工的自我管理和自我驱动	侧重考核与薪酬管理	侧重项目的进度、成本和质量管理
导向	业务效率与绩效提升导向	策略导向	目标导向	结果导向	过程导向
要求	需重构业务，优化业务全流程，有建立绩效管理要求	对管理水平和资源要求较高，制定的策略规划要可衡量	需要平等、开放、沟通的文化氛围	有经验的绩效设计和对绩效来源有甄别能力的管理者	有项目管理知识与经验的项目经理与主管
形式	软件与 AI 绩效报告	文字或图表	文字、图表和少量数据	数据	图表或软件
与薪酬关联能力	强	弱	弱	强	普通
数字化支持能力	强	无	无	弱	中等
对效能的驱动力	强	普通	普通	较强	较强
适合的组织	运营效率提升要求高的组织	已有一定管理水平的组织	适合挑战模糊性工作组织	所有组织	对项目交付有要求的组织
是否有软件支持	有	无	无	无	有

5.4.1 TKR让组织战略目标的实现成为可能

TKR将目标转化为具体可执行的任务,并通过建立相应的业务流程来确保任务和关键结果的实现,最终实现组织的战略目标。

①对任务分派和协同的要求。TKR用软件系统分派任务给责任人,要求每个任务都有明确的负责人和执行人,并且每个负责人和执行人都能够清楚地了解自己的任务和责任。

②对任务时间的要求。TKR确保每个任务都有明确的开始和结束时间,并且每个任务之间的衔接和协调都得到了充分的考虑。

③对任务结果的要求。TKR在任务设立时就要求建立该任务执行与完成的绩效指标,为计算机输出绩效结果提供数据支持。

④对任务执行的要求。TKR要求执行者在规定的业务流程指引下完成工作。

⑤对任务的检查与调整。TKR用流程子任务自动推送需要处理的事项,确保能够及时发现和解决问题。根据业务变化适时调整,以此建立有效的监控和评估机制。

⑥对任务绩效的要求。TKR利用AI技术自动计算和输出任务执行的详细数据报告,以供绩效评估。

⑦对绩效的评估与奖惩。管理者利用AI提供的真实绩效数据,用人机结合的方式制定相应的激励措施。

5.4.2 TKR让组织的运营逻辑优化得到快速响应

TKR可以根据业务变更,用AI对组织的业务运营逻辑——业务流程进行人机结合的快速调整和优化,帮助组织不断提高管理和经营能力,实现组织业务运营的持续改进和发展,快速应对市场变化。

TKR作为极具穿透力的业务运营与绩效管理工具,通过对任务和流程的精细化管理,系统地对业务运营活动作出准确、及时的数据分析。用AI输出具有说服力的流程优化建议,帮助组织以数字化形式更好地控制和优化业务流程的全过程、全要素以及真实绩效,实现组织目标、任务、全流程与绩效的一体化管理目标,提高运营绩效。

TKR希望用集先进管理方法与软件为一体的AI数字化管理工具服务各种类型的组织,让TKR的用户快速提升运营效能,在较短的时间里完成数字化转型工作，在经济转型时期获得更强劲的竞争能力，提升全社会经济运营的效率。

TKR可以在数字化转型中，帮助组织在经营目标实现与业务流程协同两个维度上完成其数字化转型。

5.4.3 TKR让绩效管理的真实性得到完全保证

TKR从业务活动中取得真实数据，用管理者易于理解和直观的方式呈现数据，通过计算机为工作结果打分，自动输出业务运营的管理与工作报告、绩效成果报告，让管理者可以更加方便地获取所需的数据和信息，准确地进行决策和分析。这有助于解决管理层级多、范围广、任务多所导致的工作绩效不透明、无法有效管理、失去工作过程控制等问题，增强管理者对人员、流程的控制与优化能力。

第 6 章
TKR：数字化转型的工具（二）
——支持构建零代码管理软件平台

从管理思想和方法到软件是一个艰难的过程，或者受限于管理方法的发明者与推动者缺少把思想铸造成软件的能力，或者软件业者对管理理论与方法的理解深度不足。在大型组织级软件领域，很少出现既具有全面数字化思维，又具备独特管理理论支持的、经得起比较、好用、易用的产品，大部分软件都只解决组织运营中的一部分需求，很难担负起作为组织（企业）经营管理的数字化平台重任。

组织（企业）经营管理的特点是它的复杂性，涉及使命、愿景、战略、人员、财务、资源，以及计划、目标、研发、生产、销售、服务、流程、协同、激励、绩效和监督等经营与管理领域的诸多事务，这些多种经营管理的要求很难由一个软件来实现，事实上也不可能实现。很多组织（企业）的经营与管理范围横跨不同行业和专业，必须依赖多种专业软件系统才能完成它的业务运营。我们不能要求一个 CAD 软件去完成销售的业务，也不能要求一个财务软件具备生产执行系统所需要的能力。

这样会出现几个一直困扰管理者的难题和痛点：一是各个子业务系统之间的数据是互不相连的，互相之间很难获取对方的数据，即便是滞后的也很难，更谈不上实时数据；二是市场是快速变化与更新的，但软件大部分从设计开始就已经成型，很难响应市场变化所带来的业务流程变革要求。

TKR 管理理论的发明者和软件设计者看到了软件业的症结所在，充分考虑了业务运营过程中的各种变量，也就是 TKR 的九个要素，结合 AI 人工智能，开发出零代码的组织级全面数字化经营管理平台和底座，帮助不同组织（企业）解决运营与管理痛点，尽快开始数字化转型。

本章将讨论两个方面的内容：一是当前的软件开发、应用生态与零代码软件的特点和优势；二是 TKR 所具有的零代码能力，以及基于 TKR 零代码的软件系统为组织（企业）带来什么样的利益。

6.1 零代码软件

零代码在数字经济时代开始成为一个热词，它究竟指什么，有什么优势，大家的认识也不完全一致。我们试图在此辨析几个概念，能将零代码这个概念理清楚，并认识它的价值。

零代码或称为无代码，是一种完全不需要任何代码编程的开发方式。它主要围绕组织（企业）的数据和业务管理需求，通过可视化方式设计数据结构、实现用户交互形式、设置访问权限和定义工作流程。

低代码是一种让开发者依托平台快速搭建组织（企业）信息化应用的方式。在此过程中，开发者需要编写少量代码，大部分工作通过可视化的拖拽、点选来完成。低代码开发平台是一种高生产力开发方式，相关数据显示，使用低代码的开发效率是传统方式的 3~8 倍。

零代码与低代码的区别，第一，它们面向的用户不同，低代码的主要用户为组织（企业）的信息与数字化研发部门，是有一定研发实力的团队。零代码主要面向的是业务人员等非技术人员，无须懂代码也可快速实现业务需求。第二，对编程的依赖程度不同，低代码是一种半自动化应用程序开发技术，需要少量的代码编写，而零代码完全无须任何代码编程，普通业务人员或管理者就能使用零代码的软件产品。零代码被广泛应用于表单制作、流程管理、报表生成等场景。由于零代码无须任何编程知识，随着技术的不断创新和完善，其用户群体更为广泛。尤其是其可以离开 IT 部门自由调整软件功能的特点，受到更多业务和管理部门的欢迎，越来越多的组织（企业）开始采用零代码技术的软件系统。

6.1.1 当前软件的主流开发模式与应用生态

软件开发模式有多种，分为瀑布模式、迭代模式、原型模式和敏捷开发模式。从形态来看，软件开发的主流有三种。第一种是由厂家按规范要求主导开发完成的，它的特点是流程、表单与权限都是固定不变的，也就是需求是固化的，不但今年是这样，明年、后年还依旧是同样的需求。典型的例子就是财务软件，它的需求来源就是国家的财务与税收法律法规，除非法律法规变化，财务管理软件才需要做出必需的变更，通常它不需要做出根本性的变动，以此去迎合客户的需求。

第二种是以飞书、钉钉和企业微信为代表的从互联网思维出发的软件开发商，他们提供了较为规范的、有较大通用性的软件系统，小型组织经过简单配置，就可以拿来直接用。它与第一种区别不大，但其提供了二次开发的能力，客户可以提出需求，委托厂商或代理商做二次、三次开发，以满足组织不同的需求。

第三种较有代表性，是定制化开发模式，它是由客户提出需求，委托软件厂商做定制化开发的。它的特点是需求主要由客户提出，厂商负责实现，在需求匹配度上通常较好。当然，定制化开发匹配度较好是理想状态，其实这种模式从一开始就存在很大风险，可以先从客户需求、厂商开发和产品开发本身几个角度来分析。

客户虽然是需求的提出者，但这个需求是否合理，是不是这个组织（企业）的真实需要，这要打一个问号。需求的提出从业务部门转到信息管理部门，再到软件开发厂商，最后开发成产品，这里有几个关键的节点和可能的风险。

1. 需求失真

组织（企业）提出的需求是不是其真实的需求。所谓的真实需求，就是由客户表述给软件厂商的需求正确性。客户需求往往在正确性方面存在偏差，其可能把不重要的需求当成必需的需求提给厂商，也可能存在漏失重要需求的情况，导致最后产品的不完善，这可称之为需求失真。

2. 需求偏差

组织（企业）的需求从业务部门转到信息管理部门再到软件厂商，这中间存在信息传递的漏失，导致产品功能的漏失。

3. 需求短视

需求的提出者通常是具体的业务部门，他们往往只考虑眼前发现的需求，只顾当前利益，很少会去思考将来发生的新需求。若要长远考虑，这通常已经超出业务部门的能力。

4. 产品先进性不确定

从软件厂商的角度来看，因为是定制化开发，厂商只负责完成客户的委托，他们很少会对开发方案是否具有先进性作出判断。

5. 产品开发时间长、成本高

从产品开发的角度来看，通常一款产品从需求提出到进入开发和交付产品，中间的环节多，耗费的时间长，开发过程中有不可控的因素出现，经常出现产品交付逾期、开发成本高的现象。

6. 产品通用性差

因为是定制化产品，产品只适合委托方，即客户自己的需求，这个需求有其独特性，其他组织（企业）很难采用，这造成社会成本的大量浪费。

7. 很难应对市场变化

这一点也是所有定制化软件都存在的一个通病，因为是从自身组织的特点出发去开发软件产品的，它缺乏应对将来由市场变化、竞争加剧引起的业务变更的能力。如果需要增加需求，就面临增加开发量甚至重新开发的难题，这不但是金钱的耗费，更是时间上的错失。如果软件重要功能跟不上市场变化，无法在系统上及时变更业务流程，造成软件系统数据与实际业务的脱离，这会对组织（企业）的数字化转型带来明显的阻碍，也将会在竞争中处于不利地位。最后会让客户陷入年年开发软件，却年年得不到满意结果的被动局面。而市场变化与数字化转型业务需求是永无止境的，定制开发方式存在的管理软件生命周期短、成本高和实施周期长等缺点，使组织（企业）无法担负其数字化转型的重任。

6.1.2 零代码软件的特点和优势

数字化组织的一个特点是组织（企业）必须能对外部变化作出迅速的反应与调整。鉴于以往管理软件普遍存在的缺点，在数字化时代，软件也应该得到改变与进化，应该放弃原有定制化开发的旧思路和旧方法，寻找到能与数字化转型共生的新型管理软件。而零代码软件是在数字时代出现的一道曙光，它将会改变软件业的生态，为组织（企业）节省大量开发时间和成本。下面来分析零代码软件具有的特点和能力。

1. 零代码软件的特点

用一句话谈零代码，就是它不需要开发，用户自己通过配置就能实现原本需要专门开发的软件功能。

（1）自主化配置

零代码软件提供简单易用的配置工具，用户无须编程知识也能轻松地创建应用程序。通过配置不同的业务流程、表单与权限，用户可以自定义应用逻辑，实现个性化功能和工作流程，彻底降低软件开发的门槛。

（2）预置组件和模板

零代码软件提供丰富的预置组件和模板，用户可以直接使用这些组件和模板来创建应用程序，无须从头开始编写代码。这些组件和模板已经经过测试和优化，可以大大减少用户的工作量和缩短开发周期。组件和模板的开发与维护由软件厂商负责，用户无须关注底层实现细节。

（3）自动化部署和扩展

零代码软件提供了自动化的部署和扩展功能，用户可以轻松地将应用程序部署到云端或本地服务器上。用户根据需要进行水平或垂直扩展，无须关注底层的服务器和网络架构。软件厂商可以提供自动备份、监控和故障恢复等功能，确保应用程序的稳定性和可靠性。

（4）前后端一体化设计

系统提供的基础服务能够支持所创建的应用程序，包括数据存储、数据查询、权限认证、数据安全、API 接口等。零代码平台实现了前后端一体化的设计，为用户提供完善的服务器端支持。

（5）丰富的集成和扩展接口

零代码软件提供了丰富的集成和扩展接口，用户可以方便地与其他系统和服务进行集成。无论是对外部数据库、第三方应用程序还是对内部系统和服务，用户只需简单地配置一些参数和设置，即可实现数据的共享和交换。

（6）快速和灵活

零代码软件允许用户快速构建新的业务逻辑，大大缩短了软件的开发周期。软件的灵活性使得用户可以根据业务需求快速调整和优化应用程序。

（7）易于学习和使用

零代码软件可以提供丰富的培训视频和文档，用户可以通过在线学习快速掌握平台的使用。软件的直观性和易用性使得初学者也能快速上手。

（8）免费使用或试用

零代码软件提供免费使用或试用版本，用户可以低成本甚至零成本体验软件功能。

这些特点使得零代码软件成为一个理想的解决方案，可以帮助各类组织（企业）快速、灵活地搭建个性化的软件系统和应用程序。

2. 零代码软件的优势

分析了零代码软件的特点后，再来分析它有什么优势。其实优势与特点是一体两面，只是侧重点不一样而已。

（1）快速配置

零代码软件通过提供预制的组件、模板和可视化界面，极快地加速了业务流程和应用程序的开发过程。用户无须编写复杂的代码，只需通过简单的配置和设置，即可快速构建出所需的数字管理系统。

（2）降低技术门槛

传统的软件开发需要专业的编程知识和技术背景，而零代码软件降低了技术门槛，即使是没有编程经验的人也能通过软件提供的工具和功能，轻松进行应用程序的开发和定制。

（3）灵活性和可定制性

零代码软件提供了丰富的组件和配置选项，用户可以根据自己的需求进行灵活的定制和调整，这意味着用户可以创建出完全符合自己业务需求的应用程序，满足各种个性化的需求。

（4）减少错误和降低成本

由于零代码软件提供了预制的组件和模板，这些组件和模板都经过厂商的严格测试和优化，因此使用它们进行开发可以减少新出现的错误和问题。这有助于降低开发和维护成本，提高系统的稳定性和可靠性。

（5）加速软件响应时间

零代码软件的快速开发特性使得用户能够快速配制出新的应用程序或更新现有应用程序。这有助于企业快速响应市场变化，抓住商机，提高竞争力。

（6）易于维护和更新

通过零代码软件构建的软件系统具有清晰的架构和可维护性。当用户需要进行更新或修复时，只需在系统上进行简单的配置和修改，即可快速完成。这降低了维护的复杂性和成本，并提高了可用性。

（7）跨平台兼容性

零代码软件通常支持多种操作系统和终端设备，这意味着用户可以在不同的平台上使用同一套应用程序。这有助于企业实现跨平台的业务运营和协作，提高工作效率。

（8）集成性和可扩展性

零代码软件通常提供丰富的 API 和集成接口，使得用户很容易将应用程序与其他系统和服务进行集成。此外，系统还支持扩展和定制功能，用户可以根据需要添加新的组件和模块，以满足更复杂的业务需求。

（9）易于团队协作

零代码软件通常支持多人协作开发，团队成员可以共享项目、讨论需求、分配任务并进行版本控制，这使得团队协作更加高效，减少了沟通成本和开发时间。

（10）安全性

零代码软件通常提供强大的安全性功能，如用户权限管理、数据加密和访问控制等。这些功能有助于保护应用程序和用户数据的安全，降低潜在的安全风险。

6.2　应用 TKR 管理理论的零代码软件

在数字化时代，组织的业务流程和业务需求具有快速多变的特点，抛弃原有高成本、低效率的软件定制化开发方式势在必行。而寻求先进的零代码软件就是组织实现数字化转型、提高运营效率的必然选择。

无论一个组织的业务流程和需求怎么变化，都离不开对"任务"的管理。有效的管理是要能够对"任务"进行标准化与精细化管理，并在设计和调整业务流程的过程中，始终保持对影响"任务"的九个管理要素的控制。

正因为 TKR 充分关注了影响任务的九个管理要素，基于 TKR 管理理论的、以零代码配置为特点的全面数字化管理软件利用系统内置的"任务集"工具，可以不依赖开发团队，通过 AI 辅助拖曳的方式快速配置，生成多种业务管理系统和工具。它也可以由用户自己以小时为单位，快速配置出最新的业务逻辑和流程，以满足组织（企业）的数字化转型需求，使得组织（企业）可以利用 TKR 零代码平台作为整个组织数字化转型的基础底座，将组织（企业）的业务系统集成在 TKR 这个零代码平台上。或者在原有基础上配置出组织（企业）所需的几乎所有的业务系统，为数字化转型中的组织（企业）带来低成本的解决方案。

6.2.1　TKR 零代码软件的全面性

TKR 的零代码在实现业务流程的自由配置之外，还体现出它在组织（企业）运营上的全面性。采用 TKR 管理思想的零代码软件系统，在四个方面显现出独特的优越性。它们分别是全面的关键业务系统、实时数据看板、AI 绩效系统和同组商号。

全面性是 TKR 软件系统区别于其他产品的显著特点。前面已经分析了零代码配置的特点和优势，下面将更多地介绍其他四个能力。

1. 全面的关键业务系统

TKR 的零代码系统包括全面的业务系统，支持更灵活、更准确的业务配置逻辑（见图 6-1）。

① TKR 零代码智能数字化管理系统提供了 web 端、Android App、iOS App 和微信公众号四个入口，方便用户在多环境下便捷使用。

② 具有集团分级管理的"同组商号"功能。

③ 提供自有的各种业务管理、流程管理及 AI 绩效管理系统。产品管理系统包括 PDM 数据管理、产品设计管理、产品开发管理、产品测试管理等。制造执行系统包括 MRP 运算、流程管理、车间管理、生产管理、生产制令、生产看板、质检管理等。供应链管理系统包括采购管理、仓库管理、仓储管理、货位管理、库存管理、质量管理、虚仓管理、销售管理、合同管理等。财务管理系统包括固定资产管理、资金管理、财务核算、智能薪酬等。人力资源系统包括组织架构、招聘管理、入转调离、培训绩效、审批、考勤统计等。项目管理系统包括项目管理、时间管理、成本管理、沟通管理、质量管理、风险管理、甘特图、关键路径等。客服系统包括售前咨询、售后服务、客服工单、在线客服、呼叫中心等。设备管理系统包括设备台账、设备建档、设备预约、设备使用、异常申报、设备保养、设备维修等。流程与协同管理系统包括组织全部门业务流程管理与协同等。报表管理系统包括任务报表、项目报表、财务报表、仓库报表、生产报表、销售报表、电商报表、考勤报表等。

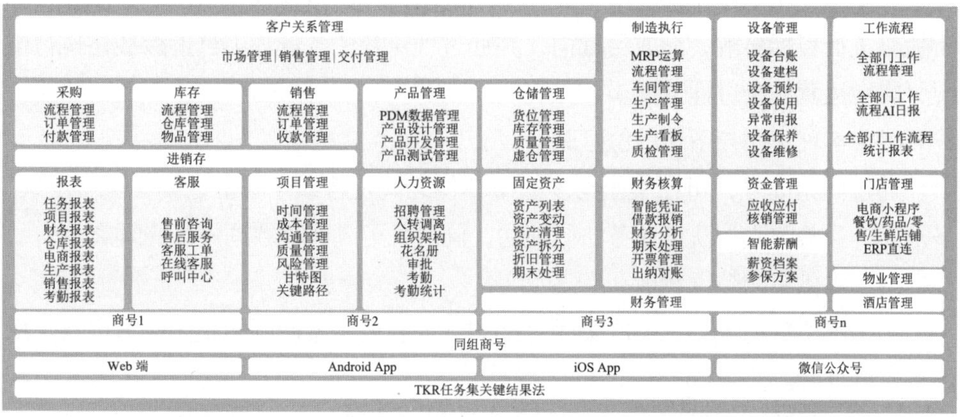

以可配置化的大量业务模块作为抓手，帮助实现任务拆解和任务结果反馈

图 6-1 TKR 的丰富软件系统

2. 实时数据看板

系统提供驾驶舱、同事录两大看板，不同级别的管理者可以根据权限获取实时报表数据，以提高管理决策的时效性和有效性。可以发挥数据在业务过程及经营方面的要素作用，从以前的数据辅助决策转变为实时决策，让数据真正反哺业务，实现数据业务化。

3. AI 绩效系统

与 TKR 深度耦合的绩效管理系统可以确保绩效能够准确、及时、客观地呈现。系统可实现业务数据采集与呈现、员工个人绩效合约设置、计算机自动计算奖惩且自动与薪酬挂钩，可避免人工操作的诸多弊端（见图 6-2）。

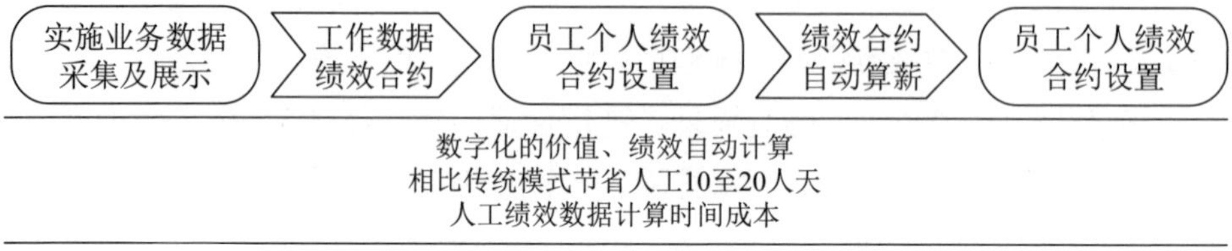

```
实施业务数据    工作数据     员工个人绩效    绩效合约     员工个人绩效
采集及展示  >  绩效合约  >  合约设置    >  自动算薪  >  合约设置
```

数字化的价值、绩效自动计算
相比传统模式节省人工 10 至 20 人天
人工绩效数据计算时间成本

图 6-2 AI 绩效系统

4. 同组商号

同组商号系统可为集团客户提供多层级管理，实现集团对权属单位的综合管理。在客户自持数据资产的前提下，支持上下游产业链自建、共建云，实现更多社会效益。

（1）支持集团数字化管理与协同

集团向下属单位（部门或企业）下达战略目标，各级权属单位同步接收，基于战略进行目标分解，形成目标树，并通过项目及任务管理工具追踪战略执行情况，实现运营的全过程管理。

（2）实现集团与下属单位互联

通过同组商号，可在集团与多级子单位之间及各级子单位之间实现多层级、多形式的业务关联，获得业务协同能力，同时又可以保障数据资产的隔离。

（3）提供集团数据看板

由各单位数据驱动，形成集团总部的数据看板，方便洞悉集团经营现状，赋能顶层管理者。

（4）实现跨组织间的业务协同

同组商号之间可以跨组织邀请执行人参与业务流程的审批、执行和监管，实现跨组织业务协同。

（5）实现产业链上下游协同

除集团下属单位外，还可以与其他外部单位，如上下游供应商、客户共建云产业链等，实现全面数字化管理与业务协同。

6.2.2　TKR零代码软件的普适性

软件企业需要突破原有定制化开发模式，从接受一个个客户的业务委托（需求）去开发软件的旧形式，转变为有能力提供一个具有零代码定制功能的通用型软件系统。只有软件开发企业开始研发和提供这种具有快捷配置能力的零代码软件，客户才能真正获得时间、成本和业务逻辑创新带来的利益，软件企业也可从此摆脱不断重复开发的低级开发方式。

TKR零代码软件除了全面性外，它还具有普适性、实用性和高效性。

TKR软件系统具备服务不同组织（企业）的能力。原来需要通过定制开发才能实现的功能，现在通过TKR的"任务集"工具，在一个数字化软件管理系统内，就可以快速满足千人千面的经营管理需求，降低定制化开发带来的成本增加和风险障碍。它甚至可以快速配制出大型的业务管理系统与完善的报表系统。

零代码软件系统为不同行业提供了定制化的解决方案的可能性，如CRM、ERP、OA、项目管理、行业监督和政府治理等。这些解决方案基于零代码的特性，能够快速实现个性化的搭建，满足不同组织（企业）的特定需求。例如，在CRM领域，零代码系统可以帮助企业快速搭建一个适合自己客户管理流程的系统；在ERP方面，零代码系统可以帮助企业建立起一个集采购、销售、仓库管理、财务管理等多个模块的系统。

一个优秀的零代码软件系统，其适用范围将远远超过传统定制化开发的软件。它不再局限于被特定的组织（企业）使用，原来需要采用定制化开发才能实现的功能，现在TKR零代码软件可以快速、简单地实现，这是以往定制化方法无法比拟的。TKR零代码软件的普适性将为社会节省大量的开发成本，节约漫长的开发时间，并避免开发所带来的随机风险。

6.2.3　TKR零代码软件的实用性

零代码软件除了本身技术所具备的优越性外，TKR零代码更是具有独具的实用性。

（1）业务部门自主配置业务流程

组织（企业）可以由业务或管理部门自由、快速配置不同类型的经营目标管理、生产制造管理、供应链管理、营销与销售管理及项目管理等业务系统。

零代码配置代替研发极速上线。尤其是在数字化时代，面对急剧变化的外部环境，组织（企业）必须作出快速反应，并对本组织的业务逻辑或流程作出及时调整。TKR 零代码定制给特定组织带来自主、自由配置多种新业务系统的能力，实现业务流程的快速配置和迭代。

TKR 零代码软件系统还能通过 CRM 和供应链管理系统，支持对上下游产业链的管理。

（2）自由创建报表和知识库

零代码软件系统提供自定义报表和知识库功能。自定义报表功能可以根据用户的需求自由定义和生成各种形式的报表，方便用户对业务数据进行统计和分析。

知识库功能则可以帮助用户将知识和经验进行汇总、整理和分享，提高团队的知识技能水平和整体工作效率。

（3）团队协作和集成能力

零代码系统支持团队协作功能，使不同部门的人员能够进行实时沟通和交流，提高工作协作的效率和质量。同时，零代码系统还提供了与其他系统集成的能力，如与 CRM、ERP、MES、流程管理、人力资源、绩效管理等系统之间的数据交互，实现系统的全面性和高效性。

（4）促进组织的创新

TKR 零代码系统降低了开发门槛和成本，提供了丰富的功能和模块，有助于激发创新思维和灵感，使组织（企业）可以更加大胆地尝试新的业务模式和产品。

TKR 的零代码定制所具备的"自主"配置能力，使用户可以离开厂商，自己快速配置出不同的业务流程，去调整组织（企业）原有的运营模式。这种改变让用户把实际业务运行与数字运营紧密结合在一起，只有这样，数字孪生才有可能真正落地。

6.2.4　TKR 零代码软件的高效性

TKR 零代码软件系统具备了定制化软件无法实现的高效性。在数字化时代，业务需求和技术环境都在不断变化，TKR 零代码系统采用低成本方式解决组织

（企业）的个性化需求，以适应内外部环境的快速变化。

（1）适应快速变化

业务和管理部门可以独自快速配置所需的最新业务逻辑和流程。在原有业务不停顿、照常运营的同时，配置和更新新的业务流程，等到新业务流程配置完成后可以一键切换，无须等待。这相比于传统定制化开发模式，可大幅节省软件开发时间、降低开发风险。例如，有一个统计系统在采用了 TKR 软件的零代码配置后，中小型系统的开发时间平均节省了 3～6 个月，而且极大地减少了开发风险；同时，员工平均工作带宽增加了 10%～30%，团队间的协同效率提高了 7%～50%。

（2）减少错误和风险

TKR 零代码系统通过预配置和标准化流程降低了编程出错的风险，提供了安全性和合规性方面的支持，确保了相关应用符合相关标准和法规要求。

（3）云端部署、运行和私有化部署能力

TKR 零代码系统支持的云端部署提供了更好的可扩展性和灵活性，使用户能够根据业务需求快速调整系统的规模和性能。这使得组织（企业）无须购买和维护昂贵的服务器设备，降低了企业的 IT 成本。同时，用户可以根据需求选择私有化部署方案，把程序与数据完全掌握在自己手中。

（4）提升用户体验

TKR 零代码系统支持多设备、多平台的适配，确保应用在不同环境下都能良好运行。系统可以快速构建友好的工作界面和交互体验，而良好的用户体验提高了工作的有效性，同时也能提升用户的满意度和忠诚度。

第7章
TKR：数字化转型的工具（三）
——TKR聚焦目标和流程管理

现代管理理论的发展与实践，为组织（企业）的进步与创新提供了有力的支持。在各种理论的指导下，管理者学会用正确的方法做正确的事，采用目标管理、项目管理、过程管理和绩效管理等主要管理理论与方法，改善运营过程中目标偏离、工作漏失、标准缺失、任务控制力弱、追溯能力低下、评价机制差等问题，不断减少错误和浪费，降低成本，提高组织的运营效能。

由于经济高速发展和竞争的加剧，组织（企业）的经营者与管理者都对管理理论和数字技术提出了更高的要求，以期解决跨职能业务运营带来的变化，应对市场日益加剧的复杂性、变动性及海量数据的处理需求，帮助组织（企业）达到精细化管理目的，提高运营效能，实现全面数字化转型。

全面数字化是所有组织都面临的时代要求，尤其是企业，来自内部成本、质量和外部市场竞争的压力，让企业处在焦虑之中，经营管理者都希望能尽快获得可以帮助自己实现数字化转型的理论与数字化工具。事实上，让企业独自去解决数字化转型问题显然不是好办法，企业应该聚焦在其本身的生意上，集中精力解决产品、技术、生产、成本和质量等问题，充分满足顾客需求和市场期望才是企业的本分。数字化工作应该交由更有理论高度和数字化治理经验的专业机构来提供全面数字化治理和转型服务。

在通用层面，组织（企业）作出由传统向数字化转型的决定后，它需要坚持的是形成一个全面数字化部署的总体规划，以及按计划、分步骤、有目的性地找出全面数字化转型的机会和切入点，以可负担的支出来构建全面数字化管理体系。

全面数字化管理服务机构的责任是，为客户的组织构建全面数字化转型支持和工具赋能体系，能在较短时间内部署、配置软件系统，切实帮助企业提高运营效能，让其在企业目标实现、业务运营和绩效提升中得到有力的数字化支持。

组织（企业）是选择全面更新数字化系统，还是先选择一个在全面数字化规划指导下能产生效用的业务应用系统，它应该作出符合自身资源能力与需求的选择。

TKR 的一个重要能力就是以数字化手段聚焦目标和流程，通过对组织（企业）经营目标和运营流程的全生命周期管理，实现组织的全面数字化转型，有效发展个人数字化素养和组织的运营与管理能力，在数字时代的竞争中脱颖而出。

本章将论述一个组织（企业）如何运用 TKR 软件，来实现经营目标和业务流程管理。

7.1 组织管理体系

使命与愿景是一个组织（企业）得以存在和发展的驱动力，也是组织（企业）前进的方向和指引。使命是组织（企业）存在的根本原因和目的，而愿景描绘了组织（企业）未来的远大目标和愿望。组织（企业）的使命和愿景是组织文化中至关重要的两个组成部分，它们为组织的发展方向、核心价值观和长期目标提供了明确的指导。

首先对组织（企业）的使命与愿景进行简单的分析，从而分清使命与愿景的不同，以便能快速了解如何利用 TKR 构建组织（企业）的管理体系。

7.1.1 组织的使命

组织的使命是指一个组织存在的根本原因或目的，描述了它的核心业务、服务对象及期望达成的社会或经济影响。使命通常是一个长期、持久且相对稳定的声明，明确了组织在社会和经济环境中的基本角色和职责，并在组织运营中产生重要影响。

（1）使命就是组织的形象

使命是组织品牌形象的重要组成部分，它向外界传达了组织的价值观和目标。

（2）使命为组织的所有决策提供了基本的指导原则

它确保组织的活动始终与其核心价值保持一致。明确的使命可以帮助员工理解他们的工作如何与组织的整体目标相联系，从而增强员工的归属感和忠诚度。

（3）使命吸引同路者

具有明确使命的组织更容易吸引与其价值观相符的合作伙伴，如投资者、供应商和顾客等。

7.1.2 组织的愿景

组织的愿景是对组织未来发展的目标和愿望。它描述了组织希望在未来达到的长期目标或状态。愿景通常是一个具有挑战性和激励性的目标，激励着组织不断追求更高的成就。

（1）为组织发展提供方向

愿景为组织设定了明确的长远目标，为组织的战略规划提供了方向。

（2）可以激励员工

一个具有吸引力的愿景可以激发员工的积极性和创造力，促使他们为实现共同的目标而努力。

（3）可以促进组织创新

为了实现愿景——组织的长期目标，组织需要不断寻求新的方法和策略，这有助于促进组织的创新和发展。

（4）建立信任

一个清晰、积极的愿景有助于建立组织与客户、合作伙伴、政府、和社区之间的信任关系。

7.1.3 使命与愿景的关系

使命与愿景是组织存在与发展的顶层理由。使命为组织提供了存在的理由和核心价值，而愿景明确了组织希望在未来达到的长期目标。一个明确的使命可以为组织制定具有挑战性的愿景提供基础，而一个吸引人的愿景可以激励员工为实现使命而努力。通过明确使命和愿景，组织可以确保所有活动都朝着共同的目标前进，从而实现可持续发展和长期成功。

7.1.4 建立健全的组织管理体系

但组织只有使命与愿景是不够的,组织需要能让使命和愿景实现的方法,那就是战略和目标。

良好的目标管理将对组织的发展产生正向的推动力,可以确保组织内部各个部门和团队的目标都与整体战略保持一致,提高组织的整体绩效。而清晰、具体的目标能够激发员工的积极性和创造力,并促进团队成员之间的沟通和协作,形成合力,促使他们共同推动组织目标的实现。通过定期监控和评估目标的进展情况,组织能够及时发现问题并采取措施进行改进,从而不断提高自身的绩效和运营水平。

一个健全的组织管理体系应当是一个系统且高效的框架,目的在于确保组织能够高效运作,实现其战略目标,并持续提高绩效和创新能力。一个合理的组织管理体系应该包括完善的组织架构、明确的战略和经营目标管理、规范的业务流程管理、灵活的组织变革与适应能力、持续的改进与优化能力等几个重要方面。

1. 完善的组织架构

明确的组织结构和职责分工有助于确保任务能够合理分配到组织中的各个职能部门,且能够清晰定义职能结构、层次结构、部门结构和职权结构等要素,为组织的运行提供指导。架构的设计可以通过分层结构来实现,包括高层管理、中层管理和基层管理,以确保各个层级之间的顺畅沟通和协作。

2. 明确的战略和经营目标管理

战略和经营目标管理在组织中起到了关键的作用。目标管理是一种管理过程,通过设定明确的目标并与团队成员共享,来激励他们为实现这些目标而努力工作。它能够帮助组织实现战略一致性,促进团队协作以及组织的持续改进和创新。目标应与组织的长期战略和核心价值观保持一致,结合短期和长期目标,确保组织的各项活动都围绕着组织的经营目标而展开。

(1)目标的设定

目标管理的核心是目标需要正式设定。目标必须是明确、可衡量、可达成、相关性强且有时间限制的,它应该遵循 SMART 原则。目标应该覆盖组织的各个方面,包括财务、运营、市场、人力资源等。

(2)目标的分解

制定目标的目的是完成目标,所以必须将组织层面的目标分解为部门、团队和个人的具体目标,确保每个层级的目标都与组织整体目标紧密相连,形成一个连贯的目标体系。

（3）目标的共享与沟通

将目标清晰地传达给所有员工，确保他们了解自己在实现组织目标中的角色和职责，鼓励员工参与目标设定过程，提高他们的责任感和归属感。

（4）目标的监控与评估

采用合适的评估工具和方法，定期监控目标的进展情况，评估绩效，识别问题和挑战。

（5）反馈与调整

根据监控和评估结果，向员工提供及时、具体的反馈。根据需要调整目标或计划，以确保组织能够适应外部环境的变化和内部发展的需要。

3. 规范的业务流程管理

不管是组织经营目标管理，还是组织的业务流程管理，其核心是必须对组织中的任务作出规范化管理，而这个规范化管理其实就是任务管理的标准化与精细化。

（1）规范的管理流程

组织需要建立具有标准化和精细化管理能力的业务流程，以确保组织（企业）各项业务活动的合规性和效率。流程应涵盖从战略规划、计划、发布、执行到监控反馈的整个过程，形成一个闭环系统。流程管理可以通过引入先进的管理工具和方法来优化业务逻辑，提高组织的响应速度。

（2）高效的数字化管理

完善的数字化管理体系将确保组织的各个部门之间信息畅通和有效的信息流转。采用全面数字化管理类工具，重视数据的收集、分析和利用，提高数据处理的效率和准确性，为组织决策提供有力支持。

4. 灵活的组织变革与适应能力

随着外部环境的变化和组织自身发展的需要，组织管理体系应能够灵活调整。应通过培养员工的创新意识和适应能力、引入组织变革机制，如流程优化、组织再造等，来适应市场变化和技术进步。

5. 持续的改进与优化能力

将持续改进和优化作为组织管理体系的核心价值观之一，不断寻求改进的空间和机会。组织应该引入先进生产方式和有效的管理方法，以提高组织运营效率。鼓励员工学习和分享知识，建立学习型组织，提升组织的整体竞争力。

7.2 TKR 的管理体系

每一个组织（企业）都具有自己独特的使命、愿景和价值观，并在此基础上界定使命和愿景将如何实现的战略——对组织（企业）业务活动预期取得主要成果的期望值。

TKR 从组织（企业）的使命和愿景出发，帮助组织（企业）建立起以 TKR 管理理论为指导的有效管理模式——对组织经营目标和业务流程的管理。

TKR 将组织（企业）经营管理的对象当成一个不可分割的整体来看待，而不仅仅是被割裂的部门、职能、人、活动、数据和绩效。这个经营管理的对象包括两个重要部分，就是经营目标和业务流程。

如何避免弊端？如何实现对组织（企业）的经营目标与业务流程的数字化管理？下面将介绍 TKR 的管理体系与方法。

7.2.1 TKR 管理模型——TKR 金字塔管理模型

从图 7-1 中可以看出，一个组织在经营与运营管理阶段，考验管理者能力的关键部分是，如何将使命与愿景通过战略落实在具体的目标上，将目标的实现依托于目标下的任务能够按计划完成。遵循业务流程管理的要求，在任务执行过程中同时获取关键结果，为组织提供更高效、更精细化的绩效指标，持续优化组织的业务流程。

使命与愿景是引领，战略是落地方法，目标和任务是实现战略与愿景的手段。

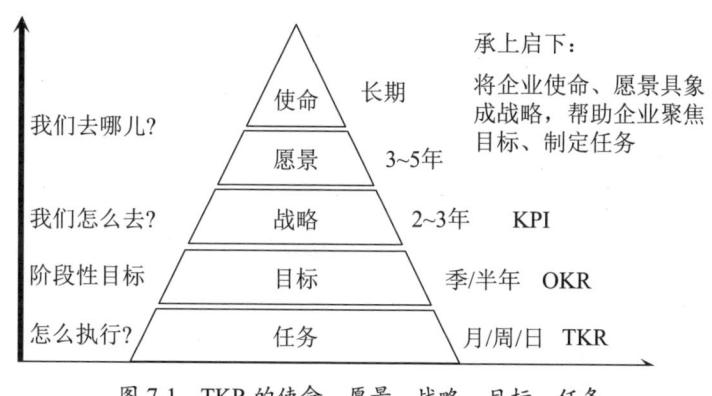

图 7-1　TKR 的使命、愿景、战略、目标、任务

7.2.2 TKR 管理体系构成

现代企业所有的战略目标都是在组织使命与愿景引领下展开和落实的。KPI 和 OKR 是现代企业管理绩效、实现经营目标的传统管理工具。这两个工具在实施应用过程中非常依赖于管理人员的能力和管理人员的数量，一旦组织的业务数量和业务模型的复杂度超出人所能承受的范围，管理的对象和过程就会失控，最后出现经营目标不能如愿实现，绩效结果脱离业务过程，无法实时观察与控制的局面。TKR 能够帮助组织（企业）对经营目标和业务流程进行数字化管理，自动呈现业务运营绩效。

TKR 管理体系由四大部分构成，即 TKR 的工作目标、TKR 的工作方向、TKR 的工作手段、TKR 的工作方法（见图 7-2）。

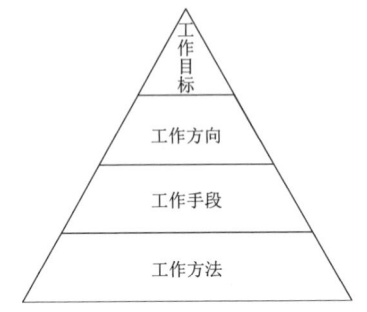

图 7-2 TKR 管理体系：目标、方向、手段和方法

1. TKR 的工作目标

TKR 的工作目标是提高效率、降低风险。TKR 通过确定工作方向、明确工作手段、遵循工作方法的路径，实现整个组织提高效率、降低风险的目标。

TKR 的组织经营目标管理通过专有业务系统，如 CRM、MES、PLM、OA、目标管理及供应链管理和通用项目管理子系统等得以实现。

经营目标是组织（企业）战略规划的重要组成部分，涉及组织（企业）的长远发展、资源分配、顾客服务和市场竞争等方面。在制定组织（企业）的经营目标时，需要充分考虑经营目标与 TKR 工作目标的提高效率、降低风险的要求相结合，以此确保经营目标可以顺利制定，并被执行和完成。

TKR 的工作目标的制定包括七个步骤，不同组织（企业）可进行参照以保证目标的合理性。

（1）制定经营目标

经营目标应与组织（企业）的愿景、使命及战略规划相一致，体现组织（企业）的长远发展计划和核心竞争力。

经营目标的设定应遵循 SMART 原则，即具体（Specific）、可衡量（Measurable）、可达成（Achievable）、相关性（Relevant）和时限性（Timebound）。

经营目标应由高层管理团队根据市场分析、内部资源评估和风险预测来制定。这部分的工作由经营管理团队结合市场、内部资源与数据由人工来完成。

（2）目标的分解与分配

分解组织（企业）的总体经营目标，大的目标应该分解为部门目标和个人目标，确保每个层级的目标清晰、具体、可执行、可衡量、可考核。分解的目标应与各部门及个人的职责和能力相匹配，确保目标的可执行性。

从这部分开始，目标的分解、执行、沟通与协调、实时监控与定期检查、评估与调整以及持续改进与优化都可以在 TKR 软件系统中进行操作并实现。

（3）制订目标行动计划

TKR 可以为每个经营目标制订详细的行动计划，包括时间表、资源需求、关键里程碑等，确保行动计划具有可行性和可操作性，能够被执行和监控。这个阶段的工作其实就是将各类、各级目标分解为任务的过程。

（4）目标执行过程中的沟通与协调

TKR 将保障目标执行过程中的实时协同。经营目标及其行动计划需要与组织（企业）内部的各层级进行沟通和协调，确保所有人员都理解组织（企业）的目标，并愿意为实现这些目标付出努力。

（5）目标的实时监控与定期检查

TKR 可实时监控与定期检查目标的进展情况，以便管理者能够及时发现偏差并采取措施作出调整。

（6）目标的绩效评估与调整

定期对经营目标的完成情况和绩效作出评估，并把绩效与员工的晋升、奖金等激励机制挂钩。评估应公平和透明，确保评估结果能够真实反映目标的完成情况，管理者可根据组织内外部的变化情况适时修改或更新经营目标。TKR 可通过管理看板、报表等一系列工具为实施绩效考核提供工具支持。

（7）目标的持续改进与优化

经营目标的制定过程应该被视为一个持续改进的循环，依据 TKR 提供的相关数据，不断优化目标设定和行动计划，提高组织（企业）的竞争力。

2. TKR 的工作方向

TKR 的工作方向是组织的经营目标管理和部门过程（业务流程）管理。TKR 软件系统通过对组织经营目标进行项目化整合管理，来落实和强化经营目标管理；采用标准化与精细化的部门过程（业务流程）管理工具，保障经营目标的正确方向（见图 7-3～图 7-5）。

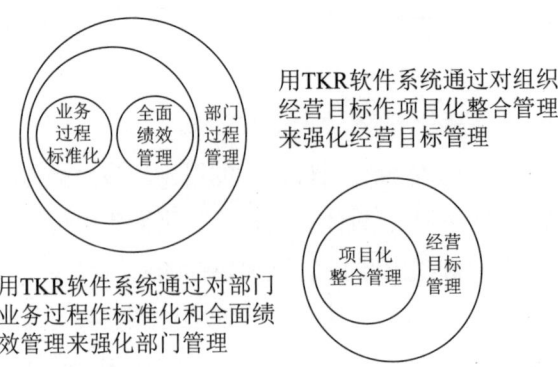

图 7-3　TKR 的工作方向：经营目标管理和部门过程管理

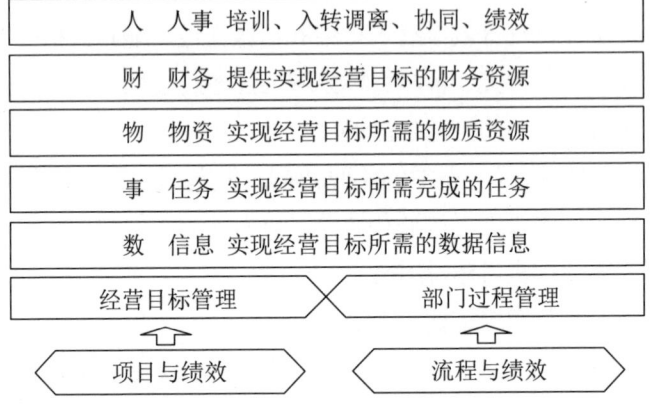

图 7-4　TKR 的工作方向：经营目标管理和部门过程管理的对象

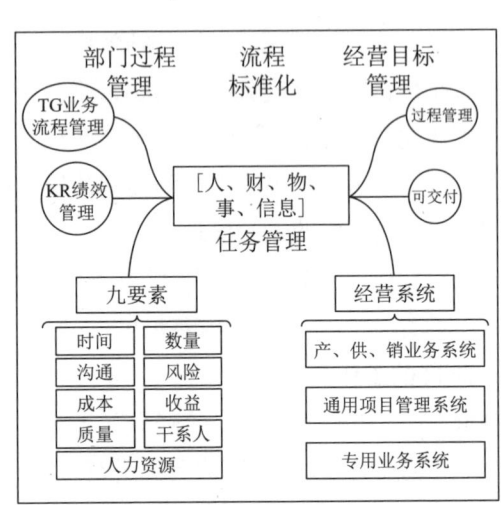

图 7-5　TKR 的工作方向：经营目标管理和部门过程管理的核心——任务管理

第五、第六章分别介绍了 TKR 的九个管理要素和零代码能力。TKR 业务流程管理主要依靠两个方法与能力：一个是 TKR 的零代码；另一个是 TKR 的九个管理要素。

依靠零代码能力和九个管理要素，TKR 业务流程管理可以离开本组织的 IT 人员，让业务管理者以分钟或小时为单位，自主配置出所需的业务流程。它就像是一个超级业务逻辑的创造器，通过 AI 与人工结合，始终维持着业务流程的生成、执行、监督、成长与优化，极大地提高了组织的运营能力。

而这个实时、快速配置业务流程的能力，不但企业需要，它还可以更广泛地被应用于非生产型组织的管理与监督中。

TKR 的工作方向包括经营目标和部门过程（业务流程）管理两个部分。前面已经介绍了经营目标管理，此处主要介绍部门过程（业务流程）管理。

业务流程管理是一个系统化的过程，涉及多个方面的策略和步骤，TKR 软件的良好工具属性，可以帮助业务管理者对业务流程的准确控制与调整。我们提出了几条业务流程管理的重要原则，以提醒管理者在实际管理业务流程时，可以充分依赖 TKR 软件。

（1）确保流程管理的战略一致性

流程管理的最终目的是实现组织的战略目标，这就需要确保流程管理与组织战略目标的一致性，使流程管理活动与组织长期战略相协调。TKR 软件系统的目标与流程管理支持将目标进行无限细分，并将细分目标也就是任务分配给不同的部门与人员，或者将目标和任务与其他项目关联，实现任务的多重支援能力。

（2）保证流程治理的合规性

TKR 软件系统可以帮助管理者按照组织制度要求，按部门或项目分类，建立明确的治理结构和流程管理责任，确保流程的有效执行和监控。

（3）快速构建流程模型

TKR 软件系统通过"任务集"或其他专有业务系统，实现业务流程的快速建模和分析，清晰展示业务流程的各个环节和步骤，以及各岗位的职责、执行时间与资源能力，建立明确的流程执行标准和操作规范。员工能够按照规定的流程进行工作，确保流程的准确性和完整性，实现与其他部门和人员的协同。

（4）流程的持续优化

TKR 软件系统通过实时数据持续寻求流程的改进机会，利用流程分析工具定期对流程进行审查，并评估流程的效率和风险。识别并消除流程中的浪费环节，如不必要的步骤、等待时间和重复工作或者废弃的要求等，识别出业务流程的改进机会，通过优化减少冗余和浪费，提高业务的运营效率。通过持续改进，与组织的其他部门和员工进行充分的沟通和协作，以确保流程符合组织的战略目标。

（5）关注流程质量和效率

TKR 软件系统利用先进的流程管理工具和技术，关注流程的效率和质量，通过数据分析和实时监控，对流程性能进行持续分析和评估，确保流程管理的效率和准确性，实现流程的自动化。

（6）顺应变革管理的要求

TKR 软件系统用数字化和 AI 技术，提供了能对市场变化和内部需求作出实时反应的能力。员工可以在系统的目标与任务管理子系统中提出流程改进的建议和意见，实现对流程的必要调整和优化。同时，建立起全员参与数字化转型的条件与氛围。

TKR 很好地解决了业务流程标准化过程与绩效要求之间需要实时关联的痛点。通过对组织业务流程与经营目标的双重控制，真正实现了组织级运营过程标准化与绩效管理的提升，保障组织经营管理的成功。

3. TKR 的工作手段

TKR 的工作手段是分派任务、检查与考核任务。一个组织如果有了最适合自身的使命、愿景和战略目标，就必须有无数组工作任务来完成这些目标，保证这些任务顺利完成的方法，需要有完善的业务流程管理。受限于理论与计算机技术，以往的管理方法或软件，不得已将一体化的业务活动拆分成按职能分配的、业务流被迫断裂的工作和观察计量对象，人为阻断了上下游业务活动的关联和信息流通，造成组织的使命、愿景、战略、目标、任务和绩效之间割裂与分散的状况。这就不能准确反映彼此之间的因果关系，无法在任务分配、执行的同时提供任务的实时绩效，也无法满足一体化业务管理要求，建立起全面数字化管理体系。

TKR 软件系统始终贯穿于组织的目标、业务流程和任务关键结果绩效，通过任务的分派、检查与考核，交付合格的结果。

对于组织而言，TKR 是业务过程标准化管理的工具，也是经营目标项目和任务化管理的工具，还是知识和经验积累传递的工具及组织全面绩效管理的工具。

对于团队而言，TKR 则是部门和项目的流程管理工具与组织实现经营目标的业务管理工具。

对于管理者而言，TKR 更是业务标准化与精细化管理的软件工具，可以实现原来靠人工方法效率低下且很难解决的实时业务流程管理、任务自动安排与分配、任务自动检查与督导、流程优化与提升、员工标准化培训、实时绩效评估与考核功能。

对于个人或员工而言，TKR可以帮助员工按标准化流程工作，即自动接收和处理工作、协同和沟通任务、自动交付工作成果，也是员工自我学习和主动接受培训的优秀工具。

TKR所具有的这些特点，必须有一个合适的手段来体现，TKR的最终落脚点是管理者分派任务、检查和监督任务过程、考核与交付任务三个环节（见图7-6和图7-7）。

此处仅讨论任务分派、任务检查与监督、任务考核与交付三个环节。其详细的步骤将在下一章中介绍。

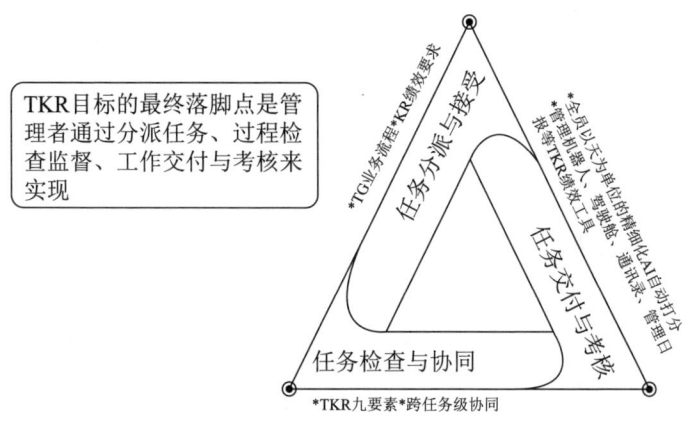

图7-6　TKR的工作手段：分派任务、检查任务、考核任务

对组织	
• 业务过程标准化管理的工具	• 知识和经验积累传递的工具
• 经营目标项目化管理的工具	• 组织全面绩效管理的工具

对团队	对管理者	对个人
• 部门业务管理的工具 • 经营目标管理的工具 （1）通用项目管理的工具 （2）产品开发管理的工具 （3）产品制造管理的工具 （4）采购管理的工具 （5）销售管理的工具	• 业务标准化管理的工具 （1）业务流程管理的工具 （2）安排分配工作的工具 （3）检查督导工作的工具 • 优化与提升业务流程的工具 • 员工培训的工具 • 绩效评估考核的工具	• 按标准化流程工作的工具 （1）接收和处理工作的工具 （2）工作协同和沟通的工具 （3）交付工作成果的工具 • 学习组织业务规范与流程的工具

图7-7　TKR的工作手段："任务"管理对不同对象的作用

(1) 任务设计与分派

任务分派包含任务设计与分派策略和过程。管理者利用 TKR 任务管理系统可以快捷地设计和分派流程型任务。这里会涉及两个工具名词：一个是 TKR 任务管理系统中的"任务集"（Task Groups，TG）；另一个是"关键结果"（Key Results，KR）。

"任务集"（TG）是针对一个组织中所有部门单元业务流程的描绘，以及基于该流程下所有任务关键业务要素的集合，是在流程约束下的任务管理。简单的理解就是，"任务集"（TG）是一个流程型的超级任务管理器。

而"关键结果"（KR）是构成 TKR "任务集"的必要部分。"关键结果"（KR）可以在设计任务时预先设计任务的绩效指标，它同时也是业务运行结果的计量和评价指标。

1）动态的任务设计与分派策略

传统方法中，任务分派往往会采用固定策略，工作人员会根据预先构建的关系信息分派任务。但这种方法无法根据每个人的工作量、专业度、休假情况、熟练程度等进行差异化分配。

TKR 任务系统则基于动态策略，充分考虑工作人员的工作量、专业度、休假情况等因素，使用算法或工具来动态分派任务。例如，可以根据最近一段时间内已产生和待处理的告警任务数量、各候选工作人员已处理的告警任务数量及他们的工作饱和度，来确定分派方式。任务系统允许创建任务、分配任务给组织列表中的成员，并跟踪任务的完成情况。

2）灵活的任务设计过程

管理者依据工作目标，利用"任务集"（TG）和"关键结果"（KR）工具，灵活设定部门或个人的任务流程。

"任务集"（TG）本身由流程、表单和权限构成，是一个组织用来设计、设置和管理、使用业务流程的工具。它具备在不同任务下团队成员之间的沟通协作能力。

"任务集"（TG）可以按部门或工作组遵照其各自的业务流程创建。它支持分别对与任务相关的数量、时间、成本、收益、沟通、质量、风险、人力资源、干系人进行实时管理（见图 7-8）。

"关键结果"（KR）可以按个人和部门分别设定，既可以对工作目标/任务的设定起到引导作用，在任务执行过程和任务完成时，它也成为对部门和个人工作结果的计量和考核依据，是精细化流程管理结果的体现（见图 7-9）。

图 7-8 TKR 的工作手段：分派、检查与考核任务——"任务集"（TG）

图 7-9 TKR 的工作手段：分派、检查与考核任务——"关键结果"（KR）

3）系统自动分派任务

TKR 任务管理系统使用自动化工具，根据预设的策略和算法，自动将具有明确要求的任务分配给适当的人员或部门。

4）任务接受

工作人员通过任务管理系统的推送，自动获取分配的任务，按任务的时间和其他关键要求开始执行任务。

（2）任务检查与交付

TKR 的任务检查与监督，通过 TKR 的九个管理要素在任务的运行过程中得以实现。它具备的跨任务级协同能力，让任务检查与考核变得非常轻松，各类实时报表、饱和度工具、驾驶舱共同承担起对任务的检查与监督，系统可以对全员自动输出以天为单位的考核与打分结果。在任务管理的同时，它也成为一个优良的绩效管理工具，使得任务交付与考核变得更为容易与简便，减少人为干预的困扰。

4. TKR 的工作方法

TKR 的工作方法是任务的简化、流程化、标准化和制度化，也称之为"四步工作法"或任务"四化"。

将复杂任务精简为简单任务，并使之流程化、标准化和制度化，这并不是 TKR 的发明，但 TKR 软件系统在工具层面实现了数字化，管理人员可以通过 TKR 系统做到任务的"四化"。

（1）任务简单化

任务简单化就是将复杂的业务分拆为简单的工作任务。

（2）任务流程化

任务流程化是指管理者将任务设计成可以用流程描述的作业形式。

（3）任务标准化

任务标准化是指通过 TKR 软件系统提供的流程标准化工具，采用任务集（TG）为组织搭建流程标准化管理和实时绩效管理系统。

（4）任务制度化

任务制度化是指采用 TKR 软件系统，将业务流程的标准化管理嵌入部门和项目的过程管理之中，并将关键结果 KR（绩效）在多种形式的管理报告和控制窗口呈现出来，以供绩效考核和业务优化。

7.3　TKR 的方法论

本节将介绍 TKR 的方法论及 TKR 软件在使用上的一些建议。

进入 TKR 应用阶段，要求数字化转型的单位，在组织上需要一个强有力的、有决策权力的领导者和团队来负责组织全面数字化转型的总体规划、部署和分步实施计划。

一旦组织的高层确定了采用 TKR 来实施数字化转型，就应该及时向整个团队传达数字化转型的使命和目标，得到统一的认可之后，TKR 就可以启动了。

TKR 的应用并不是脱离原有的业务活动，而是和原有的工作紧密相连，在团队接受了 TKR 培训后，应用者将沿着 TKR 指导的程序来实践。其程序包括目标分解、任务集设计、绩效指标设计、创建任务、执行任务、检查任务结果与绩效考核及业务流程持续优化七个阶段。

7.3.1 目标分解阶段

TKR 目标分解阶段的工作主要由组织内的高阶管理者和业务专家完成，在没有足够经验的情况下，也可以寻求咨询顾问的帮助，在 WBS 的引导下，把经营与管理目标分解成任务。

7.3.2 任务集设计阶段

TKR 任务集设计阶段的工作主要由业务专家完成，业务专家可以是组织内部的人员，也可以是组织外部的咨询顾问。在广泛吸取行业经验及满足组织的特有需求后，可以利用 TKR 软件系统来确保设计出正确、有效的业务流程及完善的表单与合理的权限。任务集可以服务于业务系统，也可以服务于行政管理系统。

TKR 始终关注的是任务集和任务，它们是 TKR 的核心，通过有效的任务集设计和配置，可以为组织提供一套标准化的业务活动控制程序，再现一个完整的标准业务流。其中的子任务、负责人、执行人、参与人、时间、质量要求、任务与子任务转接、沟通、表单和权限等都在一个任务集中被设计完成。优秀的任务集设计，将保证业务流中的任务都会按设计要求去完成，减少问题或意外出现的数量。这也是我们经常提到的数字孪生的一种形式。

7.3.3 绩效指标设计阶段

TKR 绩效指标设计阶段的工作主要由业务专家、相关部门负责人完成。它可以分为创造性绩效指标、事务性绩效指标、成本指标和关键财务结果指标。有关时间、数量、成本、收益等的绩效指标都将在这个阶段得以体现。

7.3.4 创建任务阶段

TKR 创建任务阶段的工作主要由应用者，即任务的分配者或任务的负责人来完成。它在创建时通过标题表达工作内容，描述、阐述工作要求，用表单提供关键信息，用预计开始时间和预计完成时间管理进度、触发提醒。它还提供优先级功能来区分主次，可自定义标签分类任务。任务创建是否完整是工作任务能否顺利、高效执行的关键。

7.3.5 执行任务阶段

TKR 执行任务阶段的工作主要由应用者，即任务的执行者、负责人和审核人来完成。它可以非常便利地点击"执行""完成"等按钮，也可以描述该任务执行过程中需要详细说明的细节和重点，还可以用附件形式传递各种格式的文本，并在系统的沟通功能中与该任务的所有参与人进行文字或文件的交互，以实现工作协同。TKR 支持任务负责人对时间作出适应性调整，并记录在系统中。

7.3.6 检查任务结果与绩效考核阶段

TKR 检查任务结果与绩效考核阶段的工作主要通过系统自动提供的结果，由业务负责人、业务检查者和绩效管理者来完成。它依照第三阶段所设定的关键结果指标，以多种形式的任务工单、统计报告、报表等，输出任务执行阶段所产生的关键结果，为绩效评估提供实时数据。TKR 的谅解功能也支持任务负责人/执行人对关键结果数据作出说明，系统得到授权后允许调整为最新的关键结果数据，以增强系统的灵活性。

7.3.7 流程持续优化阶段

TKR 业务流程持续优化阶段的工作主要由业务专家和高阶管理者来完成。依据历史数据和关键结果数据，系统会自动识别出存在或潜在的瓶颈，找出在流程、成本和资源方面的改进机会，并将这些改进应用到后续的任务集（即标准化流程）和绩效设计中去，从而获得业务流程与评价体系持续的改进与优化，提高组织运营效能。

7.4 TKR 带来的益处

第 6 章的结尾谈到过 TKR 可以促进组织的数字化转型。在竞争越来越激烈的市场里，面对多变和复杂的环境，各行各业的组织逐渐认识到，原来独立分布、只解决单一需求的业务管理系统已经不能满足业务数字一体化发展的需求。系统性地将组织的目标、任务、业务流程和绩效统合起来改进，提高组织的效能，最终实现组织的战略目标，是摆在经营者面前亟须解决的课题。

曾经有过优势、起源于工业经济的 KPI、OKR 等传统管理理论工具，在独立解决绩效和目标管理的历史中有过它们的作用，至今也仍在不同的组织中被继续使用。但在数字经济时代，面对急剧变化的市场和新的挑战，旧有的工具难免力不从心，原先的优势不再被看重，更何况这些管理工具很少得到软件的支持，这样，固有的缺陷就显现出来。

TKR 作为一种全面数字化管理的方法与软件系统，它给行业对组织经营目标和业务流程的数字化管理带来了可能。通过个人（包括部门）的业务活动，用任务直接关联经营目标、业务流程和绩效，以此谋求对组织目标、任务、流程和绩效的全面数字化管理。

7.4.1　TKR 独具的优势

与传统管理工具相比，TKR 具有全面数字化产品的天然优势，可以帮助组织（企业）更好地开始数字化转型。

（1）目标与业务流程的强关联性

TKR 弥补了目标管理与过程管理脱节的弊端，用任务集（业务流程控制）将目标分解为完全可控、可调整的任务。

（2）保障业务数据的真实性

TKR 能得到真正有用的成本、收益、数量、时间关键结果数据。

（3）帮助建立高质量业务流程

TKR 能提供规则，并为业务活动提供标准化、精细化的作业指导。

（4）提高业务的高可控性

TKR 让所有人、所有工作都处于可管理范围之内，把每个人的工作都放进软件系统，所有业务活动可以被观察、被计量，体现的是公平和透明的原则，同时提高了团队的作业能力。

（5）让业务变得可控

TKR 能约束业务活动的过程，帮助作业人员在业务活动中按流程的要求进行作业，受到流程和制度的约束。

（6）有效利用人力资源

TKR 能帮助一个组织更合理地利用、分配人力资源，提高人力资源的效用。

（7）降低人力使用成本

TKR 能帮助一个组织在软件系统和知识库的指导下，启用能力相对较弱的员工，降低人力资源成本。

（8）帮助建立质量管理体系

TKR 是帮助组织实现质量管理的有力工具，可以构建完备的质量管理体系。

（9）提供真实的工作结果与绩效报告

TKR 能够为管理者快速提交真实的关键结果绩效报告，避免和减少绩效管理中数据作假的可能，并由此进行奖惩。

（10）为业务流程优化提供数据保障

TKR 软件系统能够分析出大量准确、实时的业务运营数据，为业务流程优化提供数据保障。

（11）为决策提供准确数据

TKR 可避免个人在缺少足够信息的情况下作出对工作的独断，同时具有实时和充分的沟通与协同能力，能降低运营风险。

7.4.2　TKR 通过经营目标和业务流程助推数字化转型

组织的经营目标管理和业务流程管理是组织最核心的两个部分。越是先进的组织和高阶管理者，对这两者的重视程度就越高。以零代码定制和对组织经营目标与业务流程的数字化管理为核心手段的 TKR 软件系统，为组织的数字化转型提供了一个很好的选择。

1. 全面数字化是 TKR 成功的重要基础

TKR 的成功有赖于组织的全面数字化实现程度，同时它也是全面数字化的重要组成部分。在数字化转型之前，组织的数据不在计算机系统中，或虽然有了数据但处于各自分割状态，只限于部门或业务单元的数据处理与应用，无法为组织提供完全的数据共享，组织的数据获取能力非常弱。数字化转型则是把组织的原来游离在软件系统之外的业务全部转移到软件系统中，也就是将组织内部所有的人、所有的工作都转移到计算机系统中进行处理和记录，并将原来分散独立的绩效、目标和运营等系统的数据整合在一起。这样，TKR 才具备成功的基础。

2. TKR 是全面数字化的保证

一个组织业务运营的全部数据的计算如果脱离计算机技术，几乎是无法实现的。TKR 贯穿了组织的重要业务活动，担负着业务活动的最终结果——关键结果绩效的计算和分析，只有业务被全面数字化，计算机技术才有能力处理、分析和计算庞大的实时业务数据，并输出关键结果和绩效报告。用计算机技术来辅助 TKR，用数据来指导组织运营的改善，是取得 TKR 和全面数字化转型成功的保证。

3. TKR 帮助组织实现卓越

TKR 真正的成功能让组织（企业）实现卓越绩效，使管理者免于管理的失败，提高人的尊严和能力，让更多的劳动者从烦琐的工作中解放出来，去从事更多、更有价值的创新性活动。同时，可避免粗放、混沌式管理带给组织、社会的危害和生产效率的损失。

任何一个新的方法和工具的出现，一定会给组织（企业）带来冲击和变革，通过系统地实施有效、可持续的变革和精细化业务管理方法，在导入 TKR 全面数字化管理系统后，数字化转型是能够成功的，回报也可能是巨大的。成功的组织（企业）总是在不断的变革与优化中走在别人前面，获得更丰厚的回报。

第8章
TKR：数字化转型的工具（四）
——TKR支持精细化人力资源管理

组织的终极目的是要创造价值，取得运营成功。而组织要在运营中取得成功，必须提高和增强组织的运营水平与运营效能。其中，一个重要的方法和支撑是人力资源，因为组织的目标、战略的实施和执行都需要通过"人"这个关键要素来实现，包括从最高管理者到操作层面的员工。人决定了一个组织的运营能否成功并获得突出的运营效能。人力资源管理能力的提升不但是企业类组织必须关注的，也是非营利组织和政府机构需要关注的。

8.1 人力资源管理的现状

现有的人力资源管理已经形成了一套成熟的体系，是一套自成规则的管理系统。它包括组织与规划、招聘与配置、培训与开发、绩效考核与奖惩、薪酬与福利、人员劳动关系六个主要部分。通常采用的方法是按一个组织的目标和人力资源管理本身的特点要求去制定人力资源管理的制度、规范和办法，并细化和遵照执行。它的好处是，如果在人力资源专家的指导下可以制定出一套很全面的制度来，结合强有力的执行，就有可能达到人力资源管理的目的，也就是最大限度地用有限的人力资源来完成预定的工作目标，达到组织效能的最大化。

不同的组织面对这套完整的人力资源管理理论时，由于每个组织对人力资源投入的方式、力量都各不相同，人力资源部门与用人部门之间的结合程度也有高低，导致管理的结果千差万别。具体到不同组织在人力资源的应用、落实过程中，共同遇到的一个问题，也可称之为人力资源管理中的陷阱——工作人员能力与工作结果的错位，即人力资源在培训、配置、使用和调配能力上出现了错误或缺失，业务运营遭到损害，最终影响组织的绩效。

组织通过招聘选来合适的人员负责不同岗位的工作，目的是按照组织战略和经营目标，选拔通过培训后的人员进行合规作业，输出符合或超过期望的工作结果。但在人力资源管理中经常会发生以下几种情况。

1. 培训的有效性不高

初看培训效果似乎不错，但一旦到了实际的工作岗位开始工作，输出的工作结果却不合要求，除去招聘环节出错的可能，培训方法不当、培训工具缺乏及培训过程与员工实际工作过程分离，是培训有效性不高的主要原因。这导致作业结果与任务要求之间出现偏差。

2. 绩效结果准确性不够、绩效考核依据不足

绩效管理者制定了工作绩效指标，但得到的绩效结果有可能存在与目标偏离、不准确，甚至绩效结果作假的现象。这些偏差和数据不准确的直接原因是人力资源绩效考核中绩效结果获得的途径与实际工作过程分离所造成的，这也导致最终的考核依据失去合理性，奖惩目的无法达到。

3. 人力资源的浪费

人力资源存在浪费的现象，但找不到问题出在哪里。与市场或对标组织相比，管理者虽能察觉出运营效率的差距，却很难找出差距产生的原因，因为当前的管理系统无法提供员工劳动效能的有效指标，也无法通过跨部门的人力资源管理来提高生产效率。

人是一切，是管理的起点，也是所有管理的重点。组织最有价值的资源就是人，所有的运营和组织活动都是围绕着人而开展的，通过人的活动去完成组织目标，离开了人的活动，组织不可能良好、长期地自动运行。一个组织的战略、管理思想、方法、运营机制和管理过程都是由人或团队来承担的，是人推动着组织的发展和进步，只有具备了合格能力的人，组织的目标才有可能被实现。这也是人力资源管理越来越受重视的原因。

8.2 TKR 新型人力资源管理工具

在数字化时代，面对环境的多变性和业务运营形态的多样化，组织要想在

竞争中取得优势，势必要求人力资源管理在管理思想、管理方法和管理工具上要有创新和发展，需要用有效的新思想、新方法、新工具来保障组织经营目标的实现。

针对以上论及的问题，我们的研究对象主要聚焦在人力资源的培训与绩效考核两个部分。它的核心能力是希望用计算机系统实现业务过程管理与绩效管理的紧密耦合，确保业务活动在过程中保持合规，并以此输出真实、可靠的业务活动绩效。

新的人力资源管理方法将人力资源管理看成组织全生命周期内一个动态的管理行为，强调人力资源管理与日常业务活动的紧密结合，以此帮助各类组织解决人力资源管理中的难点，改善和提高组织的人力资源管理能力。这将是人力资源管理在方法论上的一个突破。

下文试图阐述如何用TKR这个新的管理思想和方法来提升组织的人力资源管理能力，并在管理实践中获得竞争优势。

下面将分三个部分来重点讨论人力资源管理的核心部分。

人力资源的培训、人力资源的配置与使用——如何合理使用人力资源及如何设计有效的绩效考核管理体系。

TKR人力资源管理方法可以归纳为组织获得和提高三个能力，即快速赋能、快速调配、实时绩效。

8.2.1 快速赋能

第一个能力是组织利用培训工具和模板快速赋能给培训者和受训者。通过各类实际业务流程在软件系统中的模拟训练，培训者只需付出较少的培训成本，就可让受训者获得准确且长期有用的培训结果，快速进入合格工作状态，提高培训效率，降低培训成本。

8.2.2 快速调配

第二个能力是组织通过软件系统的应用进行合理、快速的人力资源调配。通过授权，突破人员受所在部门限制而无法在任务、项目或项目之间灵活调配的困局，增强人力资源调配的及时性和灵活性，增强组织的协同能力，提高单位和个人的劳动效率与任务的完成率。

8.2.3 实时绩效

第三个能力是组织通过应用业务流程管理与绩效管理紧密耦合的一体化系统，来获得实时、准确的绩效管理数据，为奖惩提供真实依据。

8.3 培　　训

首先分析人力资源管理中的培训部分，涉及的问题包括：什么样的培训才是有效的培训？什么是正确的培训方法、过程和工具？怎样培训？如何输出好的培训结果？

培训的形式多种多样，目的是要通过一定量的有效培训，让受训者获得完成特定工作任务所必须具备的技能。通常，组织会对担任某类工作岗位的员工提供制度与规范学习、技能学习、工作示范等方式的培训，经考核合格后开始工作。这种培训方式按不同工作岗位的要求，需要花费大量的时间和师资力量，不断重复进行。经培训后的作业人员在从事实际工作时，因个体能力的高低，仍然容易在作业环节发生错漏、不符合作业标准等问题。

研究者对培训的理解是，需要用有效和正确的培训方式来保证人力资源培训的有效性，我们不但要给受训者提供基础的培训和工作指导，还要为受训者提供实际工作中的作业程序模拟训练。只有把作业程序、作业要求和模拟训练结合在一起，培训的效果才能真实呈现出来。只有发现存在的问题并去改进，那才是真正有效的培训。

培训双方可大量运用系统提供的培训模板，覆盖各业务环节的关键知识和工作技能，快速获得工作能力。同时，这个培训方法可以让受训者在软件系统里自我学习，持续提高受训效果，并在工作中遵照工作流程的要求不断优化作业水平。

作业者通过工作积累，可以把工作经验和知识技能用业务流程的形式存储在软件系统里，不断累积运营数据，提高个人和组织的业务运营能力，优化业务运营体系。

8.3.1 新培训方法的优势

①新方法可以让培训者用来制订培训计划（目标、时间和范围）。

②新方法可以让培训者设计培训过程。
③新方法可以让培训者规范模拟培训。
④新方法可以让受训者快速学习培训内容,模拟真实作业场景。
⑤新方法可以快速完成培训,输出合格受训者进入工作岗位。
⑥新方法可以使培训者和受训者对培训活动作出评估和改进。

8.3.2 培训者用新方法设计培训过程

这里着重讲解如何运用新方法为培训者及受训者提供更便捷、有效的培训。这个过程将帮助培训者快速设计出合理、可重复使用的培训计划模板,以帮助培训人员准确无漏地完成培训工作。

1. 确定任务集的培训内容

依据培训内容和培训分类(专用培训或通用培训),确定培训任务集的名称、描述、所属部门、使用范围、负责人等属性信息(见图8-1)。

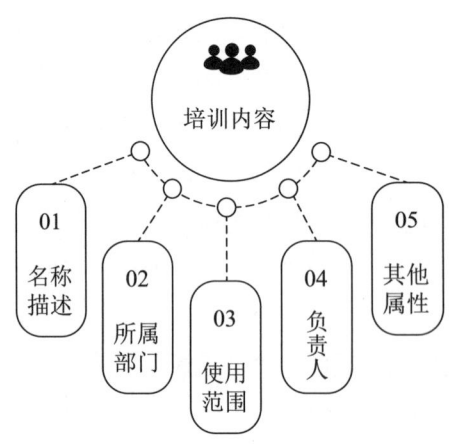

图8-1 TKR的培训内容

2. 确定培训任务集的流程节点

依据培训计划,设立培训任务集的流程节点信息和起点,确定流程的执行人和指导文件(见图8-2)。

3. 确定培训任务集的表单内容

依据培训计划的要求,设定培训任务集各流程节点的培训要求、培训执行人及发给参与人通知等内容,以确定任务集表单的字段(培训过程中的要求)(见图8-3)。

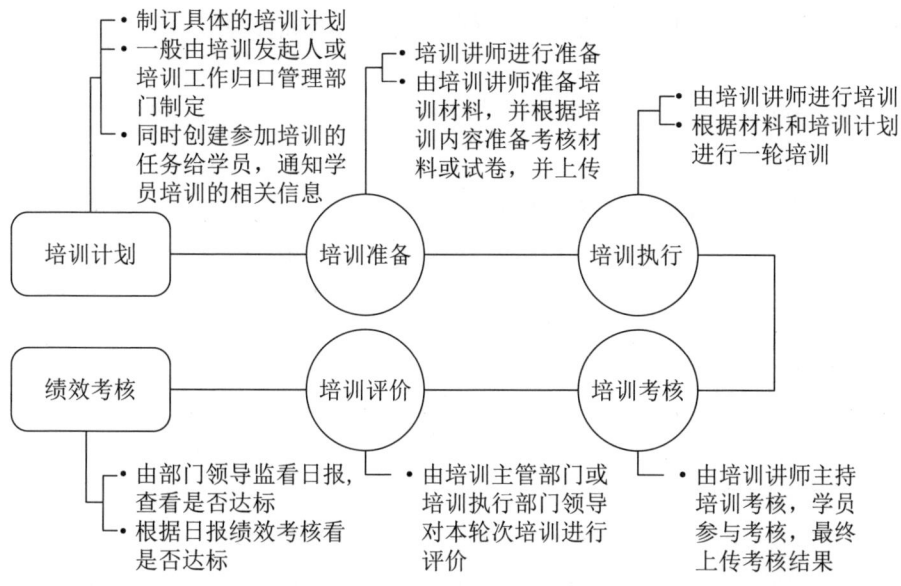

图 8-2　TKR 的培训流程节点

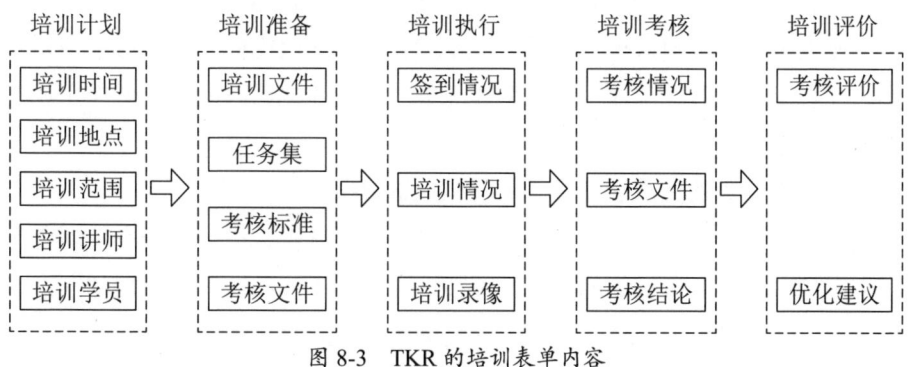

图 8-3　TKR 的培训表单内容

4. 设定培训任务集的绩效指标

依据培训时间周期以及培训的频次要求，设定本次培训的绩效指标（普通培训仅需要设定"创造性指标"，即要求在一定时间范围内至少完成几次培训以及最低的培训次数等）（见图 8-4）。

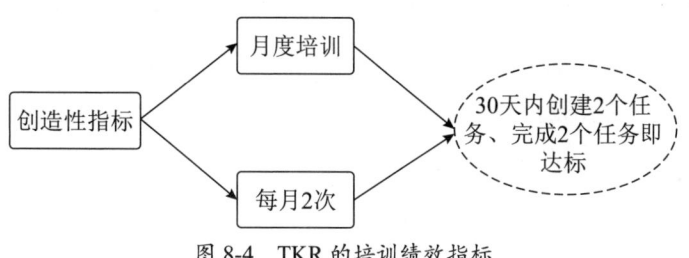

图 8-4　TKR 的培训绩效指标

8.3.3 培训者用新方法建立可交互的规范化培训体系

这部分将由人力资源部门和相关业务部门共同设计完成以合规作业为核心要求的培训体系。

1. 制定培训内容和培训考核指标

由培训者（归口管理部门）依照培训计划，在培训任务集发起任务，制定培训内容和培训考核指标。

2. 在培训任务集中建立培训任务

培训者按培训计划准备培训材料，建立培训任务并上传至任务节点中，这一环节的工作将有效保存每次培训所使用的材料、过程情况和培训结果，积累培训经验，形成培训知识库。

3. 启用各业务部门的业务流程集合，模拟操作规范流程

对于培训内容中最重要的部分——组织的业务流程与业务规范，启用组织已制定的以部门为分类标准的业务流程集合进行培训，并通过业务场景的模拟让受训者实操业务。通过绩效指标的设置让受训者了解绩效指标、考核规则是如何制定的；理解组织的目标是如何被分解成任务的，并在之后以任务的形式在各自所属的业务流程中被完成和实现。

4. 用模拟任务的完成质量评估和考核培训效果

通过对受训者模拟任务的执行和执行过程进行分析、讲解，查看受训者在执行过程中是否遵循业务规范的要求，完整地执行了不同条件下的流程动作，评估受训者模拟任务的完成质量，按输出的受训结果完成考核（见图8-5）。

5. 提供业务流程集合模板给受训者自我学习

受训者利用业务流程集合学习培训内容。业务流程集合提供业务流程管理工具——任务集给受训者进行交互式重复训练，同时会将绩效考核的标准在软件系统中清晰地呈现出来。受训者将非常容易地了解某个工作岗位的职责以及需要完成的工作有哪些，这些工作任务的绩效指标是如何设置的，未完成工作任务会出现什么样的"警告"，会产生什么后果，如何避免与修正出现的"警告"。受训者在软件系统中通过任务集的流程管理这个工具，学习和模拟真实业务的流程化操作要求与规范，学习和掌握如何按既定的业务流程要求去完成一个任务（业务），加深理解一个任务在流程中可能涉及的多种要求。

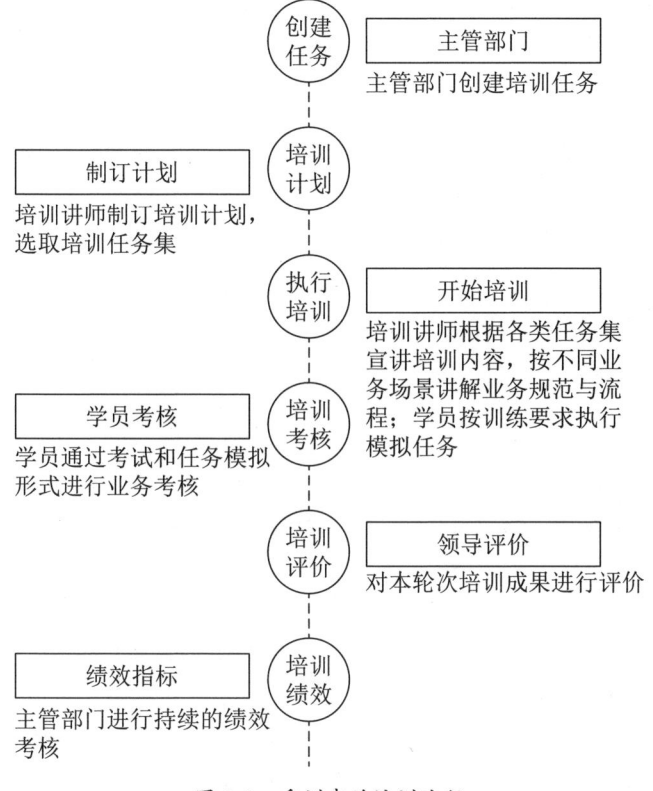

图 8-5 受训者的培训流程

业务流程集合所提供的各种报表管理工具，将培训绩效考核结果及结果来源提供给培训者和受训者，双方可充分利用这个管理工具查看、修正自己的培训过程，提升培训效能。

6. 新方法为人力资源管理培训的优化提供系统支持

通过对业务场景深度模拟，培训者可在软件系统中实时获取受训者的训练结果和受训者的反馈，及时调整培训内容和结构，持续优化培训体系，保证人力资源管理的能力足够与组织的目标和业务运营要求相匹配。

8.4 人力资源的配置与使用

人力资源管理中的一个重要部分是如何帮助组织和个人实现"人"的最大价值，通过培训让受训者获得合格的工作技能，为工作者提供合适的工作岗位、公平的报酬及发展机会，激励员工创造价值；在业务活动中，则实现敏捷配置与调用人力资源，快速响应业务要求，以此实现运营效能最大化，实现永续经营的目的。TKR 的人力资源管理方法在人力资源配置与使用上尤其关注这几个重点。

8.4.1　人力资源管理系统需具备跨部门、跨组织配置人员的能力

这是一个很高的要求，TKR 的同组商号提供了这个能力。

其解决思路是，在权限控制下，为各级管理者提供具体业务活动中实时的跨部门、跨组织的人员调配功能，以应对多变的外部环境和业务需求，迅速建立新部门、新项目组或新的单项任务，提高人力资源的灵活配置能力，满足业务活动的数字化要求。

8.4.2　人力资源管理系统要具备动态配置的能力

一个组织是否具备动态配置人力资源的能力，是评估一个组织面对和处理内外部事件能力的指标。一个具有先进管理水平的组织必须具备在一个或若干业务流程中快速分配和调节人力资源的能力。

有时，组织需要快速组建一个项目组去完成一个紧急而重要的项目。在常规组织里，一个项目组或部门的成立都需要经过较长的准备时间，但业务本身在时间上的紧迫性要求组织必须具备极快的响应能力。新方法提供从项目审批、批复到快速成立项目组，确定工作目标、计划、人员岗位职责和要求、工作流程，以及流程中的时间、成本、质量、风险控制、人员沟通等一整套作业解决方案，帮助组织迅速配置人员、成立部门或小组，以快速应对市场或公众（见图 8-6）。

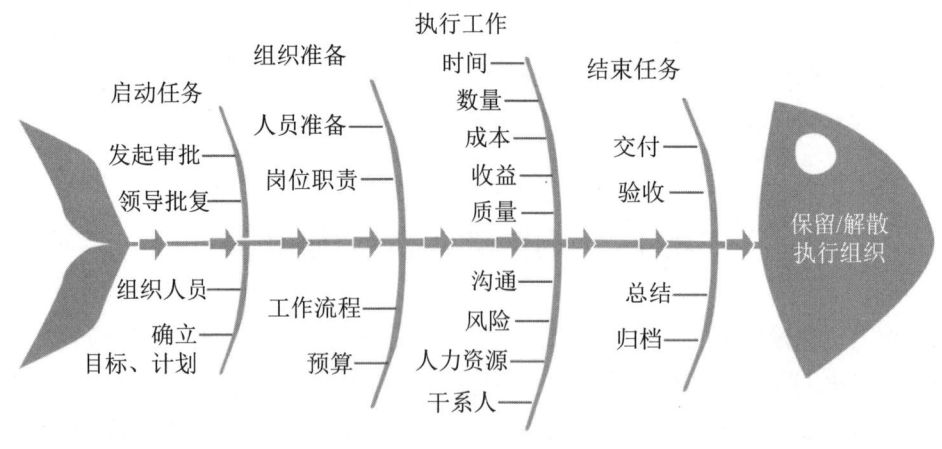

图 8-6　动态配置人力资源

8.4.3 人力资源管理系统要具备能对干系人进行管理的能力

干系人管理已经在各种类型的业务活动中得到了应用和重视，TKR 将干系人定义为一个可能对业务活动产生重要影响的既定组织内、外部的个体。对干系人进行管理是每个组织都将面临的现实。新方法提供了将组织外部人员邀请到组织内部参与业务活动的功能，业务管理者可根据业务自身要求设置权限，让干系人加入必要的业务活动中，保持与干系人的及时沟通，以保障业务活动有效开展。

8.5 人力资源的绩效管理

人力资源管理的最终目的与核心要求是取得组织运营的成功，而组织运营成功的保障来自组织成员的优秀绩效，优秀绩效则来源于"人"和"人的活动"。

"人的活动"在组织内体现为人所从事的具体业务活动，绩效管理者必须时刻关注具体的业务活动，以保证优秀绩效的产生。那么，如何来保证"人的活动"的有效性和活动过程的有效性呢？

TKR 人力资源管理方法在传统 KPI 关键绩效指标管理和 OKR 目标关键结果管理的基础上，通过将绩效结果与业务流程紧密耦合，来改善绩效管理中绩效结果不准确、不真实的现象，实现绩效结果与业务过程、组织目标的线性连接。同时提高绩效结果的实时性和真实性，帮助组织实现人力资源管理的革命性进步。

这里只简述 TKR 是如何将组织目标分解为具体的工作任务，如何设定工作任务的绩效指标、绩效结果的来源过程、绩效结果的报告形式，如何改善绩效水平等几个关键部分，为有意在绩效管理方法和业务过程管理上有所追求、有所突破的管理者提供一些有益的参考。

8.5.1 将组织目标分解为任务

不论一个组织有多少目标，目标的实现都一定有赖于最基本的业务活动——"任务"。我们需要把不同的目标分解为若干个任务组成的任务或任务组，对任务和与任务相关的人进行管理要比去管理一个空洞的目标来得实际和有效。

一个较为完整的任务管理包括目标分解、任务集设计、绩效指标设计、任务创建、任务执行、检查业务过程、完成业务并优化将来的业务过程这七个部分。对于目标分解部分，管理者将遵循 WBS 的原则，将主目标逐层细化分解，原则上每个任务直至分解到不能再细分为止，不同的组织可以根据自己对管理精细度的要求分解任务。

8.5.2 工作任务的执行形式

对于任务的执行形式，TKR 的要求是必须为同一类型的任务预先设计好任务集，即一个任务在执行时必须遵循的流程和与流程相关的诸多管理要素。

流程集合可以按部门或工作组遵照其规定的制度、规范和业务流程创建，为这个组织下的任务执行提供合规和标准的方法与工具，保证业务活动的标准化和精细化。

8.5.3 工作任务的执行方法和过程

任务的执行过程分为两个部分：一是在上述任务集的引导下；在某类任务集下创建任务；二是执行任务。

在任务执行过程中，任务执行成功的关键在于"人"和"时间"。新方法将提供执行、委托、暂停、继续、完成等处理方式，通过任务内子任务的预计所需时间设定、即时沟通、文件传递等交互行为，实现该任务不同角色在设定的时间内，按任务集下不同子任务（流程节点）对该任务的要求进行处理，保证任务及时完成。

8.5.4 设定工作任务的绩效指标

在顺序上，任务绩效指标是在任务集设计过程中就应该设定完成的。将这部分单独列出来是为了更详细地说明绩效指标的设计原则和设计过程。

流程集合的设计实现了业务流程的标准化与透明化，而绩效指标的设计和确定，不但为某一类任务设定了绩效要求，同时也体现出组织在管理上的民主性。它的设计和确定不完全是自上而下的，而是管理者与作业者在对工作任务分析的基础上所达成的共识，是对每一个人与部门工作目标的引导。这个共同达成的绩效要求指标将管理者和作业者联合在一起，促使他们双方合作并完成任务，任务的完成变成合作的结果，不再是自上而下单向的要求和命令。

绩效指标的具体设计方法另有详细的文章可供参考，这里仅列出重要的几个绩效构成。新方法将部门的流程集合的绩效指标分为事务性、创造性两个维度，来分别设置部门员工绩效指标和部门领导绩效指标。在设计时，按不同业务要求设置时间、数量、成本、收益、质量、沟通等绩效指标，引导作业者明确其工作的努力方向和重点。

8.5.5 绩效结果的报告形式

TKR 为作业者和管理者提供了实时管理工具——每天自动生成的"管理报告"、工作饱和度工具，通过报告和绩效管理工具，对组织的人、财、物和业务活动进行实时且精细化绩效管理，从而真正实现组织对业务过程的智能监控和智能决策。新方法提出了新的工作模型，改变了管理者仅依靠个人经验进行自由裁量的管理习惯。TKR 用绩效报告中的绩效指标与标准业务流程来帮助组织解决管理标准化和绩效不准确的难题。

TKR 要求管理报告应覆盖全组织所有部门、人员的全部业务行为，实现业务精细化管理。管理报告根据自定义的生成时间，每日生成前一日业务活动的指标数据和内容并记录在日报中，把业务活动的考核精细化到每人、每天、每项任务。管理报告可展示总部或子级部门领导的每日工作绩效，用该领导所管理的子部门员工在任务执行中的时间、数量、成本、收益、质量等指标是否合格，来考核子部门领导的工作。详细的指标包括子部门每日流程的状态变化与数量汇总、子部门每日任务不同状态的数量详情与汇总等。

8.6 结语：人力资源管理要能激励员工创造价值

TKR 用标准业务流程、民主绩效设定和管理报告帮助人力资源管理跳出固有的局限，从传统的职能管理转变成为以绩效目标为导向的运营与绩效一体化管理的重要组成部分。TKR 把人力资源看成组织业务活动能够成功的保证和手段，围绕着"人"和"人的活动"这两个重点，用任务集（流程）工具来落实组织制度和规范要求、培训人员、提高组织和个人能力，通过任务分配、新建、执行和优化等过程管理方法，保证组织目标和任务的完成。通过应用新方法，人力资源培训的可重复性与标准化得以形成，增强了人员配置的动态调用能力，将绩效管理的精细化程度提高到新的层级，实现了绩效管理的有效性和实时性，为奖惩措施提供真实、可靠的依据。

随着 TKR 的推广和普及，TKR 管理方法和软件系统将逐步在不同组织中得到认可和应用。它在人力资源中的应用范围将会逐步加大，所起到的作用也会越来越强。一个可配置的且符合不同组织、不同需求的动态人力资源管理系统，将持续为组织提供合格人才，实现人力资源管理的先进性，以有流程作指引的任务管理为核心，激励组织中不同角色人员共同面对组织目标，合规、高效地开展工作，快速进入数字时代，持续为组织和社会创造价值。

第 9 章
TKR：数字化转型的工具（五）
——TKR 是组织实现 AI 管理的基石

AI 越来越强大，并以意想不到的速度介入个人和各类组织中。在数字化时代，无论是组织还是个人，大家都在谈论 AI——人工智能，都希望在数字化时代能借助 AI 提升个人和组织的能力，在社会和经济活动中获得成功。

AI 是 Artificial Intelligence 的英文缩写，即人工智能。20 世纪 50 年代，图灵提出了人工智能的概念，它是研究、开发用于模拟、延伸和扩展人的智能的理论、方法、技术及应用系统的一门新的技术科学。目前，AI 已经延伸到深度学习、自然语言处理、机器视觉等多个子领域。

到了今天，AI 已是新一轮科技革命和产业变革的重要驱动力量，是智能学科重要的组成部分。它企图了解人类智能的实质，并生产出一种新的、能以与人类智能相似的方式作出反应的智能机器或系统。该领域的研究包括机器人、语言识别、图像识别、自然语言处理和专家系统等。AI 的应用形态林林总总，每个人对 AI 的理解各不相同，有人把它理解成高级的自动化技术与设备；也有人把它看成人工的替代或者高级的精密机器人，譬如像 Alpha Go 这样的超级围棋大脑；还有人希望用 AI 来完全地替代人……学界将其定义为："AI 是关于知识的学科——怎样表示知识以及怎样获得知识并使用知识的科学。"也有的将其简单定义为："人工智能就是研究如何使计算机去做过去只有人才能做的智能工作。"

AI 作为智能的一种，它也鲜明地呈现出智能的四个特征，即感知能力、记忆与思维能力、学习能力和执行能力。在智能的这四个特征中，AI 的感知能力体现为从机器或系统中获取数据的能力；记忆与思维能力中的记忆能力用存储芯片来实现，但思维能力还始终是短板，尚不能取得与人相媲美的全面的思维能力，也很难提供道德与政治的判断能力；学习能力通过各种探测器对感知到的数据进行分析后，优化并生成更高级的各种形式的数据与模型；执行能力则体现为对感知到的数据进行分析后，在模型的约束下输出各种指令，该指令可以选择由机器或人工方式处理。

AI 是一门极富挑战性的科学，也是一门综合性的学科。它由不同的领域组成，如机器学习、自我优化等，从事这项工作的人必须懂得计算机知识、逻辑学、博弈论、心理学和哲学等。

AI 虽然在某些方面已经超过人类的能力，但不管怎么去定义和理解，它仍不能完全地替代人。它仍然与人类的真正感知和认知能力存在很大的差距。AI 的感知主要依赖于硬件传感器和软件算法，并不能像人类那样直接感知和理解真实世界，但它有独特的能力。AI 的长处在于具有快速计算数据与机器的自我学习的能力，它的思考和选择更多的是基于数学和统计模型，而不是真正的自我意识。

AI 虽然在形态上千变万化，但它实质上是一种智能化工具，其核心是一种模拟人的高级计算机程序，是为人服务的。需要注意的是，AI 是工具，是帮助人类去解决人工难以承担的且复杂的计算、判断和选择工作，用 AI 是让人获得更强的能力，并在局部超越人的能力，是解放人的劳动，帮助个体和组织获得更大的成功。谁能更多地了解、掌握和利用 AI，谁的价值就会更大，这才是 AI 的目的和意义所在。

本书无意讨论更多的 AI 定义，这里只聚焦于 TKR 中的 AI 专家系统，并从其专家系统开发者和组织应用的视角讨论 AI 的价值、应用、条件与现阶段的局限，以便更好地利用 AI，并用 AI 去创造新的价值，提高组织运营的效能。

9.1　AI 和 AI 专家系统

随着 AI 技术的迅猛发展，越来越多的组织开始意识到 AI 对业务运营和创新的巨大助力，希望通过 AI 的应用，完成从传统管理向数字化管理的转型。AI 不仅为各类组织带来了效率提升、风险和成本降低，还在许多领域创造了全新的商机。

这部分将介绍 TKR 中 AI 专家系统在各类组织中的应用，并探讨它对未来社会发展的影响。

9.1.1 AI 专家系统是程序系统

AI 专家系统属于人工智能的一个发展分支，主要通过设计、编写大量的规则和指令来让机器执行任务，主要依赖于特定领域的知识和推理方法。它是由不同行业、不同领域的业务专家和计算机行业的专家共同创造的产品，服务于各类组织对 AI 的专业化需求。AI 专家系统主要由知识库、算法和界面三个部分组成。

AI 专家系统是一种在特定领域内具有专家水平、解决问题能力的程序系统，运用于国民经济的多个领域，已经产生了巨大的经济效益和社会效益。

9.1.2 AI 专家系统的基本结构

AI 专家系统的基本结构或者特征，主要可以从知识库、算法和界面三个部分来理解。

1. 知识库

知识库是 AI 专家系统的核心，包含大量的专家知识，这些知识通常以规则、事实或其他形式存在。譬如一个组织的运营系统就可能以各种业务流程的形式存储在系统中。

2. 算法

算法是 AI 专家系统的大脑中枢，它使用知识库中积累的知识与数据，通过逻辑推理、模式匹配、大数据模型等方法，解决组织业务运营的具体问题。例如，当用户输入某个具体运营或管理要求时，系统内置的算法可以通过匹配知识库中的规则（流程），推断出合适的业务逻辑和结果，并可持续且快速地优化业务逻辑。

3. 界面

界面是 AI 专家系统与用户交互的部分，它接收用户信息的输入，显示推理与计算结果，并且可以与用户进行沟通和交互，以获取更多的信息，甚至智能化地选用各种形式主动提供业务活动的相关结果。

9.1.3 AI 发展历史及 AI 与企业、社会的关系

从 AI 的发展历史及 AI 与企业的关系入手，讨论 AI 在企业中的应用，看它

是怎样在一个组织中应用和发展的。

AI 的发展历史距今已有数十年，即使它在发展早期都未能实现与商业的紧密结合。究其原因，一是当时的计算机技术水平较低，AI 系统功能单一，服务能力有限。二是当时还未具备成熟的网络技术与数字化理念，AI 专家系统也很少有成熟的产品，尚不能满足企业的需求。三是 AI 系统价格高昂，很少有企业能够负担 AI 引入的成本，没有给 AI 进入企业提供良好的落地场景与发展环境。

最具新技术应用胆识的一定是企业，因为企业是社会创新的源头，不管是 AI 产品的研发、制造还是应用，企业始终站在创新浪潮的前头，而且对 AI 的利用也一直保持着热情。AI 技术只有与商业相结合，才能用科技的力量推动市场发展，辅助人工提高运营效率，降低风险，扩大组织的生产价值，实现自身能效的最大化。

自 2000 年起，随着计算机与网络技术的快速进步，AI 在多个领域得到了发展，开始与商业进行尝试性结合。最先完成与商业相结合的 AI 产品当属基于机器学习、语音、语义识别等 AI 技术快速发展的智能客服市场，并在相当程度上替代了人工客服，工作效率极高。

但这些并不是 AI 在企业应用中的全部，也不是最核心部分，真正的力量来自 AI 专家系统。它开始给企业提供高效、标准化运营的 AI 业务管理系统。企业借助 AI 专家系统，不但将运营管理纳入 AI 数字化管理世界，还将提升整体运营绩效。

如果我们看得更远一些，AI 专家系统服务的不仅是企业，还包括整个社会中各种类型的组织。AI 专家系统的广泛应用，使得全社会每一个组织的运营效率都得到了明显提高，考虑到全社会庞大的组织基数，即使是小比例的效率提升，也将会带来无法估量的价值。

AI 专家系统在当前及未来，都将会是各类组织值得信赖的高水平智能助手，是将人工智能技术运用到全社会生产和服务单元的重要手段。

9.1.4　AI 与数字化转型的关系

数字化转型是当前热门的话题，同样，与 AI 的境况类似，不同的人、不同的组织对数字化和数字化转型也抱有各自的理解与想法。数字化究竟是什么？如何实现数字化转型？这些都是当今各类组织关心的重要课题。

我们将数字化视为信息化发展到一定阶段的必然结果。数字化是从局部的、分散的、以人为主的物理形态向以机器为主、以人为辅的全局性、集中性的数字形态的转变。它将企业的数据转化为数字资产。而 AI 是实现数字化转型的有力工具，充当了组织数字化转型的先锋，它与数字化转型密不可分，尤其是 ToB AI，离开了它，数字化转型就很难或者不可能获得成功。ToB AI 是基于企业大量、真实的运营数据，对企业运作逻辑进行建模、计算、优化和指导，它需要具备自学习能力，是用 AI 智能系统自学习企业的运营数据和运营逻辑，为企业经营管理不断提供优化方案。

数字化打破了局限于单一组织或部门内的信息流通，实现了跨组织的信息和数字交流。发展至今，利用 AI 专家系统，处于数字化转型中的各类组织将不断得到组织运营逻辑的持续优化（即业务流程的智能化管理），以及组织综合绩效的提升。

9.2　AI 在组织中的应用

上一部分探讨了 AI 与企业和各类组织的关系及具备的能力。这部分将探讨以下几个问题：

一是 AI 帮助组织解决什么关键问题？

二是在一个组织中，AI 有效运行的条件是什么？或者它需要得到什么样的支持，才能保证其有效运行？

三是组织级的 AI 在组织中是如何运行的？

9.2.1　AI 帮助组织解决什么关键问题——运营绩效

在回答这个问题之前，我们先想想，一个组织运营的目的是什么？任何组织的存在和发展都有其先天的目的和理由。

这里所说的组织，可以是企业、非营利组织，也可以是政府部门，只要是提供产品或服务的机构，都称为组织。

一谈到运营，通常都离不开与产品或服务相关的议题，就是如何有效地提供客户想要的产品或服务，将产品与客户有效地连接起来。如何有效地提供产品或服务，从企业的角度来看，有经验的营销与产品经理都会给出各种有效的策略，这部分不是我们要费精力思考的问题。

但这里有一个核心点——"有效"。这个核心点意味着我们在假设组织使命、愿景、战略和方法都正确的前提下，必须提高组织的运营绩效。运营绩效包括组织中个人的工作绩效与组织的业务绩效。在资源有限的条件下，只有绩效得到提升，一个组织所提供的产品或服务才具有竞争力，这才是"有效"的真正含义。这样就自然得到了问题的答案——提升组织的运营绩效是 AI 需要解决的核心问题。

9.2.2　AI 有效运行的条件——真实数据

AI 一定不是一把万能钥匙，如果认为谁有了它就万事大吉了，这是一个具有欺骗性的想法，会误导应用 AI 的组织步入歧途。如何让 AI 在组织中能有效地帮助管理者提升组织运营绩效，这需要有足够的关键要素和数据来支撑。只有采用先进的管理理念，并与数字技术结合，才能为 AI 提供足够且有效的数据来源，因为 AI 也同样要遵循输入—处理—输出的根本性原理，输入端的真实性与实时性是 AI 有效处理数据的保证。

真实数据从何而来？这是 AI 能否有效运行必须解决的问题。

9.2.3　AI 所需的数据来源——TKR

这里，TKR 为我们提供了解决数据来源的理论和方法。

TKR 作为一套结合古典管理理论与数字化管理理念的创新性管理方法，软件厂商看到了 TKR 在数字时代的价值，投入资源研发了组织级 TKR 人工智能管理软件系统，并在不同组织（企业）得到应用。随着更多用户采用 TKR 管理软件，越来越多的组织（企业）认识到 TKR 所带来的管理能力的突破性提升。TKR 让组织（企业）的绩效管理不再需要依靠堆叠人工去处理，也让 AI 得以采用真实、实时的数据去计算个人和组织绩效，提供可靠的组织运营的绩效结果，为管理者决策优化提供有效的依据。

TKR 是为满足全社会各类组织的业务运营标准化、精细化与业务绩效提升的需求而生。它充分考虑组织运营中多种变量要素对业务的影响，具有强大的业务逻辑生成能力和处理海量数据的能力，帮助组织达到标准化和精细化管理目的，实现全面数字化转型，应对日益多变的社会与市场。

我们把 TKR 定义为一种符合全面数字化管理要求的管理理论和方法。TKR 关注组织的全部业务活动，以任务为基本管理对象，基于业务流程，采用任务集

TG 软件工具，实时输出个人和组织的关键绩效报告（绩效数据），实现对组织目标、任务、业务流程和绩效的一体化管理。而且，基于 TKR 的软件天然地把 TKR 理论与 AI 软件系统结合起来，展现出它强大的业务运营管理能力和组织绩效管理能力。

为了更准确地理解 ToB AI，在这部分，我们会重复并且更详细地论述前几章谈到过的 TKR。

TG、KR 及 TKR 能做什么？

1. TKR 是什么？——任务集关键结果法（Task Groups Key Results）

组织的管理对象具有整体性。

研究者将组织和组织的管理对象即组织目标、资源、业务逻辑、人、任务和绩效当成一个动态的、不可分割的且具有因果关系的整体来看待，而不仅仅只从静态的、被割裂的角度去处理与检查。应从组织的部门管理和目标管理两个维度去控制和引导它们。

每一个组织（企业）都具有自己独特的使命、愿景和价值观，并在此基础上，界定使命和愿景将如何实现的战略，即对组织运营预期将取得的主要成果的期望和总的方向。

在管理运营阶段，考验管理者运营能力的关键部分是如何将战略落实在具体的目标上，并将目标的实现依托于目标下任务的高效完成。研究者从组织运营的实践中提炼出普遍性原则，任何组织只有遵循业务流程，并实现对任务的精细化管理，才能确保管理活动的准确性、有效性、可靠性和可重复性。

最终，通过 AI 提供的绩效报告来优化运营逻辑、提升组织绩效。

TKR 是以任务为基础，以任务集为核心而建立的，是一个综合了目标管理、任务管理、业务流程管理和绩效管理的创新性管理工具。它遵循组织的运营逻辑——按照业务流程分类创建、执行任务，促使任务按要求完成，并同时在任务执行过程中提取任务执行时的关键结果和实时绩效数据，从而不断优化业务流程，提高业务运营效率，有效帮助组织实现全面数字化。

2. TKR 的核心——任务集 TG 和九个管理要素

组织的业务逻辑是通过 TG 来描绘的。

流程与任务的生成是用 TG 达成的，AI 则分析数据、综合计算、输出结果 KR，并完成优化。

任务集 TG 是 TKR 软件系统的核心，是针对一个组织中所有部门单元的业务流程的描绘，以及基于该流程下所有任务关键业务要素的集合，是在流程约束下的任务管理。

任务集 TG 是用来设置和使用组织业务流程的。当业务流程被设计好后，可以为此业务流程创建任务集，该任务集将担负起处理同一种业务流程的任务。

任务集可以按部门或工作组遵照其业务流程创建，预设流程特有的表单、流程及权限，分别支持任务的时间和数量管理及与任务相关的成本、收益及质量管理，并具备每一个任务的团队沟通协作功能。当组织的所有工作都设置完合格任务集后，员工的特定工作就可以从已设计、部署好的特定任务集创建任务后有序开展了。

任务集 TG 充分考虑了影响任务活动的九个关键管理要素，即时间、数量、成本、收益、质量、沟通、风险、人力资源和干系人，是组织实现标准化和精细化管理的工具。

3. TKR 的结果——任务集关键结果 KR 的绩效指标

任务集关键结果 KR 可以根据组织各部门的业务实际需求，为每个员工和流程量身定制，任务集提供多种设立关键结果的可能，分别可以按任务集中任务及子任务的创建及完成数量和时间节点设立、按任务集中任务的成本和收益设立、按任务集中任务的质量管理要求设立等。当所有员工的所有工作都能在各种类型任务集下真实、实时地开展时，组织或管理者就可以为每个员工设置任务集关键结果 KR 的绩效指标。该结果可细化到按天为单位的团队民主绩效展示和考核，也可根据实际情况调整考核的关键结果。

TKR 涵盖了目标管理、任务管理、业务流程管理与绩效管理四大管理领域，覆盖了几乎所有经营管理过程中的关键要素，为 ToB AI 的实现提供了可靠且必需的数据来源。

9.3　TKR 管理软件的 ToB AI

9.3.1　组织绩效不佳的现象和解决办法

组织绩效不佳，原因有很多。除了战略、执行、沟通方面等问题外，通常，这些组织还存在一个共性问题，就是管理者对组织和人员的管控能力弱，无法及时掌握整个组织真正的业务绩效，也就无法进行快速调整。这也是许多大型组织目前尚未解决的管理难题。

为什么管理者对组织的管控能力不够呢？尤其是大型组织，组织越大，就越会出现难管控甚至失控的现象。

专家和管理咨询公司都会给出不同的诊断意见与解决方案，大部分都集中在组织结构复杂、层级多、人员数量多、信息传递困难，沟通和协调效率低；分布式、跨地区的工作方式造成信息流通不畅，命令难以有效传达与执行；目标与实际工作脱节，工作偏离目标、执行不力；工作检查和评价机制难以实施，不容易评估员工的工作状态与绩效，也无法形成有效的绩效管理体系。诸多这些阻碍组织良性运营的因素，最终导致管控的失效甚至失败。

纵观这些存在的现象可以发现，一个组织中有优秀的领导者，既不是管理者缺乏管理的意愿，也不是缺乏管理技术与方法，甚至不缺乏必要的管理信息系统。但为什么还是出现组织效率低下、风险迭生这样不可控的局面呢？

其中一个具有共性的原因就是，原有的信息化系统跟不上业务发展的需求。当然，这里并不是要指责以前的信息化没有给管理者带来必要的帮助。信息化管理系统的有效性降低是由于信息化自身先天的局限，以及管理者所支付的管理成本不能与由此带来的收益相匹配这两个主要原因所造成的。

另一个重要原因是数字化能力的缺失。管理者可能缺乏必要的数字技术和智能管理系统来有效协助管理者管控大型组织。

那么，如何解决大型组织管控失效的难题呢？

在数字化时代，组织的经营者应该大胆跨越信息化鸿沟，选择合适的数字化管理工具提升管理能力，增强组织运营绩效。

基于 TKR 管理思想的 AI 管理软件系统则可以有效提供数字化管理的支持。因为 ToB AI 具有强大的系统自学习能力，因此可以分别从几个方面赋能给数字化转型中的各类组织，以提高对组织运营的管控能力。

（1）可衡量的战略和目标

以组织中的任务为载体，将组织的战略和目标变得明确和可衡量。

（2）快速优化业务逻辑

从部门流程管理的标准化与精细化出发，利用 TKR 任务集去控制运营风险、快速优化业务逻辑，用 AI 提高组织的运营效率。

（3）提供实时绩效数据

建立有效的业务过程控制与绩效评估体系，实时评估各级员工的工作绩效和组织的业务运营绩效，提升组织整体绩效。

（4）保障组织的实时沟通

利用TKR任务集的实时沟通能力，将沟通内容细分到每一项任务，保证沟通的有效和可被追溯。

（5）提升培训效果，降低培训成本

利用TKR任务集在计算机系统配制出培训范本，提供重复学习和培训效果评估，以低成本来帮助员工提升技能，增强组织的培训能力。

9.3.2 基于TKR管理思想的ToB AI如何提高组织运营绩效

前文谈到ToB AI解决的是提升组织的运营绩效问题，虽然各类组织的业务形态、业务逻辑和管理要求都不相同，但有一个共同的目的，就是需要大比例地提高组织运营效率。在数字化时代，各类组织面临快速向数字化转型的紧迫要求，对于ToB AI而言，就必须具有普适性、易用性和快速优化的能力。

ToB AI的重要性已毋庸置疑，基于TKR管理思想的软件系统希望通过创新型的大数据计算与AI能力，解决组织业财一体化、绩效管理和业务逻辑优化的问题，帮助组织有效提升运营效率，降低风险，提高运营绩效，并完成数字化转型。

下面将围绕组织运营的第一性原理——组织运营的逻辑，即一个组织的业务运营流程，来探讨ToB AI是如何实现组织运营逻辑的自我更新与学习成长的。

TKR管理软件系统包括两大部分：一是重构了传统业务管理系统，并将它转变为全新的业财一体化业务管理系统；二是开发了基于TKR的业务流程控制和实时绩效管理系统，通过人机结合交互的方式，降低大量人工成本，优化业务运营逻辑，提升人员业务绩效和组织业务绩效，提供了一个组织向全面数字化转型的优秀工具和范例。

1. TKR的数字化转型路径

对于一个组织而言，利用TKR管理软件实现数字化转型的路径，即组织利用TKR管理软件系统的AI能力，通过对组织业务逻辑的建立、运行、学习与优化，获得运营绩效的提升，并促进组织的成长（见图9-1）。

①数字化是指AI数字化软件管理系统。它是数字化业务管理系统和数字化绩效管理系统的一体化融合，除了必须在物理世界的活动，其他的业务活动都是在数字世界处理和完成的。

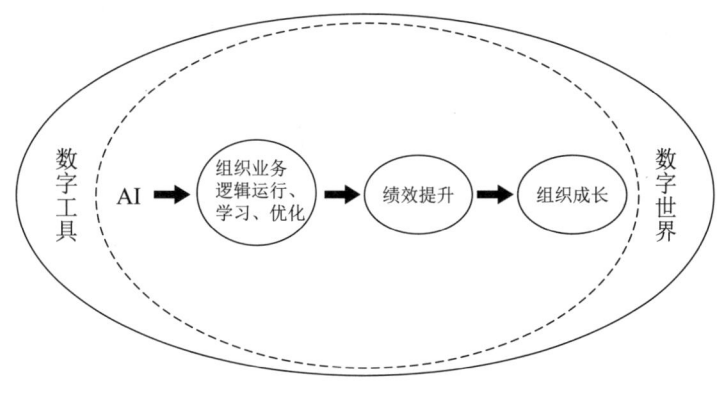

图 9-1 TKR 管理软件系统的 AI 能力

②业务逻辑指的是组织的业务流程。它是组织业务运行的规则和模板，业务活动必须遵循业务逻辑的要求，即流程的要求。

ToB AI 的核心是关注组织的运营，模型基础是业务运营逻辑，是对业务运营逻辑的建模、计算、反复学习和持续优化。它是一个数据获取→计算→输出绩效→对运营逻辑优化和修正→获取新数据→再计算→输出新绩效→持续优化和修正运营逻辑的自动过程，最终达到组织运营绩效提升的目的，帮助组织成长。

③绩效提升包括两个部分的内容：一是 AI 输出工作人员真实绩效数据，把工作人员的工作明细、工作时间、工作数量、工作成本、工作收益、工作质量等结果用自动报表的形式提供给管理者；二是 AI 帮组织持续优化其运作逻辑，增强竞争力。

④组织成长是基于组织综合运营能力的提升，它是组织绩效得到提升后的必然结果，只要聚焦"绩效提升"，成长将是确定的。

这里的真正挑战是业务逻辑的学习、优化和绩效提升。也就是 AI 必须具有快速优化业务流程的能力，迅速配制出组织想要的业务流程，并保持持续更新能力。

2. TKR 的数字化转型工具

TKR 管理软件实现数字化转型的工具是 TKR 管理、目标管理、任务管理和项目管理四个软件产品。

其中，TKR 管理担负了每日员工绩效与管理者绩效报告、员工工作饱和度观察与调整、绩效工资计算、业务流程的 AI 优化工作。

目标管理是一个简化版的任务管理工具，譬如对创造性的人员不需要设置工时或工作数量，只需记录必需的事项就可观察工作进展了。

任务管理是管理大部分中阶人员工作过程和绩效的工具,把业务数据和流程全面描绘出来,实时记录工作过程和工作绩效,是整套系统中最常用的核心工具。

项目管理则充分考虑项目管理所涉及的管理要素,对进度、成本和质量等作出全面管理,帮助组织高质量交付项目。

9.3.3 基于TKR的ToB AI的运作机制和自学习能力

前面介绍了TKR管理软件系统的ToB AI帮助组织提升运营绩效的路径。这一部分将描述ToB AI内在的运作机制,即它是如何利用来自TKR的运营数据,结合自身的自学习能力来实现数字化转型的。

1. ToB AI的运作机制

要实现组织全面数字化生存,就必须先完成一个组织(企业)运营逻辑的数字化。从图9-2中可以看到,ToB AI的运作过程如下:

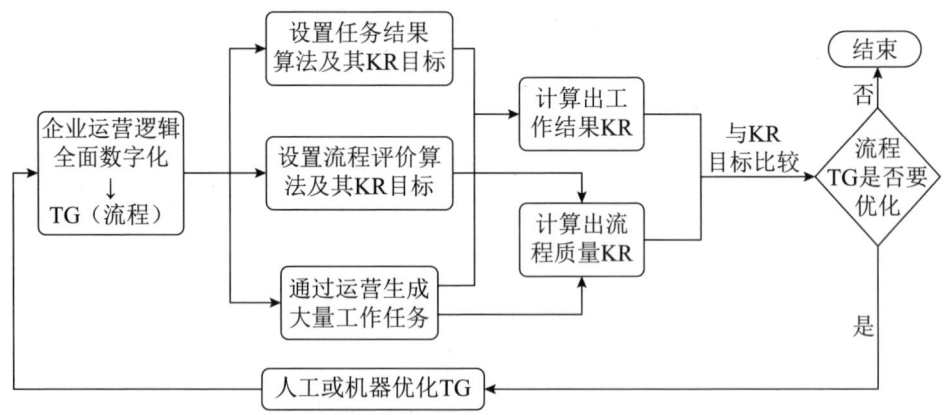

图9-2 ToB AI内在的运作机制

① ToB AI通过TKR系统中的TG(流程)来设计流程。
② 输入KR指标,设置任务的结果算法及其KR目标。
③ 输入KR指标,设置流程的结果算法及其KR目标。
④ 通过业务运营生成大量工作任务。
⑤ AI用②"任务的结果算法及其KR目标"和④"通过业务运营生成大量工作任务"两个结果数据,计算出工作结果KR。

⑥ AI 用③ "流程的结果算法及其 KR 目标"和④"通过业务运营生成大量工作任务"两个结果数据，计算出流程结果 KR。

⑦ AI 将⑤、⑥的计算结果与原先设置的 KR 目标进行比较，并判断工作绩效及流程绩效是否需要优化。

⑧如果需要优化，将由人工或机器完成业务逻辑 TG 的优化。

2. ToB AI 的自学习能力

ToB AI 是数字化转型的关键。ToB AI 软件管理系统的自学习能力体现在它的普适性、实用性、高效性和机器实现大部分功能这四个方面。这也是对一个组织级 ToB AI 的要求。

1）普适性

（1）提供标准化产品

软件系统的普适性体现在强大的可配置能力上，高效的零代码能力基于 TKR 任务集，可迅速配制出特定组织所需要的业务流程，免去定制化开发所需要的大量成本、时间和结果的不确定性，以应对市场和内部业务快速变化的需求。以一套标准化产品，利用配置的手段来实现定制的效果。

（2）提供可选的模块化产品

可选择的全面数字化业务管理系统使得不同的功能和业务子系统可以独立配置和升级，不同组织可按需选择，为组织数字化业务重构提供产品支持。

（3）系统的标准化和开放性

软件开发遵循标准化和开放性原则，可接入和集成其他产品，获取业务数据，为绩效管理提供数据支撑。

（4）提供多种部署方式

具有为不同组织提供 SaaS 和私有云部署的能力，保护用户数据、程序的安全与隐私。

系统的普适性使得软件可以适应不同的应用场景和用户需求，具有更广泛的适用范围。

2）实用性

（1）大型组织的跨组织部署

软件系统提供同组商号功能，在多层级组织场景下，用户在自持数字资产的前提下，系统支持上下游产业链自建、共建云，实现更多社会效益。

（2）系统的多平台运行能力

软件系统提供 Web、Android、IOS 和微信公众号等多种形式的系统，方便随时随地快速处理业务。

（3）简易的使用界面

软件系统只要完成配置后，专业且友好的页面可让使用者快速投入工作。

3）高效性

软件系统具有快速配置业务流程并快速迭代的能力，这是基于 TKR 的能力，实现了组织所有业务运营逻辑的分钟级配置。软件系统只需在部署初期完成配置，后期运行和功能实现则大部分都依赖机器去完成，省去了大量重复工作。

9.4 ToB AI 的总结与展望

在数字化时代，经济要素的范围得到了更新与补充，在传统的土地、资金、劳动者和企业家才能的基础上，中共中央、国务院在《关于构建更加完善的要素市场化配置体制机制的意见》中，给中国经济定义了五大要素，即土地、劳动力、资本、技术和数据。

技术的进步催生了 AI，而 AI 通过对技术、数据的利用，快速提升全社会的生产和运营效率，各类组织（企业）都希望通过 AI 实现数字化转型，在数字化时代能赶上历史发展的潮流。

传统的信息化管理方法容易造成组织管理效率低下和各类风险，现代组织尤其是大型组织，势必采用具有 AI 能力的数字化管理系统去管理组织的全部业务。只有一个组织的全部业务都完成数字化后，这个组织的数字化才能真正发挥它的价值。

原有的在一元化管理体制下出现的管理不透明、管控能力不能达到基层，业务运营逻辑不规范、不能适时调整造成运营绩效低下且不准确的弊病将由 AI 管理系统来协助解决。组织可以把大量的数据处理工作交给计算机去完成，用 AI 人机交互模式快速优化其运营逻辑，彻底告别运营失控的问题。

ToB AI 的出现带来了人的解放。

TKR 管理系统兼容了传统的管理理论和方法，通过任务集工具描绘和优化组织流程，用"目标"和"任务"管理工具处理组织的运作逻辑，把管理精细化到任务，并让机器去完成复杂且数量巨大的计算任务，输出运营绩效，为管理者提供 AI 智能决策，降低了对人的依赖。系统的普适性、实用性和高效性等特点让 AI 系统的自学习能力得到加强，这也是 TKR 软件的 AI 系统区别于其他管理决策系统的地方，并最终提升组织运营绩效。它是具备真正数字化转型能力的工具。

现阶段的 AI，其合适的方式是采用人机交互的模式，因为人对 AI 也有一个信任的过程，如果从一开始就把组织业务逻辑的配置、修改、判断、评价和优化都交给机器，在目前则尚不具备条件，而且需要一个过渡期。当然，随着 AI 能力的提升与人机互信的加深，相信把决策交给 AI 去处理是值得期待的。

第 10 章
TKR 软件帮助管理者实现数智化敏捷管理

  人们对数字化时代软件产品的要求越来越高，希望它们能够在这个快速变化的经济社会环境中，帮助自己突破原有运营模式，用高科技、高智能与高效率的软件系统实现经营与管理的超越。这个要求是各类组织（企业）普遍的想法，它们期待着这种软件系统的早日出现。研究者对目前出现的多种管理与经营类的数字化转型软件系统进行了多维度的研究和考察，认为基于 TKR 的管理软件具备相当的能力，值得数字化转型的从业者和组织加以更深的研究，获取精髓，以帮助不同类型的组织（企业）完成数字化转型，形成新质生产力，拥抱数字经济。

  这一章将以 TKR 管理软件系统的高效性与易用性为出发点，分析其给组织（企业）带来的管理便捷，让我们看到管理原来也可以在任何时间、任何地方、用简单的通信工具，完成复杂的业务运营管理，让管理不再是一件难事。

  在数字经济时代，各种跨组织、跨行业、跨地区业务形态的出现，愈发呈现出管理的复杂性和重要性，组织随之对管理者、管理方法和管理工具都提出了新的要求。管理工作千头万绪，组织和管理者囿于能力、经验和时间的限制，如果缺少系统良好的管理体系和培训，并在实际管理工作中获取和积累实务经验，管理工作就很难达到先进组织的标准和要求。即便管理者有良好的愿望，在与具备良好管理系统并使用优良软件工具的组织比较时，仍然会出现业务活动效率低、风险大、成本高和收益低的困境。

  社会和经济的不断发展，对管理的要求越来越高，这体现在两个方面：一是对管理所应带来效能提高的期望越来越高；二是对能带来管理效能提高的工具的需求越来越大。这两个期望和需求的持续存在，迫使软件厂商要拿出在管理思想、管理方法上有创新和突破且敏捷好用的数字化管理工具，来满足各类组织的需求。

组织管理者和工作人员在业务活动中通常遇到的是，组织缺少管理体系和制度、业务活动缺少规范和要求、工作缺少培训和指导、绩效与业务活动脱节、个人的管理能力不够、管理难度大、缺少必要的管理工具等问题。

在数字化转型期，组织管理者不仅需要业务管理能力强大的软件系统支持，同时对软件能力的全面性和使用的便捷性也有更高的期望。面对众多亟须提升管理能力的各类组织，TKR 管理软件融汇了 TKR 管理思想、方法与软件的智能，可以帮助各类组织解决运营管理中管理能力获得难、管理标准化难、管理实现手段缺乏、管理过程复杂的问题，满足组织数字化转型需求和通过先进管理方法提升运营效能的期望。

10.1 TKR 管理软件实现了组织经营目标、业务标准化运营和运营绩效管理的合一

在一个软件平台上，TKR 管理软件实现了组织主要经营目标、业务标准化运营和运营绩效管理的合一，管理者不再为各个不同软件系统之间接口开放、互联困难而头疼。平台上各业务单元实现了数据互通，突破了"部门墙"和"数据烟囱"的局限。组织获取各业务单元、各部门的运营数据变得简单和容易，也不需要重新再建设一个数据中台。TKR 管理软件具备了在一个软件平台上对整个组织、部门和个人的所有业务活动实现全流程规范、过程控制优化和绩效考核等一体多维管理的可能，可有效提高组织业务活动的标准化、合规性、便捷性和效率。

TKR 管理软件通过一体化软件平台，把原来需要众多中高级管理人员负责才能完成的业务管理活动，转变为只需在软件中建立业务流程，而后只要遵循软件系统引导，普通工作人员就能实现按规范和要求完成任务，管理者又能实时控制业务过程、获得管理结果的智能作业。TKR 管理软件把原有分散进行的如考勤、工作报告、会议总结、制度宣贯、流程改进、KPI 考核等传统管理手段进化到业务与绩效一体化智能管理平台，这不但是软件工具的进化，也是管理思想、管理方法的创新和进步。

TKR 管理软件希望降低组织的管理难度，让管理变得简单、容易和敏捷，

将管理者从烦琐、复杂且专业要求高的管理工作中解放出来,集中精力去处理具体业务,降低管理工作的门槛和工作量,用 TKR 软件系统帮助管理者实现数智化敏捷管理。

TKR 管理软件是如何实现这个目标的呢?

下面重新从管理的目的、过程、结果和实践来分析 TKR 管理软件的创新之路。

一个组织的管理目的一定是用尽可能少的资源付出,获取更多想要的结果,提高组织运营效能,实现组织目标。这里的资源包括人、资金、物资、技术和时间,加上管理的重要对象——组织活动。组织活动包括组织所有的业务性和事务性活动,即通常所说的"事",也就是一个组织运营中的具体工作和任务。要在既定资源条件下获得优良的组织活动结果,必须设立包括符合科学管理理论的管理制度、管理方法、作业规范、业务流程和绩效考核等构成的管理系统。组织应遵照管理系统的要求来管理其业务活动过程,在业务流程的要求和指引下开展工作、执行任务,减少工作中的风险,降低活动成本,提高组织的劳动效率、组织效率和个人效率。

在管理的发展过程中,科学管理、组织管理和人力资源管理这三个阶段,分别解决了劳动效率、组织效率和个人效率的问题。发展到后期,KPI 和 OKR 则强调了绩效和目标管理对组织运营的重要性。尤其是 KPI,因其相对简单的方法,普遍成为各类组织管理业务结果水平的常用工具,被用来考核组织中部门和个人的工作绩效。

但随之而来的问题是,在管理实践中,各类组织在应用这些管理工具的同时,由于碰到了 KPI 中的指标滞后,无法及时反映被考核对象的工作过程,以及 KPI 与被考核对象及业务活动参与者的实际业务活动关联度不够高的先天性缺陷,管理者不能实时知晓被考核对象及业务活动参与者每日的业务活动结果。如要掌握更多的信息,则管理者必须天天盯住下属人员,通过各种报告形式要求天天汇报业务活动的结果。但这种管理方式只在小型组织中有可能采用,事实上,发展到一定规模的组织,受限于管理者精力和管理的宽度,这个方法的管理有效性太低,管理性价比不高,且容易漏失管理要点,缺少实施的价值,甚至因为管理深度的缺乏,为完成绩效指标伪造绩效而出现背离目标的假绩效。此外,一个组织运营过程中会产生大量的数据,如果靠人力来统计分析,几乎又是一个不可能完成的任务。

而这些都不是一个健康的组织想要的结果。一个运营良好的组织需要看到的是其本身能建立制度、规范、流程、绩效和奖惩体系；整个组织能正常、合规地按照体系要求开展业务活动，并在日常业务活动中能看到相对应的活动结果；可以依据这些结果及时对业务活动和规则作出调整、优化，降低风险的出现概率，对业务活动的相关者作出合理的奖惩，保持和推动组织的健康发展。

10.2　TKR管理软件融合创新管理思想与方法，提供了全新的管理工具

TKR在管理思想和软件上改变和实现了什么？

TKR在管理思想和方法上有几个重要的改进和突破点，如果成功解决了这些问题，管理就不再是一件高深和困难的事，它将变得敏捷和容易，可以让更多的组织获得与提升管理能力，提高运营效能。

10.2.1　TKR聚焦任务

组织最重要的工作就是聚焦在组织的关键工作任务中，对关键任务进行精细化管理，保证"做正确的事"和"正确地做事"。组织必须追求效能，而效能来源于"做正确的事"和"正确地做事"。

精细化管理必须以组织中每个人每一天的工作任务为基本管理对象，描绘出组织中所有部门单元的业务流程，以及基于该流程下所有任务的关键控制点。要求组织中的每一个人都能遵照所在部门的流程和条件约束去执行和完成任务，以保证组织中的每一个人都是在"做正确的事"，并确保"正确地做事"。任务的流程化处理方式是组织运营获得进步的必由之路，优良的流程规范将保证任务被正确执行，降低风险和疏漏，它是组织效能的真正来源。

10.2.2　TKR管理软件保障业务活动与绩效管理的全面数字化

组织应确保绩效与业务活动的一体化。新的管理方式和工具需要把以前分离的业务系统和绩效系统整合成业务与绩效数字化管理系统，彻底改变业务系统与绩效系统割裂的现状，把所有的业务行为和管理活动看成组织运营中不可分离的一体化活动，做到绩效与业务活动的强结合。只有这样，才能实现组织目标、业

务过程、业务结果与绩效的紧密耦合，解决绩效与业务活动过程分离所造成的数据真实性和及时性缺陷。软件系统要有能力把绩效数据与真实业务紧密相连，或者说，绩效数据应该直接来源于业务系统。

10.2.3 TKR 管理软件提供了组织精细化管理的能力

组织应确保有能力实施精细化管理，TKR 软件为组织（企业）管理者赋能，解决组织（企业）管理中遇到的管理对象数量过大，难以实现精细化管理的困境。

10.2.4 TKR 管理软件让管理透明化得以实现

组织（企业）的管理行为应兼有专业和民主性。良好的管理是让一个组织（企业）中所有的人都参与到管理中来，一个组织（企业）所有的业务流程应该由业务专家在内部相关人员参与下设计完成，绩效指标则应由考核者和被考核者共同确认（被考核者可以是个人，也可以是部门），这样每个人既是工作者，也是管理者。一个好的管理模式应实现管理上的民主与公开，避免暗箱操作，保证管理过程、管理结果的专业、透明和公平。

10.3 TKR 管理软件敏捷管理的特点

TKR 管理思想要在管理中得到有效的应用，分散的软件系统和人工是无法支撑这个业务与绩效一体化运营需求的，必须用全面数字化管理软件来实现。应利用计算机技术帮助处理组织运营中产生的海量数据，完成实时的业务与绩效一体化管理。

下面来分析 TKR 管理软件在功能上有哪些创新和进步，是如何提高管理敏捷度的。

这些内容虽然与前面的篇章多有重复，但对 TKR 的核心概念从多角度来阐述有助于我们更好地理解这个新生的管理方法和软件工具。

1. TKR 管理软件解决了组织运营中管理制度、规范、目标难以被程序化执行的难点

TKR 用任务集 TG（Task Groups）把所有工作流程固化下来，实现了组织运营的标准化和流程化管理,解决了工作过程管理缺少工具的局面。

TKR 中的 TG 是一个组织用来设计、设置、管理和使用业务流程的工具,可以按部门或工作组遵照其业务流程创建 TG。其独创的 TKR 九大管理要素——时间、数量、成本、收益、质量、沟通、风险、人力资源和干系人,能充分满足组织对流程管理的需求。可用任务集 TG 实现对业务过程的实施、控制和优化,实现组织应用场景的多种灵活配置。TKR 也为各类组织提供了现成的管理模板和流程管理工具。

TKR 中的 KR 则是业务运营的绩效指标,管理者将通过全员参加的方式完成对绩效指标的设置。KR 可通过计算机运算,得到业务活动结果准确、实时的绩效指标。

2. TKR 实现了业务过程与绩效的一体化管理

TKR 管理软件在业内实现了多种业务过程与绩效考核的一体化管理,保证绩效完全来自业务活动,解决了管理实践中绩效管理与业务过程脱离的难题(见图 10-1)。

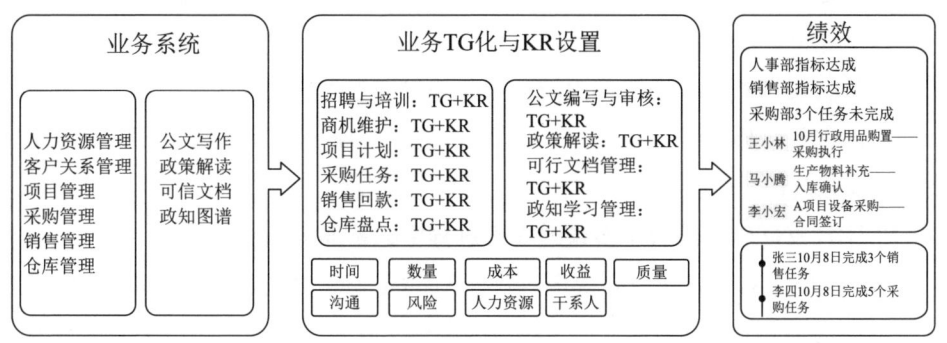

图 10-1 业务过程与绩效考核的一体化管理

3. TKR 管理软件可以实时呈现工作成果与管理结果,把管理精细度提高到"天"

组织内所有成员每天的工作和管理结果,都能及时在软件系统中以"工作日报"和"管理日报"的形式按规则经自动分析计算后分发到各相关人员。两种日报分别分析出业务操作者和管理者的每日工作绩效。日报中的提醒可让管理者和作业人员在以天为单位的时间内及时获得工作的执行与完成状态,查看工作是否达到或偏离目标和要求,提供及时改进或优化的可能,提高了绩效的准确性和实时性。

4. TKR 管理软件可以在管理日报中设置"警告"功能,实现绩效的自动化管理

计算机系统依照既定流程(TG)下的工作任务要求和绩效指标要求,自动计算出业务活动结果的状态,绩效考核者可据此作出奖惩,并获得流程优化和绩效指标调整的量化依据。

5. TKR 管理软件增强了对组织内下级部门工作流程、运营效能的培训、监控和优化能力

系统为提高组织的培训和监控能力,可灵活变更组织中部门管理的从属关系,以方便上级组织对下级组织的管理和督导。

6. TKR 管理软件提高了管理者的工作效率

工作中的管理者经常被各种工作事务包围,其工作随时可能被别人打断,如下属、上司、客户、合作伙伴,等等,往往疲于应付日常事务,抽不开身去思考真正重要的事项。TKR 解决了组织会议多、工作落实难、结果追踪难的局面,通过"TKR 管理机器人""目标管理""任务集"及报表等工具去推动和管理业务活动,可有效减少面对面沟通的时间和频次,也能解决各组织因工作时间上不一致而造成的协调困难。

7. TKR 管理软件创造了利用碎片化时间管理工作的场景

TKR 管理软件可在手机、PC 多端协同处理工作,按工作场景选择集中处理或片段处理方式,充分利用碎片化时间提高工作效率。

8. TKR 管理软件解决了多渠道业务过程中的管理沟通问题

软件实现了对所有业务系统中各种任务、消息的及时提醒、通知。任何沟通需求都可以按需在即时消息、单个任务和项目中以文字、图片和附件的形式进行联系与沟通,解决了以往业务系统中沟通能力弱、信息分散的缺陷。

9. TKR 管理软件确保了组织活动成果的可追溯性

系统将实时记录所有作业人员在系统中的操作记录,为管理的可追溯性和责任确定提供了工具。

10. TKR 管理软件真正实现了软件的易用性

TKR 管理软件提供零代码配置能力,软件一经配置完成,使用者的实际使用和操作过程就变得非常简单和容易。通过即时通信、看板和消息功能,实现业务运营的协同,管理也就会变得简单、容易,即便是缺乏管理经验的管理者,都可以在系统的帮助下完成管理任务。

TKR 管理软件是第一个真正做到将组织(企业)的业务系统数字化、运营绩效及考核数字化紧密结合在一起的软件。TKR的全要素业务流程管理要求，始终贯穿在整个组织的所有业务流程中。它要求作业人员必须按照组织的制度和规范，遵循流程去完成工作，从而获得既定工作结果，并从业务活动中输出真实绩效，为组织和管理者提供敏捷的目标、业务、绩效数字化智能管理结果。

以往的管理软件并没有这些功能，TKR则为我们打开了一扇窗。由于TKR管理软件实时构建出组织（企业）的数字孪生，使得管理者可以利用软件实现最敏捷的智能化管理，并获得经营与管理优势，顺利走上数字化转型之路。

第 11 章
基于 TKR 的软件系统在大型国企中的数字化实践

下面将基于 TKR 软件系统在大型组织——国企中的应用编成案例来讨论，希望有更多处于数字化转型中的组织（企业）能从中获取有益的帮助，同时也对 TKR 这个数字化时代的新生软件提供来自客户的视角，共同推进整个社会的数字化转型（注：本章中的"X"指用 TKR 理论与方法开发的软件系统，"Y"指应用该软件的国企）。

11.1　TKR 管理方法与基于 TKR 的软件系统

TKR 作为一种我国自主新创的管理方法，已经走过 10 个年头。以 TKR 作为理论指导，某软件企业已成功开发出 X 全面数字化目标、业务、财务和绩效一体化软件管理系统。该管理系统通过对组织业务活动过程中九个要素的管理，帮助组织在管理过程中科学制定、优化业务流程和绩效考核体系，达到对业务活动标准化、精细化管理目标，有效提升组织运行效率，规避运营风险。

TKR 是一种将组织的业务系统与绩效考核紧密结合而成的一体化管理模式，覆盖和处理的是整个组织的业务活动，可广泛应用于各类追求组织运营效能的大中型企事业组织和政府部门。

X 在 TKR 管理方法的指导下，依据组织目标，以流程控制为基础，以任务管理为对象，通过任务集和项目集两种独有先进技术，对任务与绩效进行全周期管理，实时、真实地记录组织全体人员、设备和部门的业务活动数据，利用 AI 模型自动计算关键业务数据，完成对目标、任务、业务流程和绩效的一体化管理。在 AI 系统的帮助下，既能达成组织标准化、精细化管理目标，也能解决传统绩效管理模型中目标和结果与业务活动脱节、绩效数据不准确的痛点，为组织的人效提升和流程优化提供可靠的依据。

秉承 TKR 理论，X 创新性地变革了工作方式，其系统要求管理者、作业者按照现代组织管理标准，关注过程管理中重要变量和管理要素对任务的影响。由 X 分派、执行、检查、考核任务，通过对作业过程的规范化要求和人、机具体业务行为的记录，利用系统内置的 AI 模型来获得业务活动的真实结果与绩效数据，并据此优化流程，以实现组织管理的精细化、标准化和数字化。

X 全面数字化企业管理系统，是集业务运营与智能绩效管理为一体的全面数字化管理软件产品。它以五个不同于传统软件系统的特点，为追求实现数字化转型的组织提供软件工具支持。

11.1.1 可选的业务管理系统

全面的业务系统支持更灵活、更准确的任务配置逻辑。

软件系统通过基于 TKR 的独有任务集、项目集技术，自动采集企业所有员工关键工作的 TKR 的九个工作要素数据，实现企业业务流程全面数字化及业、财、绩效一体化。

11.1.2 AI 绩效管理系统

与基于 TKR 软件的业务系统深度耦合的 AI 绩效管理系统，能够及时获取业务系统采集的人、机工作数据，AI 智能算法提供以天为单位的绩效管理数据，在提高了绩效管理的准确性和时效性的同时，它把组织内个人和部门所有业务活动的成果以知识库形式保留与存储下来，可极大地降低组织新成员的工作成本。它通过以下子系统，提供实时业务过程数据与真实的绩效结果，实现企业高效管理。

① AI 智能绩效管理系统；

② AI 智能任务系统；

③ AI 智能沟通系统；

④ AI 智能能力评价系统；

⑤ TKR 智能薪酬计算系统。

11.1.3 同组商号

同组商号系统支持多商号组建集团公司，实现集团内多商号统一管理和数字平台建设，具备 AI 智能管理大型组织的能力。在客户自持数据资产的前提下，它支持上下游产业链自建、共建云，实现更多社会效益。

11.1.4 AI 智能工具

软件系统通过对基于 TKR 的 AI 语义学习能力和 AI 专家系统的不断迭代，大幅降低管理者的工作负荷，解放管理层生产力，有效提升管理效率，实现"让管理像聊天一样简单"的目标。

11.1.5 零代码定制

软件系统具有快速配置客户定制化需求的能力，通过基于 TKR 的独有技术——任务集和项目集技术，以业内最接近零代码的软件定制化开发与高效配置和部署方式，快速完成系统定制，低成本解决不同组织个性化需求。而其他方案的定制化开发，代码量会占软件总代码量的 40% 左右，且影响开发因素众多，容易出现因成本上升、开发时间过长而造成的损失。X 零代码软件系统高效的配置能力，可为客户节省大量的时间与开发成本。

11.2 企业及其需求分析

11.2.1 企业的现状

某市文旅康养集团有限公司（简称"Y 文旅康养集团"）注册成立于 2022 年

5月，是某地级市的市属重点国有企业，是该市唯一一家国有文旅康养产业专业化运营管理公司。集团资产总额近百亿元。Y文旅康养集团按项目投资、酒店管理、景区运营、供应链和医疗康养五大产业板块，组建了5家二级集团（公司）和品牌建设运营中心。其旨在发挥Y文旅全产业链龙头企业作用，围绕既定发展战略，整合该市文化旅游资源，聚焦文旅主责主业，创新文旅康养融合发展，形成"文旅+康养+供应链"的产业发展新格局。通过资源整合、资本运作、战略合作等多措并举，全力塑造一批品牌突出、业态领先、效益显著的文旅新标杆，以专业化的管理体系、品牌化的经营策略、市场化的发展路径，做优、做强、做大文旅康养产业，将自身着力打造成为该地区创新型文旅康养龙头企业。

集团旗下运营酒店12家，在建酒店4家，拥有各类特色景区9家，在岗职工近3 000人。

集团本部设有党支部1个，部门10个，分别是综合部、党建人事部、监察室、财务金融部、审计部、法务部、投资部、企业管理部、工程部和监事会工作办公室。

集团旗下有权属企业36家，其中全资和控股31家，正在改制3家，参股2家。

11.2.2　企业的特点

Y文旅康养集团下属分支机构多、层级多、人员多，集团重组调整不久，机构隶属关系复杂且调整频繁，下属机构分布于该市各地，组织结构形态复杂。集团具有经营业态多样、管理模式多样、业务流程各有要求的特点，需要全方位地协同工作，以应对随时可能的变化，这对软件系统提出了很高的要求。

11.2.3　管理特点与责任

Y文旅康养集团实行集团战略管理与业务经营分级管理的方法，集团管理部门负责战略制定、分解、跟踪与落实；负责下属企业的年度经营业绩考核工作；贯彻落实集团安全生产工作要求，对下属企业安全生产管理工作进行指导和监督；规范和管理招投标工作；推进企业品牌建设，有效管理企业资产。

11.2.4 战略制定与实施

Y文旅康养集团由集团管理部门制定集团战略,并分解、下达战略,督查下属企业经营状况与绩效,下属企业接受战略目标并负责经营(见图11-1)。

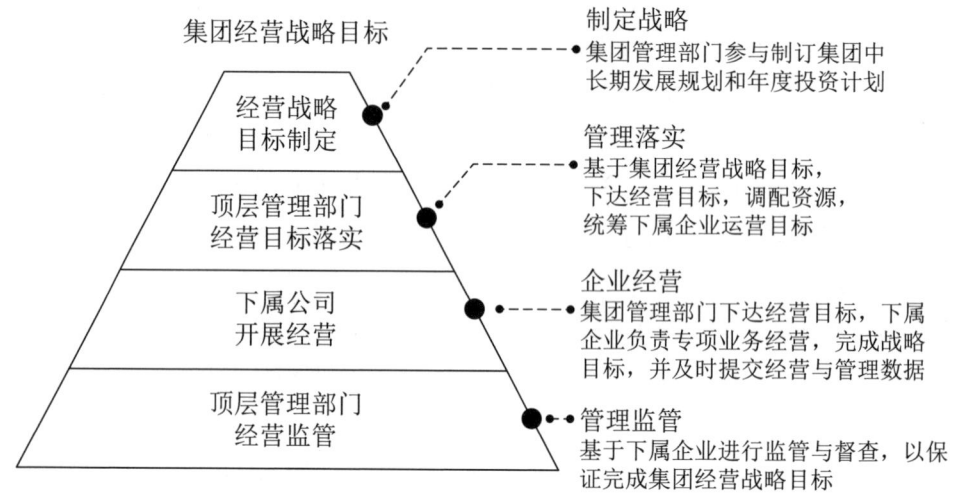

图 11-1 集团战略制定与实施

11.2.5 企业的信息化与标准化能力

集团具有基本的OA、财务及简单的业务管理软件,仅较少下属机构与人员应用,信息化水平较低,离数字化要求更远。但集团也有值得称道的地方,就是总部与下属机构都具备基本的管理制度,只是在管理的标准化和精细化上还有很大的提升空间。

11.2.6 企业的内部要求

集团董事长极其重视集团的数字化工作,并对下属机构提出明确要求,必须在总部对绩效与项目管理双重提升的要求下开展数字化管理软件系统的应用实施,以切实提升管理与运营效能。

11.2.7 企业对数字化的态度

集团总部对数字化转型抱有期望，希望能在数字化时代提高企业管理水平，跟上时代发展。集团选择的 1 家二级集团公司与 3 家三级专业公司，对应用 TKR 全面数字化软件系统持欢迎态度，与实施团队配合度较高。

11.3 企业的痛点与需求

11.3.1 主要痛点

①集团与集团下属企业层级多，业务复杂度高，集团管理部门不能实时了解和观察经营目标完成状态与下属机构的业务进度，无法及时高效考评下属机构的业务绩效。

②无法实现业务过程的精细化管理，项目管理缺少有效工具，无法及时掌握项目进度与成本，对项目管理的回溯性较差。

③流程管理仅限于 OA，无法对集团及下属企业的业务进行标准化与精细化管理。

11.3.2 需求

1. 需要对现有业务开展项目化管理，保证集团运营目标的实现

为提升企业管理效率，达到精细化管理目标，需要实时跟踪经营状态、项目进度、运营情况；完善工作流程与制度，监督工作过程，规范招投标流程，追溯企业重大事项等。

2. 需要对集团及集团下属企业进行真实、实时、有效的绩效管理

随着下属企业市场化运营以及经营指标细项的动态改变，采用人工数据采集的传统考核方式已无法响应考核要求，对监管的有效性和考核效率提升造成障碍，也无法实时取得真实绩效数据。

3. 从简单的信息化管理向全面数字化管理转型

为了应对管理进步的需求，当前企业管理信息化架构需要进行重构，以顺应集团整合后的业务需求，逐渐步入数字化时代。

企业的痛点、需求及数字化管理解决方案见图 11-2。

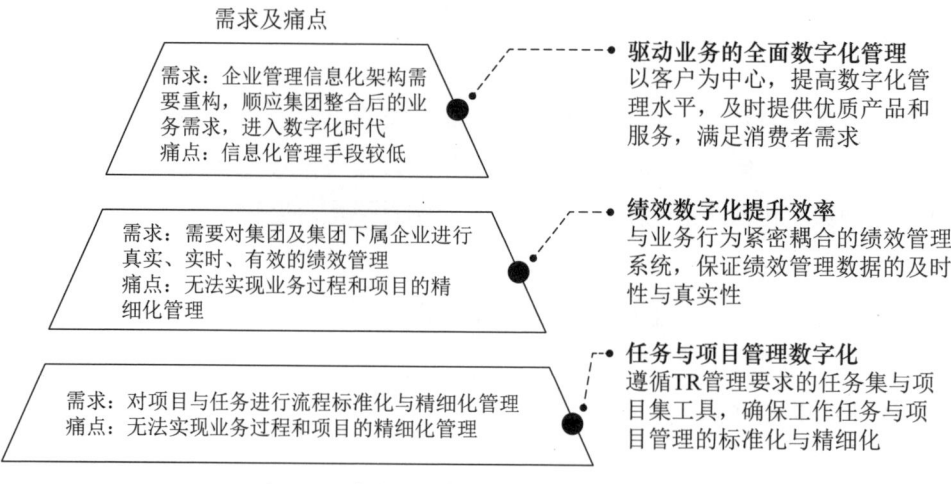

图 11-2　痛点、需求及数字化管理解决方案

11.4　数字化构想：从业务过程管理入手提升绩效与管理水平

11.4.1　需求响应

Y 文旅康养集团已具备简单的业务管理软件和 OA 等信息化软件，但始终缺少能将绩效和业务全过程管理融合为一体的数字化管理软件系统。

而 X 是目前唯一一款能将业务系统和绩效系统无缝糅合为一体的 AI 智能管理软件。它能用计算机 AI 智能管理来辅助人工管理，放大管理者的管理能力，帮助管理者解决因复杂的业务分工而导致的业务层级多、范围广以及任务超量造成难以及时获得业务结果的困境。

下面将分析 X 及 AI 智能管理为组织带来的管理升级与贡献。

11.4.2　X 的管理能力

1. 提供二次元管理方法

通过部门管理与经营目标管理两个视角，为管理者提供极具穿透力的管理工具，用软件呈现作业结果（见图 11-3）。

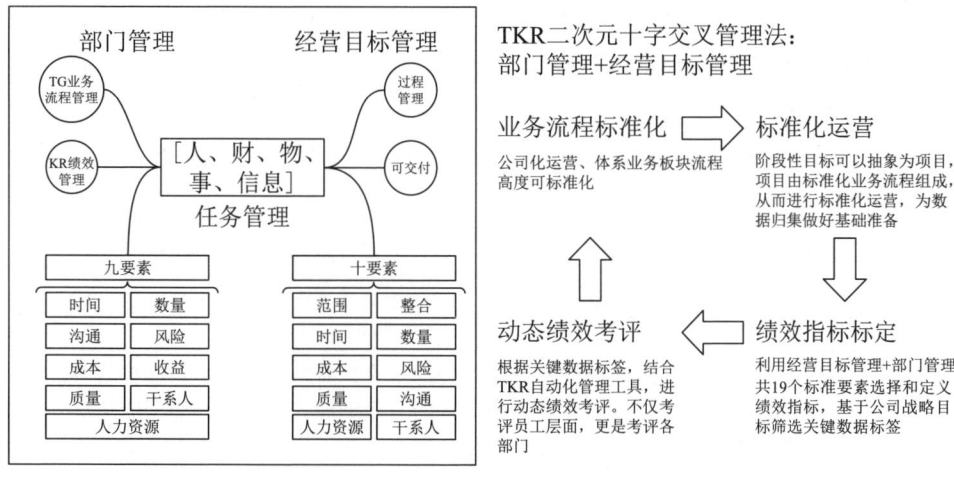

图 11-3　X 二次元管理方法

2. 提供强大的流程管理工具

X 用任务集和项目集实现了对业务流程全过程、全要素以及绩效的观察和控制。管理者可以通过软件快速分派、检查和考核工作，用流程指导工作，充分掌握所有员工、部门的作业情况及所产生的工作结果（绩效）。执行层面的员工则从软件中接受任务，按照系统设置的业务流程在部门任务集（项目集）中开展专项工作，高效执行、沟通与协同任务，在标准化和精细化要求下完成任务，使绩效真正从必要的工作中产生，并依赖 AI 对业务流程持续作出优化，提升管理与经营能力（见图 11-4）。

任务集是针对一个组织中所有部门单元业务流程的描绘，以及基于该流程下所有任务关键业务要素的集合，是在流程约束下的任务管理	TG 是一个组织用来设计、设置和管理、使用业务流程的工具
	TG 可以按部门或工作组遵照其业务流程创建
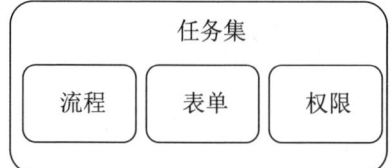	TG 支持分别对与任务相关的时间、数量、成本、收益、沟通、质量、风险、人力资源和干系人管理
	TG 具备在不同任务下团队成员之间的沟通与协作能力

TKR 始终贯穿目标、业务流程和任务关键结果绩效

图 11-4　任务集中的流程设计

3. 提供独有的绩效管理工具

计算机为工作结果打分，通过"管理与工作日报""通讯录""驾驶舱"和

"报表"四种工具,每天实时、主动地呈现业务数据和管理结果,为业务控制和绩效管理者提供有说服力的各类指标,增强管理者对人员、流程的优化与控制能力。这样可以便捷地解决管理层级多、范围广、任务多所导致的工作绩效不透明、无法有效管理以及失去工作过程控制的痛点(见图11-5)。

业务活动的数据采集	业务数据的计算和呈现
通过与业务系统的集成,采集关键数据如时间、数量、成本和收益等业务活动数据	利用算法对采集的业务数据进行计算,生成各类管理报表和员工绩效考核结果,提供决策支持和绩效评估依据

- 管理报告:提供工作日报和管理日报两个管理工具,对员工每日工作结果打分,评定是否合格,帮助管理者了解团队和个人的工作进展、绩效指标的完成情况
- 通讯录:进入通讯录,可快捷了解精细化到每个人的工作状态,查看员工工作饱和度
- 驾驶舱:提供丰富的多种业务状态数据,帮助管理者多维度检查和管理业务
- 丰富的报表:软件提供丰富的报表功能,以图表和数据的形式展示业务活动和绩效结果
- 支持TKR的业务软件:多种融合TKR理念的业务软件,覆盖企业的生产、供应、销售三条主线,同时为全面数字化提供充分的数据支持

图 11-5 数据的采集、计算和呈现

11.4.3 AI 智能及其与 TKR 的关系

1. AI 的能力

(1) AI 提供业务运营的结果

TKR 管理机器人为管理者自动提供组织真实的业务运营结果和决策依据,而 AI 自身又具有强大的学习能力,依据模型运算可得出两种类型的业务运营结果,即工作结果(绩效数据)和流程结果。

(2) AI 模型具有自学习能力

系统能自我学习,并持续修正、优化业务运行结果。系统可按模型自动循环学习与优化。

2. AI 的数据来源

AI 分析所需的数据来源于 TKR 软件。TKR 软件是数据的输出中心,它从系统的任务集/项目集中抓取运行过程的 TKR 管理九要素,把运营数据提供给 AI。

3. TKR 与 AI 的关系

① TKR 软件的运作逻辑是系统抓取系统任务集和项目集中的九个管理要素,输出业务流程(TG)和绩效指标(KR)的关键数据。

② TKR 软件是数据提供平台,是数据输出方;AI 依据 TKR 提供的数据进行运算,并提供计算结果。

③ TKR 软件为 AI 的快速学习与输出提供支撑,数字化流程工具无须重写代码,具有快速变更流程的能力。快速、无代码的独特优势为 AI 提供了必需的能力(见图 11-6)。

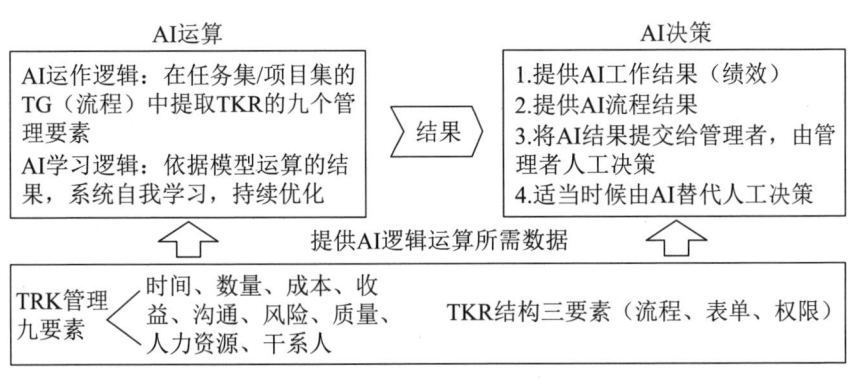

图 11-6　AI 运算逻辑及决策

11.4.4　AI 的贡献

TKR 软件采用 AI 技术,让管理者与计算机交互,计算机代替人工处理复杂且海量的数据,解放了生产力,节约了劳动成本,提升了企业整体工作效率。

TKR 软件的 AI 专家系统在运营标准化和精细化的基础上,具有强大的自学习能力,通过对企业业务流程的持续优化,迅速积累运营经验与数据,引导企业走向卓越。

AI 智能通过 TKR 软件获取大量的组织运营数据,可快速分析企业存在的风险,及时提出预警,避免风险隐蔽可能造成的损失。

11.4.5　形成共识

Y 文旅康养集团选择基于 TKR 的全面数字化管理软件平台 X,在集团内有序、分步推广使用,提高集团管理效率与管理水平,以绩效管理和项目管理为起点,促进集团向数字化管理方向发展,在数字经济中获得更大收益。

11.4.6 工作方法

1. 成立项目组

双方成立 X 全面数字化管理软件系统应用实施小组，实施单位派出客户支持部负责人与客户党建人事部负责人共同负责工作小组的指挥与协调。

2. 项目的目标和范围

（1）目标

①能获得有效的绩效指标。

②提升任务与项目管理能力。

③提升流程管理、沟通管理水平。

（2）范围

双方明确在约定范围内，应用实施 X 人工智能管理软件，业态分别涉及景区开发、景区建设、景区运营和投资管理等。

①双方确认应用实施的范围是全集团范围，分期实施。

②第一期选择 1 家二级集团公司、3 家三级专业公司。

③应用实施所涉及的系统包括：TKR 绩效、任务管理、项目管理、同事录、审批、CRM、合同管理、物品库和进销存。

3. 项目时间

第一期应用的实施时间为 3 个月（见图 11-7）。

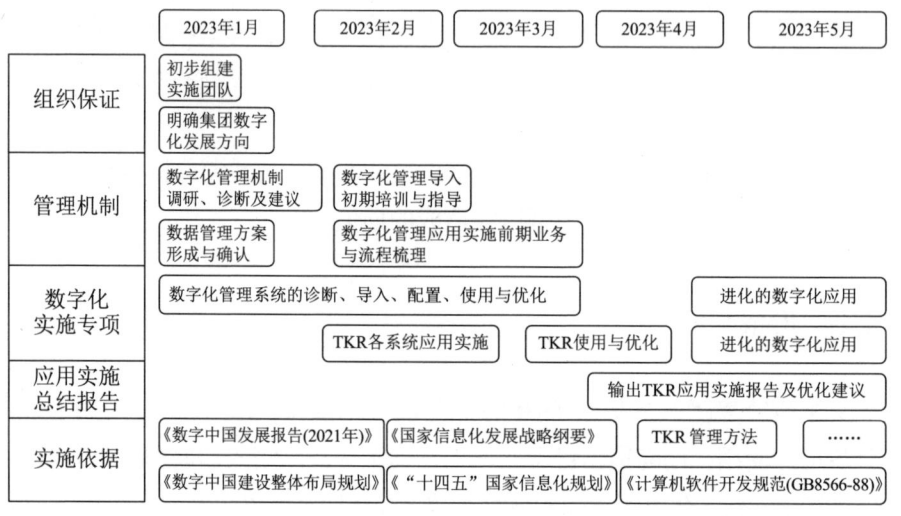

图 11-7 集团数字化应用实施排期

11.4.7 条件与责任

①客户已完成基本业务流程梳理，实施单位负责对客户的业务流程提出规范性意见与要求，共同完成系统的基础配置。

②实施单位负责软件应用实施中的个性化配置工作。

③实施单位负责客户人员的使用培训，以快速掌握使用技巧。

④实施单位负责客户人员的系统配置培训，以具备系统配置能力。

⑤实施单位负责对业务流程进行优化配置，即 TKR 流程的 TG 配置、绩效 KR 配置。

⑥ X 负责监看绩效报告的警告数据和流程执行情况，通知客户，经过同意后，优化调整流程与变更绩效指标。

11.4.8 项目成果

1. 输出项目进度报告

①自实施开始起，每隔 30 日向客户提交项目进度报告。

②报告内容包括获得的阶段性成果、实施进度、实施内容变更、需求提出、需求处理结果、项目风险、里程碑、沟通渠道、资源调整、人员变更、培训记录、系统使用熟练度及双方工作配合度。

2. 输出项目报告

项目报告在项目完成时提交，主要由项目成果文件、项目需求变更文件等构成，内容包括但不限于以下几个方面：

①项目成果文件。这是指项目所获得的主要成果，特别是在绩效管理与项目管理方面所获得的收益，以及项目所获得的额外收益。

②项目需求变更文件。

③项目沟通记录文件。

④项目估算依据。

⑤项目风险提示文件。

11.5　数字化方案：数字化应用实施方案

整个数字化应用实施路径即数字化整合组织构建、数字化资产调查、数字化现状识别、数字化资产适应性分析和评估、数字化方案制定、数字化方案实施、数字化整合效果评估（见图11-8）。

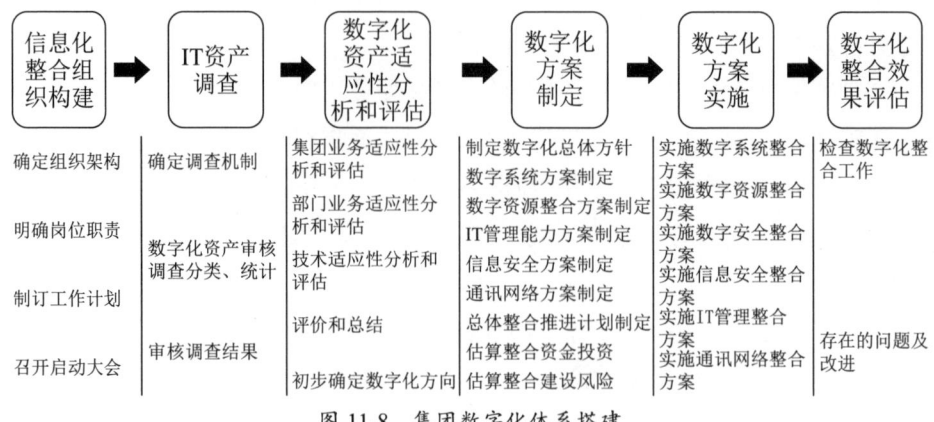

图11-8 集团数字化体系搭建

11.6 数字化组织：建设数字化领导组织

以双方已成立的工作组为基础，加入不同下属企业数字化建设责任人员，分配工作，负责第一期数字化建设。

11.7 数字化资产的调查、识别与评估

11.7.1 调查数字化资产

从集团战略、组织结构、业务类型、管理模型及信息化系统和数据入手，盘点集团现有数字化资产，根据数据资产的盘点评估数据资产、信息系统及组织架构的问题，提出诊断报告（见图11-9）。

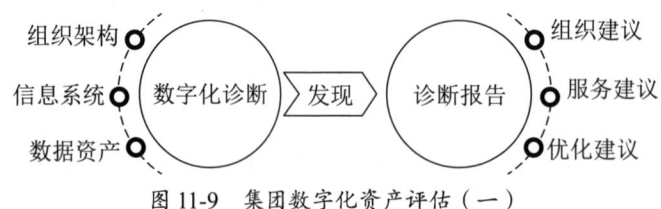

图11-9 集团数字化资产评估（一）

11.7.2 数字化现状识别

依据现有数据资产，确认数据存在类型，盘点目前已知数据资产是否已经存在于系统中。其中，部分关键数据是否还是通过线下方式进行管理，或者系统自动化管理程度是否还有进一步提升的空间。

①从业务、流程、人员绩效三个方面对现有数字化资产作出分析与评估（见图 11-10）。

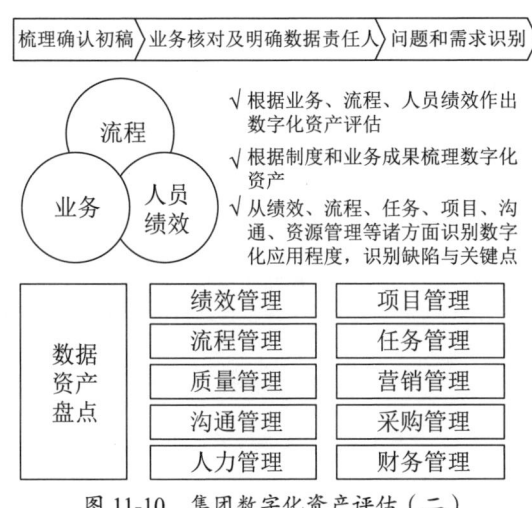

图 11-10 集团数字化资产评估（二）

②分别从绩效、流程、任务、项目、沟通、资源管理等方面识别数字化应用程度，识别缺陷与关键点识别缺陷与关键点（见图 11-11 和图 11-12）。

线上、线下管理的分布情况

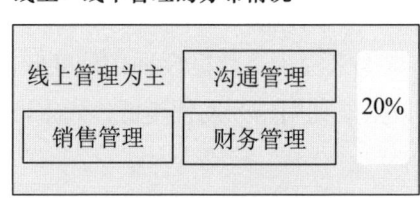

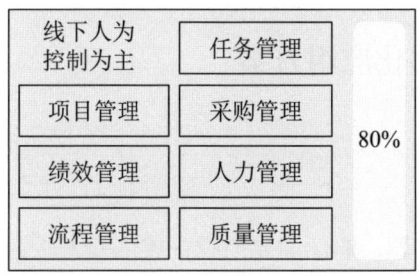

线下相关领域的数据问题

任务管理：任务分派、执行与检查均采用线下管理，数字化程度低

项目管理：主要以线下人工管理为主，规范不够，数据溯源弱

绩效管理：相关数据来源主要通过人工干预方式获取

流程管理：有基本制度，相关数据获得以线下方式为主，总体自动化管理程度低

采购管理：主要是供应商寻源和采购管理，数据分散、不全

人力管理：数据主要以人工方式操作与获取，数字化程度低

质量管理：主要以人工方式管理，数据获取较难

图 11-11 数据诊断（一）

依据现有数据资产,确认数据的存在类型:盘点目前已知数据资产是否已经存在于系统中,其中部分关键数据是否还是通过线下方式进行管理,或者系统自动化管理程度是否还有进一步提升的空间。

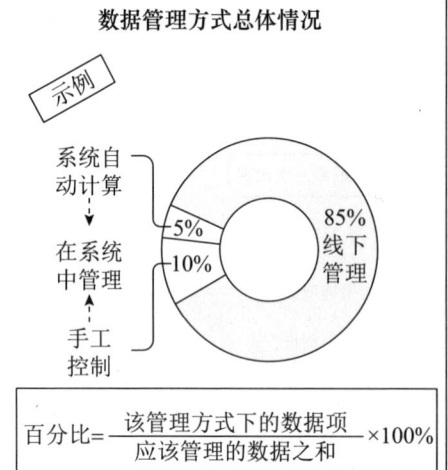

- **在系统中管理**
  在系统中管理是指数据已经有系统支撑,在系统中有相关数据。可分为两种方式:一是系统自动计算;二是手工控制
  - 系统自动计算
    - 系统自动计算是指数据直接可以由系统自动计算生成,不需要任何人为的干预
    - 如销售收入、库存数据等
  - 手工控制
    - 手工控制是指数据是通过手工的方式输入系统,或者由线下手工收集整理后再导入系统
    - 如票务管理、销售订单数据等
- **线下管理**
  - 线下管理是指数据以全手工方式管理,没有任何系统支撑
  - 如内部绩效统计、采购数据,客户服务数据等

图 11-12　数据诊断(二)

③根据制度和业务成果梳理数字化资产。
④根据业务明确相应的数字化负责部门与责任人。

11.7.3　数字化资产适应性分析和评估

通过数据分析,发现现有数据资产较少,数据来源少,数据标准化程度低,现有业务所产生的数据都以线下的方式存在,数据被利用与开发程度低,尚未形成有效资产。

11.8　制定全面数字化应用方案

11.8.1　确定数字化管理的方向与目标

双方基于对集团数字化应用现状的一致认识,迫切需要摆脱主要依靠人工管理的方法，引入先进的数字化管理工具。双方以 TKR 软件为先导，从任务、项目与绩效管理入手，以任务管理为数字化管理对象，以提高绩效管理水平为数字化管理目标，提升集团综合管理与数字化能力，为后期导入全面数字化管理打下扎实的基础。集团通过 TKR 管理方法进行诊断，提出未来数字化建设的三大目标（见图 11-13）。

存在的问题	
时间管理	任务与项目管理中对时间与进度管理较弱，时间要素缺乏，无法获取时间数据。
数量管理	业务的数量管理数据较少，对业务的数量管理存在缺陷。
成本管理	成本管理主要为线下管理，数据利用难度较高。
收益管理	收益管理主要为线下管理，数据利用难度较高。
沟通管理	沟通管理主要通过微信等工具，无法形成标准化数据结构。
风险管理	风险管理缺乏软件工具，相关业务数据主要存于线下。项目运营与业务流程管理粗放。
资源管理	人力资源与设备资源主要管理方式为人工管理，需要人工采集。
质量管理	质量管理体系线下执行，数据分散，获取较难。
干系人管理	干系人管理尚未受重视，数据缺失。由于集团重组，出现管理规则不统一的现象。

图 11-13 数据诊断（三）

11.8.2 确定数字化管理的应用环境

双方基于对 TKR 软件系统与云技术安全的认可，在第一期数字化应用实施期间，采用公有云的方式部署，待第一期运行稳定后，在适当的时候再启用私有云部署。

11.8.3 需求定制化方案

集团所有需求将以零代码配置的方式定制，保证系统即时可用。

11.9 搭建数字化管理体系

搭建数字化管理体系,为应用实施提供方法与指南。

本管理体系遵循明确数字化建设的目标、范围、时间,确定方向、手段、方法,进行结果修正和持续优化的路径。

整个应用实施的步骤分为配置业务流程、配置绩效要求、输出绩效评价和流程优化四个部分。

11.9.1 明确目标、范围和时间

以绩效管理和项目管理效率提升为核心目标,明确数字化应用实施的目标、范围和时间。

11.9.2 确定数字化管理的方向、手段和方法

本案例数字化管理采用 TKR 金字塔管理模型,在目标引领下,通过确定工作方向、明确工作手段、遵循工作方法来提高效率与降低风险(见图 11-14)。

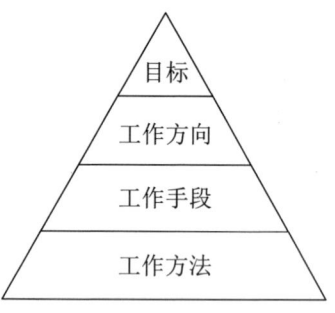

图 11-14 TKR 金字塔管理模型

1. 确认工作方向

工作方向是采用 TKR 软件对部门业务过程进行标准化、精细化管理和组织经营目标的项目化管理,提升组织和人员绩效(见图 11-15)。

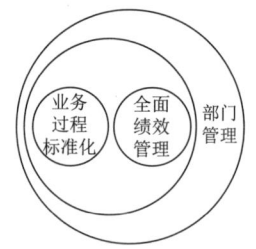

用 TKR 软件系统通过对组织经营目标作项目化整合管理来强化经营目标管理

用 TKR 软件系统通过对部门业务过程作标准化和全面绩效管理来强化部门管理

图 11-15 TKR 管理的方向

2. 明确工作手段

采用软件系统对任务进行分派与接收、检查与协同、交付与考核，实现工作的流程化管理与绩效的真实输出（见图 11-16）。

TKR工作手段：任务分派、检查和考核
TKR目标的最终落脚点是管理者通过分派任务、过程检查监督、工作交付与考核来实现

①任务分派与接受	②任务检查与协同	③任务交付与考核
• TG业务流程 • KR绩效要求	• TKR九要素 • 跨任务协同	• 全员以天为单位的精细化AI自动打分 • 管理机器人、驾驶舱、通迅录、管理日报等TKR绩效工具

图 11-16　TKR 管理手段

3. 采用流程控制方法

X 提供流程标准化的工具，采用任务集和项目集两大工具，为集团搭建流程标准化、精细化管理和实时绩效管理系统。

11.9.3　数字化管理的结果修正与持续优化

由软件系统 AI 模型自动计算所得的业务活动结果，为组织管理者提供可靠的奖惩依据和对绩效作合理调整与修正的可能，通过信息技术和 AI 重构、优化业务流程，实现组织效能的提升。该优化可在系统中极其方便地实现，具有管理系统的自学习能力和知识迭代功能，并为组织将来的组织数字化、产品和服务数字化、客户体验数字化提供基础数据与能力。

11.9.4　数字化实施步骤

数字化实施步骤是体系得以运行的保证，实施人员与集团紧密配合，共同完成此项工作。

1. 配置业务流程

流程 TG 配置是对集团数字化应用实施单位的业务流程作全面梳理，并以数字化方式在系统的任务集和项目集中完成流程配置。

2. 配置绩效要求

绩效 KR 配置为每一个数字化系统的使用者设置工时类或者管理类 TKR 绩

效指标，为每一个业务流程设置 TKR 流程指标。

3. 输出绩效评价

输出绩效评价是在工作过程中实时记录人和设备的关键业务数据，AI 软件每天实时计算出对人、设备和流程的绩效评价。

4. 流程优化

流程优化是指导人工快速优化的业务流程，AI 软件则快速自动优化任务集和项目集。

11.10　TKR 部署后所取得的效益

11.10.1　实施 TKR 部署后集团管理数据的变化

企业在确定实施全面数字化管理系统后，发生了以下几个方面的变化。

①企业从关心如何搭建信息化系统转变为讨论如何准确地落实战略目标，这一阶段的工作，相比传统模式节省了 1～3 个月系统调整的时间成本。

②在流程采集和岗位职责梳理方面，软件系统快速的部署能力不影响业务正常开展，相比传统模式节省了 1～4 个月的梳理周期。

③项目落地期间，得益于 TKR 软件零代码部署能力，数字化转型工作的研发周期缩短了 6 个月以上的时间。

④系统部署后，集团员工平均工作带宽增加了 10%～30%，团队间的协同效率水平平均提高了 7%～50%。

⑤从绩效计算的角度来看，AI 专家系统介入后，每个月直接节省了 20 人（每天工作 8 小时）的绩效数据核算成本，绩效的反馈周期从原来的 1.5～2 个月缩短到当月完成，大大提升了绩效的激励作用。

从整体来考察，前述企业的数字化转型相较传统模式共节省了 5.3～13.6 个月的时间成本，系统提效达到了 9%～34%，并减少了大量用于绩效管理的重复性劳动和烦琐的沟通环节，节省了人员开支。

11.10.2　X 数字化方案带来的效益

集团规模较大，业务种类多，但管理面广，管理难度大，而原有信息化水平较低，不能满足业务快速发展对管理的要求。应用实施 TKR 软件系统后，在管理的不同层面开始发生变化，也取得了由新型数字化管理系统带来的进步。

1. 应用"X"TKR 软件系统所获得的益处

①业务管理的标准化得以实现。

②业务管理的精细化得以实现。

③任务的分派得以高效实现。

④任务的执行和检查由系统及时提醒，防止疏漏。

⑤工作任务被系统详细记录，可为数据溯源提供支持。

⑥工作沟通在任务集/项目集中得到支持，避免了在微信中沟通工作所造成的信息混杂、无法查找与准确记录的缺陷。

⑦审批效率得以提高，工作审批与协同在系统中就能完成，并被详细记录。

⑧大量减少工作汇报时间，由系统自动将工作汇总并呈现结果。

⑨减少会议次数，原来许多需要会议才能解决的问题，现在在任务集中以极高的效率得以协同处理。

⑩工作饱和度实时呈现，方便管理者调整工作量与优先级。

⑪绩效数据真实再现，每天由系统 AI 计算工作绩效，以管理者所需要的方式呈现，彻底告别低效的人工统计。真实的绩效数据也为绩效考核展现了公平性，有助于员工工作积极性的提升。

⑫为员工培训与绩效考评提供了模板与依据。

2. 应用实施"X"TKR 软件系统带来的竞争优势

①具有普适性的 TKR 软件系统能为集团实施数字化战略提供时间与成本优势。成熟的软件系统，从原本需要从战略咨询开始共同讨论数字化系统如何实现，转为讨论如何落实战略目标，并做到快速应用。它相比传统模式节省 1～3 个月系统调整时间。

② TKR 变革了工作方式，用 TKR 软件系统实现了管理的标准化、精细化和数字化。具有专利技术的任务集/项目集工具为数字化管理带来工具支持，员工平均工作带宽增加 10%～30%，组织效能提高 15% 以上。

③ TKR 软件通常不需要做二次开发，零代码或低代码配置能力支持系统直接配置不同的业务需求，上线时间及学习成本都很低。它相比传统模式至少节省 12 个月以上系统研发时间，也可节省 1～4 个月系统调整时间，降低了使用方的软件采购风险。

11.11　TKR 的价值及服务大型国企的展望

对于任何想要提高管理标准化、精细化和管理效率以及降低风险的组织而言，基于 TKR 的数字化管理软件都是极具前瞻性的产品。X 人工智能管理工具为管理者提供了必需的组织运营结果和决策依据。尤其是在大型国企的应用环境中，不但标准化、精细化管理是组织追求的目标，企业的合规化管理也是组织自身与上级部门的要求。TKR 利用系统快速、全面的零代码配置能力，可根据不同企业的合规管理要求，快速配制出合规管理流程，使企业的合规管理不仅符合线下的制度，而且促使业务运营与管理在系统中紧密绑定合规要求，减少和避免违规行为。

数字化时代的到来为大型国企提供了一个跃升的机会，企业大量的数字资产有待重新被发现与处理、挖掘与利用，提高知识和经验数据，让数字资产变成新的生产要素，结合新型 TKR 智能软件管理系统真正提升企业运营效率。对于一个企业来讲，即便是提升 5% 的效率，以全社会视角来看，其所带来的成本与竞争优势是一个非常巨大的数字，值得数字化行业的从业者和应用者投入资源，不断研发与应用。

参考文献

（1）艾瑞克·霍布斯鲍姆:《霍布斯鲍姆年代四部曲（套装共4册）》，北京，中信出版社，2017年。

（2）弗朗西斯·福山:《政治秩序与政治衰败：从工业革命到民族全球化》，桂林，广西师范大学出版社，2015年。

（3）克劳斯·施瓦布:《第四次工业革命》，北京，中信出版社，2016年。

（4）亚当·斯密:《国富论》，北京，商务印书馆，2015年。

（5）彼德·德鲁克:《管理：任务、责任、实践》，北京，华夏出版社，2008年。

（6）彼得·德鲁克:《卓有成效的管理者》，北京，机械工业出版社，2005年。

（7）郭士纳:《谁说大象不能跳舞》，北京，中信出版社，2003年。

（8）赫尔曼·阿吉斯:《绩效管理（第4版）》，北京，中国人民大学出版社，2021年。

（9）克里斯蒂娜·沃特克:《OKR工作法》，北京，中信出版社，2017年。

（10）吉尔里·A.拉姆勒、艾伦·P.布拉奇:《流程圣经（第三版）》，北京，东方出版社，2014年。

（11）理查德·B.蔡斯、尼古拉斯·J.阿奎拉诺、F.罗伯特·雅各布斯:《运营管理》，北京，机械工业出版社，2003年。

（12）[美]PMI项目管理协会:《项目管理知识体系指南》（PMBOK指南），第六版，北京，电子工业出版社，2018年。

（13）凯文·凯利:《失控：全人类的最终命运和结局》，北京，电子工业出版社，2016年。

（14）罗纳德·H.科斯:《论经济学与经济学家》，上海，格致出版社、上海三联书店、上海人民出版社，2014年。

（15）国家数据局:《数字中国发展报告》，2023 年。

（16）中国信通院:《中国数字经济发展白皮书》，2024 年。

（17）中国信通院:《中国数字经济发展白皮书》，2017 年。

（18）中关村信息技术和实体经济融合发展联盟：T/AIITRE 10004—2023《数字化转型 成熟度模型（Digital transformation—Maturity model）》。

（19）中国国家市场监督管理总局和国家标准化管理委员会：GB/T 43439—2023《信息技术服务 数字化转型 成熟度模型与评估》。